U0741176

作者简介

　　冯　杨 1975年12月生于成都，2006年毕业于北京大学经济学院，获经济学博士学位。2006年至今任教于天津财经大学经济学院，现为副教授。自撰写博士论文以来，作者就一直关注并研究国家与市场的关系，已出版独立学术专著《转型时期的国家角色探讨》（光明日报出版社2010年出版），并发表相关学术论文数篇。近年来由于跨学科的学习和阅读，开始转入更为广阔的现代国家治理、比较政治经济学研究等视野，希望进一步对政府、利益集团和市场在不同历史条件下的演绎互动，进行更为宏大的对比观照和深入的研究。

本书为天津哲学社会科学TJJL08-010资助研究的成果

冯 杨◎著

效率、平等与国家的作用
三大学派的比较研究

XIAOLV PINGDENG YU GUOJIA DE ZUOYONG

经济日报出版社

图书在版编目（CIP）数据

效率、平等与国家的作用：三大学派的比较研究 ／
冯杨著 . —北京：经济日报出版社，2017.4

ISBN 978 - 7 - 5196 - 0120 - 1

Ⅰ.①效… Ⅱ.①冯… Ⅲ.①经济效率—研究②平等
（经济学）—研究 Ⅳ.①F014.9②F036

中国版本图书馆 CIP 数据核字（2017）第 076191 号

效率、平等与国家的作用：三大学派的比较研究

作　　者	冯　杨
责任编辑	匡卫平　杨　頔
出版发行	经济日报出版社
地　　址	北京市西城区白纸坊东街 2 号（邮政编码：100054）
电　　话	010 - 63567683（编辑部）
	010 - 63588446　63567692（发行部）
网　　址	www. edpbook. com. cn
E - mail	edpbook@126. com
经　　销	全国新华书店
印　　刷	北京天正元印务有限公司
开　　本	710 × 1000 毫米　1/16
印　　张	14.5
字　　数	215 千字
版　　次	2017 年 4 月第一版
印　　次	2017 年 4 月第一次印刷
书　　号	ISBN 978 - 7 - 5196 - 0120 - 1
定　　价	68.00 元

版权所有　盗版必究　印装有误　负责调换

前　言

本书的写作断断续续持续了好几年。几年前,我还是一个服膺于奥派理论的自由主义者,在这本书作为天津社科资助项目第一次完稿时,全书的论述基点和思想倾向都是自由主义风格的。然而由于各种机缘,本书初稿完成后我并没有立刻出版,而是沉下心来进行了跨学科的广泛阅读。这几年来,除了原本的经济学底子外,涉猎了政治学、历史学、社会学、哲学领域的不少经典著作。我想,这几年的静读时光是我人生中弥足珍贵的转折期,先贤大师们穿透纸背的深邃思想和博大视野帮助我爬到了更高的山麓,看到了更为广阔精彩的世界。以前的我用某一理论门派的单线就串起各种事件来解读世界,如今的我却看到了世界经纬交织的复杂性,以及纵深贯穿于历史、现在和未来的因果链。对此,我的心中充满着感激和敬畏,感激于先贤大师们穿越时空的思想奉献,敬畏于宇宙世界的博大复杂。从学者的角度来说,我现在获得了更大的自由,因为我不再束缚于任何单一理论流派的门户之见,我深深地体会到了社会科学研究就是盲人摸象的道理,每一种理论门派都只是摸到了真相的一部分,谁也不能垄断对真理的解释。在这个意义上,我由衷赞同章学诚的名言:"学者不可无宗主,而必不可有门户"。我自当初撰写博士论文以来,就一直关注和思考中国现代化转型过程中国家的角色和作用问题,并陆续出版和发表了相关论著。我曾以为自由主义为中国的转型提供了理论路径,但在俄罗斯、拉美、东亚国家历史和现实的改革过程中,自由主义的药方往往流于空泛,"华盛顿共识"主导的激进改革也引发了更大的经济混乱和国家失败,市场远非万能,即使是欧美发达市场经济国家也自 2008 年金融危机之后陷入了政治和经济的体制性困境。我一度陷入了思考研究的困顿与瓶颈，这也是促使我开始跨学科阅读的一个主要原因。现在，我依然向往一个自由、繁荣、民主、强大的中国，但我不会再囿于自由主义或任何其他门户，它们都只是分别从各自特定的视角来解释世界，因而只应成为探求世界的思想资源的一部分，而非唯一的准绳。坚守自我、博采众长、超越左右才是中国创造未来的应有之路，也是中国克服中西文明对照时的"精神分裂症"，自信、开放、包容地吸纳转化各种文化思想资源的应有之道！

因此，本书对原稿重新做了很多修正、补充，由于时间有限，本书难免存在一些粗略、前后照应不足的地方。尽管如此，本书的出版就当是对自己一个思想成长阶段的总结和交代吧，站在当下，面对过去和未来，本书既是一个告别，也是一个新的开始。在本书的修改写作过程中，感谢学生们马丽凤、娄勇、朱芮菁、王赛亚、李萌、王爽、王云峰等协助进行的一些资料搜集和汇整工作，也对出版过程中各方予以的热诚帮助致以诚挚的感谢！

目　录
CONTENTS

绪　论

效率与平等是每一个社会都必然面临的重大抉择,这一抉择始终在不同的社会和不同的时代以不同的面貌呈现。"效率"一词虽然出现在多种形式之中,比如劳动效率、生产效率、配置效率等等,但其一般性的含义都是指一定的投入量所产生的有效成果,其主旨在于最有效地运用社会资源以满足人类的愿望和需要。效率的高低是决定社会价值量和社会财富量的根本因素,也是影响社会分配的重要因素。市场经济自勃兴和发展以来,以其前所未有的高效率震撼和改变着世界。同时应该指出的是,市场经济的高效率与自由息息相关,从古典到现代的经济学已经充分证明了,市场经济的高效率是在个人自由选择和企业自由竞争的基础上实现的,而高效率通过提供大量的商品产出也保障了自由,正如阿玛蒂亚·森指出的,有很好的理由把贫困看作是对基本的可行能力的剥夺,而不仅仅是收入低下,可行能力就是一个人有可能实现的、各种可能的功能性活动组合的实质自由,在关于收入、资源和自由的分析中,重点必须是商品所能产生的自由,而不是商品本身。① 因此,对效率的探讨必然涉及对自由的探讨。然而,自由市场在快速运转的同时也制造出了日益加剧的两极分化,由此,效率与平等(连带着自由与平等)之间的冲突和张力也就变得越来越突出。

平等在近代以来的历史演变中主要有两层含义,一是体现"法律面前人人平等"这一法治原则的权利平等,亦即每个人,不论男女、老少、强弱、阶

---

① 森《以自由看待发展》,中国人大出版社,2002,第62页。

级、地位和出生的差别，都享有同等的政治自由、言论和集会自由、良心的自由与思想自由、组织政治团体的自由、选择职业的自由、保障个人财产的权利、依法不受任意逮捕和剥夺财产的自由等等，在法律面前，人人皆平等享有这些权利。在宪法文献中，权利平等往往被归属于形式平等。权利平等是与自由相对应的，是自由的前提条件。近代西方社会从专制集权、等级森严的封建社会中脱胎而来，在其提出的"自由、平等、博爱"的口号中，"平等"主要就是在这一意义上使用的。权利平等思想在近代的崛起，和市场经济的勃兴密切相关，正是以分权为特征的市场经济的发展，促成了个人意识和个人权利的觉醒。"人人生而平等"这一表达权利平等的思想是近代政治哲学所取得的最伟大的成就，而这一成就是由自由市场经济促成的。因此，自由促成了权利平等，而权利平等反过来又成为自由的保障。正如卢梭在分析人类不平等的起源时为权利平等所做的最强有力的辩护那样，在人类的根本政治目标中，平等较之自由更具基础性价值，因为正是平等的丧失才导致了人对人的依附与奴役，即自由的丧失。自由、平等和人权，是一个问题的不同侧面，三者经常表达同样的意思。①

平等含义的另一个层面则是指财富和收入分配方面的平等，在宪法文献中，它往往被归属于实质平等。自古以来，不同的社会结构总是决定着不同的财富分配格局，在这一分配格局中处于弱势或不利地位的群体一直都提出了要求分配平等的呼声。近代伴随着市场经济的勃兴而建立起来的资本主义社会，虽然在政治和社会制度上提供了广泛的权利分配，但其经济制度却建立在市场决定收入的基础上，由此产生了公民生活水平和物质福利上的悬殊差别。这种差别固然被作为用来提高市场效率、扩大国民总产出的激励或刺激，但它同时也造成了日益加剧的两极分化，从而衍生出了日益严重的社会问题和政治问题，推动着人们不断去反思市场，不断提出和修正借由国家权力来实施的政治和经济政策。

平等是理解当代政治理论中各个流派之间交锋与论辩及其历史演变的一个核心概念，也是理解政治伦理、政治哲学中其他观念的基石和出发点。

---

① 参见卢梭《论人类不平等的起源和基础》，商务印书馆，1997年。

而实际上,不论是在政治学领域中还是在经济学领域中,对效率和平等的思考一直在正义理论的语境中决定着对社会制度的评判。虽然自古希腊以来,人们从未就正义的观念达成一致意见,正如美国法理学家博登海默所言,正义似乎"有一张普罗透斯似的脸,可随心所欲地呈现出极不相同的模样。当我们仔细辨认它并试图解开隐藏于其后的秘密时,往往会陷入迷惑。"①现代西方著名法哲学家凯尔逊也曾说过:"自古以来,什么是正义这一问题是永远存在的。为了正义的问题,不知有多少人流了宝贵的鲜血与痛苦的眼泪,不知有多少杰出的思想家,从柏拉图到康德,绞尽了脑汁,可是现在和过去一样,问题仍未获得解决。"②不过,比较一致的是,西方近代思想家们普遍都在自由和平等这两个相对的范畴中讨论正义,并将之作为具体的社会政策、社会制度的评判和设计原则。罗尔斯就把他的正义论称之为"公平之正义",即社会权利和利益的公平分配,合理的社会制度应确保"所有的社会基本善——自由和机会、收入和财富及自尊的基础——都应该被平等地分配。"③罗尔斯认为,有效率的社会结构有许多种,而不是一种,效率的社会价值相对于社会平等来评价,仅仅效率原则不可能成为一种正义原则,效率和平等都必须符合社会的正义原则,不能撇开社会的正义来强调效率问题。

政治哲学关注的社会正义包含着人权、分配正义、关怀弱势群体等重大议题。社会正义首先要求以制度的方式来体现和保障自由和平等的价值,亦即保护个人所拥有的对于自由、平等、生命和财产的权利,这样的人权是人的道德权利或自然的权利,它是神圣不可侵犯的,应该得到宪法的保障,以及政府、团体和每一个人的尊重。如果人权的关键是自由,那么分配正义的关键就是平等。在分配领域,正义总是意味着平等。当然,完全平等的分配既是不可能的,也是不可取的。所以,正如罗尔斯把"正义意味着平等"转变为"一种不平等的分配在什么情况下能够是正义的"那样,人们只能从追求"完全的平等"转变为追求"最大程度的平等",罗尔斯的差别原则就是在

① 博登海默著《法理学、法哲学及其方法》,华夏出版社1987年版,第238页。
② 凯尔逊《什么是正义》,《现代外国哲学社会化科学文摘》1961年第8期,第6页。
③ 罗尔斯《正义论》,中国社会科学出版社,1988,第303页。

这一意义上提出的不平等分配的正义原则。分配正义最终体现的是对社会弱势群体的关怀,一个正义的社会应该帮助那些最需要帮助的人,社会的不平等最严重地体现在弱势群体或社会底层阶级身上,因此,探讨分配正义的原则往往就是为解决这种不平等而提供制度设计的原则。

虽然今天的经济学有着摆脱政治学和伦理学而走向类似于自然科学或"工程学"的纯经济分析的倾向,但实际上,人类的经济活动负载着人的理性精神,与正义相关涉,是不可能一厢情愿地摆脱价值判断的。无论从"经济"的词源,还是从社会历史、政治以及具体的经济实践来看,经济与正义都有着不可分割的相关性。其实,近代以来政治哲学的正义理论已经或明或暗地进入到了经济分析体系当中。对人权的保障实质就作为权利平等成为个人自由的前提,从而形成了市场经济运转的坚实基础——众多分散的个人的自由选择。分配正义则直接成为了经济学分析中所指的财富和收入分配的平等。早在亚里士多德开始,分配正义就是经济正义最为重要的部分,它不仅涉及初始资源、权利等的分配,也涉及社会产出的分配,既涉及产权的分配,又涉及对市场交换结果的政治面目性再分配。在本书中我们可以看到,古典经济学、奥地利学派经济学、凯恩斯经济学和马克思经济学都是在分配正义的意义上对"平等"展开争辩和讨论的。各学派的平等观和分配理论当中都直接或间接地包含着对社会底层或弱势群体的关怀,尤其是马克思经济学,直接以无产阶级的立场和目光在《资本论》的政治经济学和经济伦理思想之中贯穿着对正义问题的思考,可以说,马克思的正义观是马克思写作《资本论》背后一只"看不见的手"。

因此,对效率与平等的思考与抉择必然要深入而广泛地牵涉到自由、效率、平等、正义等诸多范畴,要与正义理论发生思想的碰撞。更一般地来说,正义理论的实质就是制度设计,即按照正义原则来设计相应的政治法律制度和社会经济政策,以建立一个正义的社会。正因如此,我们才看到正义理论作为一种构成和线索浸透在斯密的古典经济学、马克思经济学和奥地利学派经济学等政治经济学传统对制度的思考和批判中。而在制度设计的层面上,对效率与平等的抉择就将国家作用或政府干预这个重大问题凸显了出来。在分配正义意义上的平等,从其起源、价值取向和作用来说,无疑是为了限制、规范和调节市场经济运行及其结果,在本质上,它其实可以被看作是与商品化相对立的反商品化努力。追求分配正义或平等必然要求以道德伦理规范和政治力量去控制、约束商品交换过程和结果,由此,国家或政府这一唯一掌握合法暴力的权力机构就至关重要。① 国家作为市场经济结构中的一个关键组织,是人们借以纠正市场结果的主要手段。正如诺斯所言,"国家的存在是经济增长的关键,然而国家又是人为经济衰退的根源。"②对效率和平等的不同解读和抉择,必然导致对国家职能或政府作用的不同诉求,这种不同的诉求是形成不同政治经济体制的一个关键。纵观20世纪以来的历史演变,对效率、平等及其中的国家作用的不同思考已成为当代意识形态和政治冲突的焦点。传统社会主义方案试图以公有制和中央集权的计划经济取代市场制度,西方福利国家则通过对市场的政治干预和政府的合法强制再分配来限制市场造成的不平等,以使人们不再完全受市场偶然性的支配。20世纪的历史可以理解为社会主义和福利国家兴衰的历史,其核心问题就是在市场经济与社会正义语境下的效率、平等及其中的国家作用问题。

21世纪是一个反思的世纪,人类社会已积累下的大量试验和实践推动着我们去反思,为此,我们有必要用新时代的经验和眼光去重新挖掘和寻找理论资源,以便能够对过去、现在和未来的制度轨迹和社会发展做出更为深刻的洞察和理解。本书选取了奥地利学派经济学、马克思经济学和凯恩斯主义经济学作为比较研究和解读的对象,考察其在效率、平等及其中的国家作用问题上的探索和思想。之所以选取这三大流派,既是因为它们的相关理论对全世界都产生了深远的影响,也是因为它们的思想与争锋恰恰典型

---

① 在本书中,政府是指拥有合法暴力的统治机构,"国家"并非指广义的在政治上组织起来的全体人民,而是指狭义的与公民相对的政府机构,因此本书中的"政府"与"国家"两个词是通用的,用英文来表达即是 state 或 government。实际上,当代政治学和经济学在探讨国家或政府作用时,都存在这种通用现象。本书所探讨的奥地利学派经济学、凯恩斯经济学以及马克思经济学也是在这一意义上论及"国家"或"政府"的。

② 道格拉斯·诺斯《经济史中的结构与变迁》,上海三联书店、上海人民出版社,1994,第20页。

地反映了学术界关于市场效率、个人自由、分配正义、国家干预等问题的主要观点和重大分歧。

在市场经济发展初期，个人自由所激发的高效率带来了长期的社会繁荣，使人们普遍认同斯密以来的古典自由主义思想家的观点，即市场经济中个人选择的自由不仅是经济效率的前提，而且是整个自由社会的基础，市场经济与社会正义是相容的。但是，到了19、20世纪，人们越来越多地认识到市场经济的运转同样深刻地造成了收入和财富的不平等，而收入和财富的不平等又威胁到了公民的政治自由和平等。于是，基于平等正义的立场来剖析资本主义生产关系的马克思经济学，在大萧条经济危机中应运而生宣告市场自由放任结束、主张国家干预以促进效率和平等的凯恩斯经济学相继问世。马克思经由对资本主义的批判和剖析，设想了一个消灭资本主义私有制、国家消亡、实行计划调节经济和按需分配的人人自由平等的共产主义社会。凯恩斯则提出在保留私有制和市场经济的基础上，引入国家干预来促进平等和经济增长，其后继者新古典综合派和新凯恩斯主义研究了一系列调节总需求的政策，企图通过寻找市场与政府的最佳结合点来兼顾效率与平等，另一后继者新剑桥学派（亦即后凯恩斯主义）则认为分配是引起一切社会问题的症结所在，资本主义的经济增长不但不能解决分配失调问题反而使之更加恶化，因此，以琼·罗宾逊为代表的学者们提出了一系列借由国家干预来实现的收入分配政策，认为只有使国民收入分配更为公平合理，才能使经济稳定增长和社会安宁，实现凯恩斯《通论》中的社会政治结论。然而，与此同时，以米塞斯、哈耶克、罗斯巴德等人为代表的奥地利学派经济学则继承了自斯密以来的古典政治经济学传统，依然捍卫着以私有制为基础的自由市场经济，他们指出，企图通过国家干预来实现分配正义只能是一种幻想，人们不仅不能由此得到平等，反而还会丧失自由。奥地利学派在古典经济学的基础上进一步论证了市场秩序，并由此进入到通过法治宪政来塑造有限政府的制度思考。

三个学派的理论各成体系，代表着对现实制度不同视角的批判和解读，而其相互的思想激荡则为我们当今的制度反思和制度建设提供着深刻的启发。如何调节市场效率、个人选择自由和正义平等要求之间的矛盾，已成为现代社会制度进化和演变的重要动力之一，而奥地利学派经济学、马克思经济学和凯恩斯主义经济学在这方面的思考和争论，十分有助于我们洞察和思考现代社会制度的这一演化过程。如今，美国等发达资本主义国家日益加剧的贫富分化，欧洲福利国家的普遍经济危机，中国在高经济增长过程中日益攀升的基尼系数，都提出了重新思考和探索效率、平等及其中的国家作用的迫切性，因此，对三大流派相关思想的比较研究和解读有助于充实和丰富我们面对当代社会重大抉择的理论视野和理论资源。

虽然目前国内外对三大流派关于效率、平等与国家作用的研究较多，为本书的深入探讨提供了巨人的肩膀，但总体来看现有研究存在三个方面的不足和问题。第一，在对各学派关于效率与平等的考量研究中，大多单纯停留在效率与平等之间关系的权衡分析上，而没有进一步联系和涉及其背后的实质性问题——市场与国家的关系。事实上，这一现象不仅在经济思想史研究领域很普遍，在关于效率与平等的各种现实问题的研究领域也很普遍，只有极少数学者针对中国的现状认识到了，效率与平等在根本上是一个关系到政府权力和政治体制改革的制度性的问题，我们不应在效率与公平谁优先这样的"伪问题"上争来争去，而是要努力寻找经济发展与平等、社会公正之间的一致性和动态平衡关系。的确，不论是效率优先还是平等优先，都深刻地涉及国家（或者政府）的角色问题，涉及国家和市场关系的重构问题。对平等的不同理解必然导致对国家作用的不同定义，凯恩斯提出国家干预的一个重要原因也是通过对收入分配的分析提出实质平等，奥地利学派也是因为坚持权利平等才信奉自由市场、反对国家干预，马克思则是在批判资本主义社会不平等的过程中构想了国家消亡的自由平等的理想社会。分配正义或平等的问题归根结底是市场与国家关系的问题，如前所述，分配正义或平等是为了限制、规范和调节市场经济运行及其结果，对平等的不同理解会导致对国家作用的不同诉求，而国家和市场之间的平衡关系也决定着效率和平等能否实现以及如何实现。实际上，当分配正义或平等作为一个社会的主要问题凸显出来时，恰恰说明了市场与国家两者的关系已经失去平衡。因此，必须把国家权力及其作用纳入到对效率和平等的权衡抉择中，才能得到本质全面的观察。

第二,在已有的对各学派国家理论的研究中,比较缺乏从平等和效率的层面来理解国家作用的探讨。例如,很多学者分析指出奥地利学派从有限理性的无知论和市场自发秩序等理论推导出反国家干预的思想主张,却忽视了奥地利学派对分配正义的反驳、对权力与市场的警惕如何导致了最小国家理论。很多学者都了解马克思通过谴责资本主义社会的不平等和非正义而提出了废除私有制,但却未能进一步探究马克思的平等观与其国家理论有何联系。尤其是在凯恩斯主义的国家干预理论研究中,人们普遍从弥补市场失灵、调节景气循环的层面来思考理解国家干预,却由此忽视和遮蔽了凯恩斯借由国家干预来创建较为公平的资本主义经济制度的初衷和思想,这种思想在以琼·罗宾逊为代表的后凯恩斯主义那里得到了进一步发展,他们把收入分配作为经济增长的核心问题,从收入分配理论出发要求国家干预经济。遗憾的是,凯恩斯这方面的思想理论以及后凯恩斯主义的相关继承发扬目前尚未得到足够的重视。

第三,由于效率、平等的权衡属于价值判断的问题,将之与国家干预理论结合起来进行研究,必然要涉及政治学、伦理学、哲学、经济学等各个学科,因此,当今主流经济学对这一问题的研究大多浅尝辄止。于是,在前述的研究现状中可以看出,当奥地利学派和马克思的国家理论研究以及三大学派的平等观研究形成政治学界和哲学界的热门研究领域时,经济学界的相关研究却明显不足,在效率、平等及其中的国家作用这一重大政治经济学问题上,未能形成对政治学界和哲学界的充分回应。

因此,本书旨在从三大部分内容探究效率、平等与国家作用这一主题:

首先,以市场和国家的关系为视角和线索,梳理和分析奥地利学派经济学、马克思经济学和凯恩斯主义经济学关于效率和平等的理论思想,找出其对市场效率、平等各自不同的理解和诉求,以及由此产生的对国家和市场之间关系的定义,对国家作用或政府角色的不同规定。

其次,对比研究以上各学派在理解效率、平等及其中的国家作用时出现的重大异同,包括各学派在理解市场机制的问题上产生了怎样的分歧,从而导致它们对政府干预是否有利于促进市场效率产生了争议;它们在怎样各自不同的路径中认识通过国家干预来促进社会平等的可能后果;它们对国家的本质、目标和作用有怎样不同的认识与相互争锋,为什么奥地利经济学和马克思经济学都对国家产生了不信任,但又在处理国家问题上产生了显著的区别;在处理私有制与国家的问题上,它们产生了哪些深刻的分歧,奥地利经济学和凯恩斯经济学都要求在维护私有制的基础上追求平等和效率,而马克思为什么却认为必须要废除私有制才能达到真正的效率和平等,等等。

最后,在前述比较研究的基础上,结合现代经济学在三大学派之后进一步取得的相关研究成果(包括公共选择理论、立宪经济学、新制度经济学、新经济史学等领域的相关理论和观点),以及罗尔斯《正义论》的相关思想,来对三大学派的思想体系进行反思和批判。本书将从理性主义着手,来检讨三大学派之所以对效率、平等及其中的国家作用形成不同解读和认知的认识论根源,又结合非理性思潮和后现代主义对理性主义的批判,从制度建设的层面反思三大学派在认识人性、市场和平等这些基本议题上产生的深刻洞见和局限、不足,从而发掘出其对当今中国制度建设的有益启示。

本书以市场与国家的关系为线索,集中考察效率与平等这一重大的社会经济抉择会导致市场与国家的关系出现怎样的重构,会给国家作用带来什么样的定义和诉求。和大多数关于效率与平等思想研究的文献不同,本书不旨在厘清效率与平等孰先孰后,而旨在揭示具有重大影响力的三个学派在借助国家(政府)来达成目的时,产生了怎样不同的思想体系,这些思想体系产生了怎样的贡献、纰漏甚至危害,国家在达成效率和平等时具有哪些积极作用和消极作用,从而为中国当代社会经济转型面临的一些重大问题的思考提供理论资源和反思启示。就此而言,这一场思辨之旅是非常值得的。

此外,本书将三个学派关于效率、平等及其中的国家作用的思想理论放在政治经济学的分析框架中进行探讨,并结合了政治学、历史学、哲学等领域的相关思想来加以评判。如前所述,效率与平等的权衡归根结底是一个关涉到市场与政府之间关系重构的问题。如今,对政府角色或作用的探讨早已超越了主流经济学所谓市场失灵与政府干预的范畴,而是更深刻地进入到了综合政治与经济等各个层面的制度性框架。实际上,市场的有效性以及由此而界定的政府作用直接取决于制度框架,更何况平等与效率本身就涉及价值判断的问题,这就使得本书对三大学派有关效率、平等及其中的国家作用的思想的探讨不能仅仅局限于经济学的考量,而必须纳入政治经济学的分析框架并辅以跨学科的研究。自凯恩斯主张国家干预之后,主流经济学一直局限于从市场失灵等纯经济角度来争论经济自由主义与国家干预主义的问题,而捍卫斯密以来的古典政治经济学传统的奥地利经济学,以及继承自古典政治经济学而产生嬗变的马克思经济学,正好将这一问题拓展到了更为广阔的政治经济学分析视野。对于我国这样一个在政治体制和经济体制都面临转型任务的国家来说,经由效率与平等的理解权衡来探讨政府的角色和作用,政治经济学的分析框架和跨学科的研究显然比纯粹研究经济运行规律的经济科学更为适用。

第一章

奥地利学派经济学的解读

奥地利学派诞生于 19 世纪后期，当时经济学正经历第一次危机。奥地利学派的创始人门格尔在德国历史学派的围城中展开了古典经济学的革命，与庞巴维克和维塞尔一起"在社会主义和马克思主义的挑战之中拯救了古典经济学"，建立了奥地利学派的传统。该学派继承、发扬和捍卫着自亚当·斯密以来开创的古典政治经济学，他们坚信自生自发秩序，坚持亚当·斯密的自由竞争市场信念，并进一步从认知论、方法论等层面证明和发展了这些理论和信念。在一百多年来的发展中，奥地利学派相继出现了米塞斯、哈耶克等在学术界和全世界都产生了深远重大影响的代表人物。二战以后，其学术阵地转移至美国，由科兹纳、拉赫曼、罗斯巴德等代表性人物继续发展奥地利经济学。此时，奥地利经济学更加消失了其最初的地域性，而演变成一个地道的美国经济学流派，其思想理论更是世界性的。

一、市场效率与国家作用——奥地利学派的自发秩序理论

（一）知识分工、价格机制与市场的效率

对国家作用的理解必然以对市场机制的理解为前提。18 世纪，亚当·斯密通过《道德情操论》和《国富论》提出了非常鲜明的制度性见解，即主张一种自由竞争的市场制度，"每一个人，只要不违反正义之法，便任其完全自由，依自己的方法，追求自己的利益，以其劳动及资本与任何其他人或任何阶级加入竞争"，即可实现由私利达成公益以及最佳效率的奇迹。斯密创建

的这一市场理论体系,是 18 世纪古典政治经济学的巅峰。①

　　奥地利经济学在继承古典经济学的同时独具特色。如果说亚当·斯密从劳动分工的角度论证了市场的效率,那么奥地利学派则进一步从知识分工的层面解读了市场过程及其效率。奥地利学派的这种解读与新古典主流经济学是截然不同的,而正是由于从价格机制有效地传递知识和信息来理解市场过程和市场效率(而不是像新古典经济学从资源配置最优化来理解市场功能和效率),奥地利学派才推导出了国家应有的作用,并对政府干预采取了毫不妥协的立场。

　　为了深入理解奥地利学派的这一独特解读,有必要首先认识到,奥地利学派的这种独特解读和理论贡献肇始于门格尔的主观效用价值论。19 世纪 70 年代,杰文斯、瓦尔拉斯和门格尔同时对古典经济学的劳动价值论发动了一场边际效用革命,他们都提出商品的价值应该由其主观使用价值来决定,但杰文斯和瓦尔拉斯将商品的边际效用看作是一个整体的、可以统一客观计量的数学概念,而门格尔却更看重各个单独的个人对商品效用具有不同的主观评价,他在其《经济学原理》中提出,商品之所以有价值不是因为它们能向人们提供各种数量的效用,而是因为它们对不同的个人提供各种不同的效用。② 门格尔的主观价值论经由庞巴维克、维塞尔、米塞斯等人的进一步阐述和发扬,成为奥地利学派独具特色的理论传统。米塞斯对此做过形象的描述:不同的个人出于不同的动机和因素,对商品效用具有不同的评价,一个人可能由于渴求知识而购买康德的著作,另一个人可能由于附庸风雅而购买,但对市场来说,买者的动机是无所谓的,重要的只是他们各自准备为自己的动机支出一个确定的总额。③ 于是,基于这种个人主义和主观主义的方法和视角,奥地利学派不像杰文斯和瓦尔拉斯那样经由客观计算商品的集体边际效用而直接得出价格如何决定的结论,而是着重于考察成千上万个具有不同目标和价值判断的个人在相互交换和相互作用中如何使价格得以形成的过程。哈耶克对于杰文斯、瓦尔拉斯和门格尔所发动的边际

---

① 冯杨:"亦论经济人与社会秩序",《现代财经》2009 年第 11 期。
② 参见《新帕尔格雷夫经济学大辞典》第三卷"门格尔,卡尔"词条。
③ 米塞斯《经济学的认识论问题》,经济科学出版社,2001,第 166 页。

效用革命有高度的评价,他认为,边际效用理论对解释市场秩序具有关键性的意义,相比古典经济学,"只有边际效用理论真正使人理解到供应和需求是如何决定的,适应需求的数量以相互调整引起的稀缺程度是如何指导着个人。整个市场过程由此被理解为一个信息传递的过程"。但是,哈耶克更为认同的是奥地利学派的主观价值论,因为奥地利学派"强调了它所说的经济价值的'主观性',从而为未经设计而从人类互动关系中产生的秩序提供了一个解释范式"。①

因此,奥地利学派在继承古典经济学原理时,其产生的一个重要变革就是以主观效用价值论来代替劳动价值论,从而进一步论证了市场机制。实际上,提出知识分工理论来探讨市场秩序和政府干预的集大成者哈耶克,正是以主观价值论为出发点来观察市场过程的:千千万万的个人处境不同、禀赋不同、欲望不同,得到的有关信息不同,对于彼此的具体需要几乎一无所知,并且有着各不相同的目标范围。但市场的交换系统让他们的个人努力相互作用、相互磨合,正是在这一过程中,一个未经设计的、更高层次的复杂秩序的系统出现了,连续不断的物流和服务流被创造出来了,而参与其中的大量的个人的主导期望和价值也得到了满足。在这一过程中,价格作为一个抽象的符号,凝缩着市场中千千万万个人的对商品的主观评价和相关需求等信息。② 价格体系就像一种传播和交流信息的电信系统,使人们无需去了解价格信号背后各种复杂而具体的情况和缘由,而只需通过观察若干价格指标的运动从而根据各种变化去调整他们的活动。③ 由此,与新古典理论给予商品价值一个固定测量的基准,因而重在研究人们在给定的价格和序列下有效配置资源的最大化行为不同的是,奥地利学派揭示出了商品价值因主观性而具有不确定性的本质,因而重在考察价格如何在市场交换过程中得以形成、变化从而传递信息的。

在发现价格体系作用的过程中,哈耶克强调了知识的分散性,他认为,合理的经济秩序是决定于这样一个事实,"即我们必须运用的有关各种情况

---

① 哈耶克《致命的自负》,中国社会科学出版社,2000,第111－112页。
② 同上,第108页。
③ 哈耶克"知识在社会中的运用",哈耶克《个人主义与经济秩序》,北京三联书店,2003。

的知识,从来就不是以一种集中的且整合的形式存在的,而仅仅是作为所有彼此独立的个人所掌握的不完全的而且还常常是相互矛盾的分散知识而存在的",①所以,在完全信息的假设下解决最优化的问题根本就不是社会所面对的那种经济问题。由此,哈耶克提出了价格体系的重大意义,既然每个人的知识必定是不完全的,知识是分散于市场上的众多个人的,那么人们就需要有一种不断交流知识和获得信息的途径,而价格体系正是通过传播信息帮助不同的个人协调他们各自的行动,就像主观价值可以帮助个人协调他自己制定的计划一样。因此,如果我们想理解价格体系的真正作用,就必须把价格体系视为一种传播和交流信息的机制。②

不仅如此,哈耶克还通过对竞争过程的探讨进一步完成了对市场价格体系的完整认识。哈耶克认为,在信息传递的过程中,人们是靠竞争的过程来发现和利用知识的。在竞争中,除了以技术手段处理不同个人所拥有的彼此分立的数据和信息以外,还有一种必定会包括不同个人的知识和信息持续发生变化的过程,而后者比前者更重要。从本质上讲,竞争是一个关涉到数据和信息不断变化的过程,是一个动态的过程。③ 哈耶克认为应该把竞争视为一个发现事实的过程,因为我们事先并不知道那些决定着竞争者行动的事实,而不诉诸这种过程,这些事实就不会为人所知或利用。④ 为此,他批评了新古典的完全竞争理论,认为新古典由于在给定边际成本等条件下使用了"完全信息"和"产品同质"这两个同义反复的假设,所以使其竞争均衡理论从一开始就把惟有通过竞争来发现事实这一主要任务给切割掉了,完全竞争实际上意味着一切竞争活动不存在,并排除掉了市场当事人在相互竞争和交流传递信息过程中的所有人际关系。⑤

特别值得关注的是,哈耶克所强调的通过竞争过程来发现和利用的知

---

① 哈耶克"知识在社会中的运用",哈耶克《个人主义与经济秩序》,北京三联书店,2003,第116-117页。
② 同上,第128-135页。
③ 哈耶克"竞争的含义",哈耶克《个人主义与经济秩序》,北京三联书店,2003。
④ 哈耶克"作为一种发现过程的竞争",哈耶克《哈耶克论文集》,首都经济贸易大学出版社,2001。
⑤ 哈耶克"竞争的含义",哈耶克《个人主义与经济秩序》,北京三联书店,2003。

识,与新古典中的价格、数量、预期等知识有很大的不同。早在 1940 年代提出知识的分散性之后,哈耶克就注意到了现实生活中还存在着一种极其重要但未经系统组织的知识,即有关特定时空的情势的知识(the knowledge of the particular circumstances of time and place)①。显然,这种知识不可能是统一给定的,而是高度个人化和具体化的,是必须由个人在市场过程中根据各自不同的具体情况和需求才能加以发现和利用的。哈耶克所强调的通过竞争来发现和运用的知识就是这种知识,

正是借由这些发现,哈耶克进一步阐释了价格的作用,"价格的主要作用并不是指导人们如何行事,而是指导人们做什么事情。"②这句话是哈耶克得以洞悉价格体系进行知识分工的最后一个关键步骤,因为这一理解意味着,价格的作用并不是像新古典理论中的那样在给定完全信息的条件下,千人一面地指导众多个人如何完成最优化的资源配置,而是让个人根据各自特定的时空和具体的需求去捕捉相关的信号、发现自己该提供或获取什么样的产品或服务。正因如此,哈耶克才鲜明地提出:价格体系的作用正是在于以简洁的方式(即通过某种符号的方式)来传递信息,而且只传递给有关的人士。由于每个人所关注的始终是一个有关特定事物的相对重要性的问题,因而他只需从相关价格信息中发现对自己周围的具体事物产生影响、与自己即时性决策相关的事实,而无需关注这些事实背后的原因。因此,价格体系的运转所需依凭的知识很经济,涉入价格体系之中的个人只需要知道很少的信息便能够采取相应的行动,正是通过市场价格体系的作用,劳动分工和以分立知识为基础的协调运用资源才有了可能。③

由此,哈耶克最终完成了他对未经设计的市场自发秩序的解读:市场是一个利用知识的系统,由于没有任何人可以掌握全部知识,所以每个人只能透过市场情况的引导,才能瞄准那些和自己素不相识的人的需求从而满足

---

① 哈耶克"知识在社会中的运用",哈耶克《个人主义与经济秩序》,北京三联书店,2003,第 121 页。

② 哈耶克"作为一发现过程的竞争",哈耶克《哈耶克论文集》,首都经济贸易大学出版社,2001,第 454 页。

③ 哈耶克"知识在社会中的运用",哈耶克《个人主义与经济秩序》,北京三联书店,2003,第 127 - 132 页。

自己的需求;而这一切都浓缩在抽象的价格信号里,我们整个现代财富和生产之所以能够兴起,全得归功于这种机制。"我想这不仅是我经济学的基础,也是我主要的政治观点。"①

(二)市场经济中的国家作用与政府干预

1. 市场秩序 VS 政府干预

由于从知识分工的角度解读了市场秩序,解读了价格体系传递信息、协调运用资源的高效率,所以奥地利学派对以国家干预为主导、甚至完全由中央计划来实施的经济体制持高度怀疑的态度。哈耶克提出,评判不同经济制度的标准应该是看哪一种制度有可能更为充分运用现有的知识,而这又需要考察两个主要问题,一是把人们制定计划时赖以为基础的那种知识传递给计划制定者的各种方式,二是究竟什么方式才是运用最初由个人分散掌握的那种知识的最佳方式。② 对此,哈耶克最初重在强调:要把属于市场上千千万万个人的信息大规模地收集起来传递给中央机构,再由中央机构把决策层层传递下来,这一过程存在着极为复杂的高难度,而且会由于时滞产生缺乏灵活性和准确性的问题;但是,在发现知识的"特定时空"性质之后,哈耶克则完全否定了中央机构可以收集分散的个人信息的可能性,他提出,有关特定时空的知识,因其性质的缘故而不可能进行统计,从而也无法以统计的形式传递给任何一个中央权力机构。由于社会经济问题主要是一个迅速适应特定时空的情势的变化的问题,而以统计信息为基础的中央计划却无力直接对这些具体时空中的情势进行考虑,所以计划只能让给现场的当事人。③ 这成为哈耶克后来一直坚持重申的信念,在其有生之年的最后一部著作《致命的自负》中,他多次引用了亚当·斯密在《国富论》中的一段话来强调这一道理:"他能够把自己的资本用于哪些类型的国内产业呢,其中哪一种产品有可能最赚钱呢? 显然,处在自己环境中的个人所做出的判断,要比任何政治家或立法者为他做出的判断好得多。"

通过上述分析,哈耶克从知识分工和经验主义的标准充分肯定了市场

---

① 哈耶克《海耶克论海耶克——对话式自传》,台北远流出版公司,1997,第91页。
② 哈耶克"知识在社会中的运用",哈耶克《个人主义与经济秩序》,北京三联书店,2003。
③ 同上,第125页。

价格体系的相对优越性:市场是惟一已知的方法,它能够提供信息,使个人可以对他们直接有所了解的资源的不同用途的相对利益加以权衡,并且不管他们是否有此意图,他们能够通过利用这些资源,为相距遥远素不相识的个人的需求提供服务。① 谁也未曾成功地设计过一个替代性的体系,能够保持现存体系中的那些特征,尤其是个人得以选择他的追求因而得以自由使用他自己的知识与技能的广度,这个特征甚至是那些激烈攻击价格体系的人们也认为是贵重的。②

可见,对于亚当·斯密提出的"看不见的手",如果说新古典是从完全知识的理性逻辑出发来加以论证的,那么哈耶克则是从"无知"出发来加以解读的,因为在哈耶克看来,价格体系让每个参与其中的个人应掌握的知识何其之少,但市场却能充分解决人们的"无知"这一问题,经由价格体系,不仅劳动分工成为可能,而且基于知识分工的资源协调利用也成为可能,这才是价格的奇迹。因此,相对于中央计划,市场这种自生自发的秩序有两个优点,第一,自生自发秩序所使用的知识是该秩序中所有成员的知识;第二,自生自发秩序所服务的目的是参与者个人分立的目的,尽管这些目的不仅不尽相同而且还彼此对立。③

国际学术界对哈耶克的这一解读给予了高度的评价,认为"自生自发的秩序"这一概念是哈耶克最伟大的发现,也是其法学和经济学的根本原理。这项发现可以追溯到亚当·斯密及其"看不见的手"的比喻,亦即认为"市场"是人类社会内的陀螺仪,它不断产生着自生自发的秩序。"自生自发秩序"(更确切地说是"非设计的秩序")原则,可以被视为经济学的第一原则。④

---

① 哈耶克《致命的自负》,中国社会科学出版社,2000,第 87 页。
② 哈耶克"知识在社会中的运用",哈耶克《个人主义与经济秩序》,北京三联书店,2003,第 117 页。
③ 哈耶克"作为一种发现过程的竞争",哈耶克《哈耶克论文集》,首都经济贸易大学出版社,2001,第 449 页。
④ 冯杨:"市场秩序与政府干预——哈耶克的解读及其对新古典的批判",《南开经济研究》2005 年第 5 期。

2. 不可为的和可为的——政府干预的原则

虽然以哈耶克为代表的奥地利学派以经验主义的态度强调了市场自发秩序的相对优越性，但他们并不是"自由放任"的鼓吹者。米塞斯、哈耶克等人都曾多次坚决申明：自由主义并不是无政府主义，"自由放任"以及"保护生命、自由和财产"这些已经被极度滥用和误解的成语和公式如果只是意味着"顺其自然"的话，那么它们比没有提出解答更糟，因为它们并没有告诉我们哪些是政府活动的范围，哪些不是。根据对价格机制传递信息和进行知识分工并由此形成市场自发秩序的理解，奥地利学派实际上从不可为和可为两个方面明确地提出了政府干预的原则。

在不可为方面，奥地利学派十分重视在私人财产权的基础上界定私域，并以此确定国家强制力的作用以及不可逾越的规则。就经济领域而言，哈耶克坚决反对政府对生产的数量或方向以及价格有任何直接的控制，因为这些都属于私人活动的领域和市场调节的范围，也是价格机制得以正确传递信息的前提条件。①

在可为方面，奥地利学派积极赞成政府通过适宜的法律体系和经济政策，为维护市场的自由竞争过程创造良好的条件和框架。"如果我们想充分利用市场的力量，那么一种理性的经济政策就应当只旨在创建市场得以发挥最大作用所需要的各种条件，而不应当把刻意影响或指导个人活动的做法视为己任。因此，经济政策的主要任务就在于创建一种框架，而在这个框架内，不仅个人能够自由地决定他想做的事情，而且这种以个人所拥有的特定知识为基础的决策也能够在最大的程度上有助于总产出的增加。此外，我们对任何特定的政策措施所做的评价也毋须以它所取得的特定结果为标准（因为在绝大多数情形中，我们无论如何都是无法知道全部这类结果的），而必须以该项政策措施与整个系统的一致性为标准。"②

哈耶克对政府干预所应遵循的原则是坚持得十分彻底、毫不妥协的。

---

① 哈耶克《海耶克论海耶克——对话式自传》，台北远流出版公司，1997，第128－145页。
② 哈耶克"经济学、科学与政治学"，哈耶克《哈耶克论文集》，首都经济贸易大学出版社，2001，第431页。

他甚至直言不讳地批评了一些试图对市场与政府进行调和折衷的做法,并指出了其潜在的危险性:"如果那些较为保守的干预主义者相信自己有能力把政府的控制活动严格限制在他们所赞同的特定范围内,那么我们便可以说,这纯属幻想。在民主社会中,一旦人们接受政府应当对某些特定群体的地位或生活承担责任这项原则,那么这种控制活动就不可避免地会被政府扩展到其他领域,用以满足大众的欲求和偏见。"①因此,哈耶克持之以恒地重申,"政府的一切强制行动都必须限于对一般且抽象的规则的实施。"②

综上可见,以哈耶克为代表的奥地利学派思想家将市场的效率归功于两大因素:自由选择和自由竞争。实际上,在其自由主义的思想领域中,自由与效率是一枚硬币的两面,效率与平等的关系就是自由与平等的关系。而自由的实质即限制国家权力,保障私人领域,正如哈耶克反复重申的:"今天很少有人明白,把一切强制权力限制在实施公正行为的普遍规则之内,这是古典自由主义的基本原理,我甚至要说,这就是它对自由的定义。"③在哈耶克看来,自生自发秩序是最高的优于其他任何秩序的秩序,只有顺其自然地放任自由竞争,才能达到人人虽未能全部理解但却人人受益的结果,国家或政府在其间的作用只能是通过适当的制度框架来保障私领域的自由竞争,以国家强权来干预市场价格体系、甚至侵犯私领域,既达不成市场本来的高效率,也违背了自然秩序。

二、分配正义的幻象——奥地利学派的平等观

(一)分配正义 VS 市场效率

奥地利学派以反对物质上的或者所得分配上的实质平等而知名,他们认为这种平等与自由以及以自由为前提基础的市场经济不相容。米塞斯就明确地提出,"自由不能和财富所得的平等相容,这一事实曾经被许多著作

---

① 哈耶克"个人主义:真与伪",哈耶克《个人主义经济秩序》,北京三联书店,2003,第158页。

② 哈耶克《自由秩序原理》,北京三联书店,1997,第191页。

③ F. A. 哈耶克著,冯克利译,《经济、科学与政治》,江苏人民出版社,2000,第436页。

家强调过。"①"所得和财富的不平等,是市场经济固有的特征。消除它,就会完全消除市场经济。"②哈耶克甚至在其长篇名著《法律、立法与自由》中专门用整整第二卷来讨论"社会正义"的幻象,在该卷中,他将带平均主义色彩的"社会正义"与追求所得分配平等的"分配正义"作为同义语,系统地剖析和批驳了当时福利学派提出的种种"社会正义"主张的谬误和幻象。

1. 分配正义 VS 资本累积

为什么追求所得分配平等就会导致消除市场经济呢?米塞斯主要从追求所得平等对资本积累的负面影响来论述的。米塞斯认为,亚洲文明之所以比西方文明落后,一个重要的原因就是亚洲过于追求经济平等,在所有的东方国家中,富商巨贾的地位在周围人的嫉妒和怨恨下极不稳定,他们常受到官吏的摆布,甚至慷慨的贿赂也难以保障他们的财产不被没收,正是这种反营利的精神,阻碍了文明的进步,使大众挣扎于饿死的边缘。而由于资本的累积受到限制,也不会产生任何技术上的改善。米塞斯指出,当今西方所宣扬的社会福利平等的观念,也是亚洲人这种平等观念的复制品,他们反对民营的大企业,主张用各种方法限制个人企业的发展,用没收式的所得税和遗产税来实现平等,以投合不能思辨的大众的嫉妒之心。但从长期看,这些政策显然不仅减缓或妨碍资本积累,而且也会消耗以前所累积的资本,从而越来越趋向贫困。

米塞斯十分赞赏自由市场经济下私人资本累积的效率,他提出,"市场经济形成一个可以使忍欲做到某一程度的环境,在这个环境中,忍欲的结果——累积的资本——投之于最能满足消费者最迫切需要的途径。"他十分不赞成福利学派和社会主义者追求经济平等的政策主张,认为他们通过赋予政府再分配更大的权重,使政府得以更大幅度地通过税收、公债等途径名正言顺地干预私人的储蓄和投资过程,从而将资本的保持和新资本的积累变成了政府的任务。于是,"问题就发生了:政府的资本累积可否替代私人的资本累积,政府把累积的资本投到什么地方。这些问题不仅涉及社会主义的国家,同样也涉及干涉主义的国家,不管这个干涉主义是全部地或近乎

---

① 米塞斯著,夏道平译《人的行为》(上),台北远流出版公司,1991,第381页。
② 米塞斯著,夏道平译《人的行为》(下),台北远流出版公司,1991,第1019页。

全部地摧毁了私人资本形成的环境。"①米塞斯认为这样的政府干预对资本累积来说是低效率的,在不平等的制度下,自利心驱使一个人储蓄,而且常常驱使他把他的储蓄投之于最能满足消费者最迫切欲望的生产途径。但在平等的制度下,这个动机消失了,节省当前的消费变成了可感觉到的受苦,也是对个人自利目的的一个打击。在政府干预的公共储蓄制度下,其有利的后果摊派到每个人身上微乎其微,微到不足以使一个人觉得这是以前节约的补偿,这导致人们不再愿意储蓄而都倾向于消费,于是,维持和增加资本也就难以实现。

米塞斯将福利学派所主张的政府在再分配中慷慨解囊的行为讽刺为圣诞老人式的童话,认为"福利学派的那些圣诞老人式的童话,是由于他们完全不懂得资本问题而产生的。就凭这个缺陷,就可否认他们对于他们自己学说所形容的'福利经济学'这个名称。凡不考虑资本财稀少性的人,就不是经济学家,而是一个童话作家。他所说的不是实在的世界,而是个无限丰富的神话世界。现代福利学派的一切说词,和社会主义作家们的说词一样,基于一个隐含的假定——资本财的丰富供给量。有了这样一个假定,当然就容易找到医治百病的万灵药,那就是'各取所需'使每个人百分之百的快乐。"他还进一步指出,为了追求经济平等而导致的政府大规模支出,不仅达不到初衷,而且无谓地消耗了资本、降低了经济效率。他讽刺凯恩斯主义者和福利学派只看到"政府是个支出者,不是一个收入者","公共支出与不平衡的预算,不过是资本消耗的同义语。如果当前的消费——不管你把它想得如何有益——是靠课征高所得者将用以投资的那部分所得,或靠课征遗产税,或靠借债,则政府就变成一个消耗资本的机构。现在的美国,每年的资本累积大概还会超过每年的资本消耗,这个事实并不使下面这句话失效:联邦政府、州政府和地方政府财政政策的全盘影响,是趋向于资本消耗。""应受谴责的,不是民主本身,而是以'圣诞老人'的政府观念替代'守夜人'的政府观念的那些学说。"②

因此,米塞斯坚决不赞同追求所得分配方面的实质平等,并且认为正是

① 米塞斯著,夏道平译《人的行为》(下),台北远流出版公司,1991,第1026页。
② 同上,第1027、1030页。

因为存在这种不平等才促进了市场经济的效率，"即令把财富所得的不平等看作可悲的事情的那些人，也不能否认，这种不平等有助于资本继续累积。只有新的资本累积，才会引起技术进步、工资率上升、生活标准提高。"①

2. 分配正义 VS 价格机制

哈耶克也从市场效率的角度批驳了追求所得分配平等的"社会正义"，但他是从"社会正义"扭曲了报酬或价格信号的功能的角度来审视其对市场效率的阻碍。"社会正义"主张者认为，报酬或价格是对个人过去行动的回报。然而，哈耶克却认为，人们挣的报酬，"他们的服务对他们的同胞所具有的这些价值，往往与他们个人的品行或需求毫无关系。"②因为，能够确使人们得到最优报酬的因素，并不是善良的意图或需求，而是去做事实上最助益于他人的事情（而不论做这种事情的动机为何）。哈耶克明确指出，在自由市场秩序中，报酬或价格的真正功能则在于对个人或将来的经济活动的引导。他认为，特定的价格或工资对于市场秩序的正常运转之所以极为重要，主要不是因为这些价格对所有得到这些信号的人产生影响，而是因为这些价格还会对那些认为价格是改变他们努力方向的信号的人产生影响。价格的功能与其说是为人们业已完成的事情提供报酬，不如说是告知人们，为了他们自己的利益而且也是为了普遍利益，他们应该做什么事情。然而，"社会正义"在自由市场秩序中的实施扭曲了报酬或价格的信号功能，因为，如果按照个人的品行或应得进行报酬分配，那么其前提就是负责这种分配的权力机构对个人品行、应得、需求、努力程度进行考察评估，但在缺乏共识的前提下，市场秩序中的报酬或价格就必定会被权力机构以专断或命令的方式做出决定。很显然，这样的报酬或价格也就完全丧失了它们原本所具有的那种信号功能，无法把个人的努力引向最需要它们的地方，进而也就难以实现资源的优化配置，从而阻碍了经济效率的提高。

如前所述，哈耶克发现了正是通过价格体系的作用，劳动分工和以分立知识为基础的协调运用资源的做法才有了可能，而"社会正义"显然打破了

---

① 米塞斯著，夏道平译《人的行为》（下），台北远流出版公司，1991，第1031页。
② 哈耶克著，邓正来译《法律、立法与自由》（第二卷），北京：中国大百科全书出版社，2000，第130页。

报酬与所提供的产品服务之间的对应和平衡,干扰了价格体系的运作。因此,仅从这一个层面,哈耶克就是无论如何不能接受"社会正义"的主张的。不过,哈耶克更加关注和重视的是"社会正义"对自由和法治的破坏,他在这方面的系统剖析和阐述可堪奥地利学派的代表。

（二）法律面前人人平等与政府的作用

1. 形式上的平等 VS 实质上的平等

人们通常笼统地认为自由主义所赞成的平等是机会平等、起点平等,但实际上,作为古典自由主义的继承者和代表人物,哈耶克明确地反对任何实质意义上的机会平等或起点平等,以及所得分配平等。他认为,自由乃是"法律下的自由",①没有法治就没有个人的自由,而自由与平等之间存在紧张关系,追求自由必然会产生不平等,实现平等(主要指实质平等)必然会限制自由,只有当自由与平等统一于法治之下时二者才能和谐互助。哈耶克旗帜鲜明地提出:"为自由而战的一个重要目标就是实现法律面前人人平等。这种平等是由国家强制推行的一些准则所规定的,这种平等可以通过人们在人际交往中自愿遵守的某些类似准则的平等而得到补充……只有法律和行为的一般准则的平等才能导向自由;我们只有在确保这种平等时,才不致伤害自由。自由不仅与任何其他种类的平等毫无关系,而且还必定会在许多方面造成不平等。"他还指出这种"法律面前人人平等"与追求物质利益或所得分配上的实质平等是不相融合的。"主张自由要求政府对所有人一视同仁……从人是不相同的这一事实出发,得出的结论是:如果平等地对待他们,结果必然造成他们实际地位的不平等。而使他们地位平等的唯一途径是将他们区别对待。因此,法律面前的平等和物质利益的平等不仅不同,而且互相冲突;在同一时刻我们只能获得其中之一,无法两全其美。法律面前的平等,是自由所需要的,但它会导向物质利益的不平等。我们的论点是:尽管国家因其他原因在某些地方必须使用强制手段,但它必须对所有的人一视同仁,如果以为为使人们在境况上更加相同,便有理由进一步使用

---

① 在这里,哈耶克所指的"法律"是自生自发社会秩序通过进化而得到的产物而非人为理性设计的结果,它区别于受限于人类有限理性的经由人类理性设计的"立法"。

有差别的强制手段,这种一个自由社会里是无论如何不能被接受的。"①

因此,哈耶克所主张的建立在法治基础上的平等必然是形式意义上的平等,是一种要求在法律面前人人平等的形式平等,它和政府有意识地致力于使各种人在物质上或实质上达到平等的活动相冲突,并在事实上不相容,政府的作用只是保持社会上的人们享有同等的权利,而不能擅自介入社会生活对部分公民构成歧视。由此,任何旨在实现公平分配的重大理想的政策,必定会导致法治的破坏。②

正是基于以上基本观点,哈耶克对时下流行的实质意义上的机会平等观念提出了批判。如前所述,哈耶克在解读市场自发秩序的时候提出了知识是分散于各个不同的人身上的,每个个人在运用自己的知识进行尝试和探索,因条件变化而产生的各种机会都有可能被某个人所利用。运用这种广泛分散的事实性知识正是一个大社会流动性和适应性的基础,但也恰恰是一代人的决策为他们的后代所造成的机会不平等的原因所在。哈耶克认为,这种机会不平等是未经设计的、也是不可避免的。在为数众多且分布广泛的人口当中,各个成员的机会来自于各种偶然的情势,从而也就必定是不尽相同的,这一事实不可避免地与市场秩序所构成的那种发现过程的有效性相关。哈耶克认为,政府并不具备完全的知识,也不能决定所有人的机会,如若让政府完全平等地安排所有人的实质性机会,必然会把整个自由社会赖以存在的基本原则摧毁掉。因为,如果政府想成功地使所有人的机会达到完全平等,那么它就不得不采取更多的行动以控制所有会影响个人努力成败的外部条件,对个人之间的差异做平均化的处理,从而不得不给予某些个人有利的条件或给予某些个人不利的条件,这就必然导致政府不能平等地对待每一个人。而反过来看,如果有人真的有权决定(并因此能够知道)每个个人的机会,那么选择自由也就毫无意义可言了。③ 实际上,从哈耶克"法律面前人人平等"的观念来看,所谓的机会平等,绝对只能指规则对所有个体的无差别对待,也就是在规则面前的机会均等。在哈耶克看来,实质

_____

① 哈耶克《自由宪章》,中国社会科学出版社,1998,第 125 – 126 页。
② 哈耶克《通往奴役之路》,中国社会科学出版社,1997,第 79 页。
③ 哈耶克《法律、立法与自由》(第二卷),中国大百科全书出版社,2000,第 12 – 14 页。

的机会均等不仅与此不一样,而且还是违背自生自发秩序的,因此,机会平等这个说法乍一听来颇具吸引力,但是一旦这个观念被扩展适用于那些出于某些其他原因而不得不由政府予以提供的便利条件的范围以外,那么机会平等的主张就会变成一种完全虚幻的理想,而且任何一种力图实现它的努力都极易酿成一场噩梦。①

　　哈耶克也不赞成起点平等这一说法,他指出:"只要人们生来就有差异,而又成长于不同的家庭,便不能保证所有人有一个相同的起点。这一点已为人所广泛地接受。根据人们的理解:政府的职责不是确保每个人实现其到达某个既定位置的前景是相同的,而只是帮助大家的平等的条件下获得某些设施,这些设施就其性质而言取决于政府行为。不仅是因为个人之间存在差异,而且还因为相关条件中只有一小部分取决于政府行为,所以结果肯定会出现不同。……认为必须确保大家都拥有一个平等的起点和相同的前景,这不啻于是说政府的目标不再是只为大家提供相同的环境,而是要进而控制与特定人的前途有关的一切条件,并使这些条件适应其能力,以确保他获得与他人一样的前途。这种有意使机会适应个人能力和目标的做法当然会成为自由的对立面。即使作为最佳地使用现存知识的手段,也不能证明这种做法的合理性,除非我们假定政府最了解如何利用个人的能力。"②

　　2. 正义之辩下的政府角色

　　显然,哈耶克提出的法治下的平等观要求国家负有实现法律面前人人平等的职责,反对国家奉行能动主义干预社会生活与市场秩序,以各种公权力的手段强制地去实现实质上的平等。

　　哈耶克之所以秉持这样的主张,首先是源于他对自生自发社会秩序的认识及其相应的正义观。由于从无知和有限理性的角度解读了市场秩序,哈耶克认为这种自生自发的秩序比任何一种人类用自己的有限理性去刻意设计的组织秩序都优越。市场秩序是在漫长的过程中演化形成的,不是人类有限的理性能够全部理解甚至设计出来的,所以,用"正义"这样的标准去衡量市场经济竞争的**结果**是不恰当的,由于市场是经由非人格的过程而把

---

① 哈耶克《法律、立法与自由》(第二卷),中国大百科全书出版社,2000,第 148 页。
② 哈耶克《自由宪章》,中国社会科学出版社,1998,第 133－134 页。

对商品和服务的支配权划归给特定的人的,所以显而易见,我们根本就无法用正义来指称市场所依凭的这种方式;换言之,市场所依凭的这种方式之所以既不可能是正义的,也不可能是不正义的,这既是因为它所产生的结果既非刻意造成的,亦非人们所能预见的,也是因为这些结果所依赖的乃是任何人在整体上都不可能知道的大量情势。①

那么,什么才是正义呢? 哈耶克指出,严格地说,只有人的**行为**才能被称为是正义的或不正义的,把"正义"这一术语适用于人的行动以外或支配人的行动的规则以外的情况,是一种范畴性的错误。在一个自生自发的秩序里,决定一个人应当具有何种生活状况的规则是根本不可能存在的,因此,正义只能体现为正当的行为规则。而由于所有的正当行为规则都是否定性的,都是对不正当行为的禁令,正当行为规则和检测它们正义与否的标准都是否定性的,②因此,哈耶克主张"否定性的正义"而反对"肯定性的正义",在哈耶克看来,像社会正义或分配正义那样,把正义与否看作是对某种实质性结果的评价,并以肯定性的标准(比如某个个人或群体应该得到什么)来定义或检测正义,是一种不切实际的谬误。由此,他明确指出,"正义"这个术语在诸如"社会正义""经济正义""分配正义"或"酬报正义"等合成术语中变得空洞无物。③ 哈耶克十分赞成晚期经院学者们的认识:所谓实质正义的价格或工资只是些空洞的口号,由市场中各方当事人的正当行为所决定的价格,也就是说在没有欺诈、垄断和暴力的情形下达成的竞争性价格,乃是正义所要求的全部内容。"竞争赖以展开的方式,而不是竞争的结果,才可能是正义的或不正义的。"④

由此可见,哈耶克基于对自生自发社会秩序和有限理性的认识,将涉及实质性结果的评判摒除在正义的范畴之外,而将正义定义为一种交换正义或过程正义,只要市场交换过程中的一切行为规则都是正当的,那么其结果无论是什么,就都是自然的、无可厚非的。

---

① 哈耶克《自由宪章》,中国社会科学出版社,1998,第128页。
② 哈耶克《法律、立法与自由》(第2卷),中国大百科全书出版社,2000,第八章。
③ 哈耶克《法律、立法与自由》(第2卷),中国大百科全书出版社,2000,第168页。
④ 同上,第132页。

　　那么,什么是正当的行为规则呢? 哈耶克指出,从历史上看,正是对正义的追求,才使得一般性规则系统得以生成和演化,而这个规则系统反过来,又成了日益发展的自生自发秩序的基础与维护者。实际上,为了实现这样一种秩序,正义之理想并不需要决定哪些能够被认为是正义规则的具体内容,所需要的只是为我们提供一种能够使我们以渐进的方式一步一步地否弃或取消那些被证明为不正义的规则的否定性标准。① 由于哈耶克并不主张一切规则系统都是正当的,并且更由于“正当”本身也需要一个正义概念予以说明,所以正义只能是自生自发秩序中的那个自然演进的规则系统。由此,我们可以得出哈耶克的一个基本结论:平等的标准就是自生自发秩序的规则本身,除此之外,别无平等与不平等可言。

　　基于上述理论,哈耶克显然排除了政府动用公权力直接干涉市场秩序和个人的经济生活以求得分配平等的理论可能,他提出,政府的作用应该是为普遍利益服务而不是满足特定群体的特定需求,所谓的普遍利益主要在于促进个人追求未知的个人目的,而维持自生自发社会秩序是该社会成员普遍利益得以实现的首要条件,因此,“对于自生自发秩序所能够满足的基本需求来说,政府在实施正当行为规则以外所提供的那些服务,只是些补充性的或辅助性的服务。”②

　　第二,哈耶克不遗余力地反对国家借由分配正义来进行干预的最根本原因,在于他敏锐地意识到了这种干预会损害个人自由、甚至发展成极权主义。他指出,“分配”这个术语必定意味着一个人格化的负责分配的机构存在,而且也正是这个机构的意志或抉择决定着不同的个人或群体的相对地位。如果用政府规定的报酬来取代市场竞争所形成的报酬,那么这些报酬也就丧失了它们在市场秩序中原本具有的那种指导作用,而且还必定会被那种指导性的权力机构所发布的命令所取代。……对大多数人来说,绝对平等仅仅意味着以平等的方式把大众置于某些操纵着他们事务的精英的命令之下……要求物质地位平等的主张惟有经由一个拥有极权的政府方能得

---

① 哈耶克《法律、立法与自由》(第 2 卷),中国大百科全书出版社,2000,第八章。
② 哈耶克《法律、立法与自由》(第 2 卷),中国大百科全书出版社,2000,第 10 页。

到满足。① 分配公正的原则……将创造一个在所有主要方面都与一个自由社会大相径庭的社会——在其中,公共权力决定着一个人要做什么以及如何去做。"②

　　和米塞斯一样,哈耶克也认为所得分配的不平等是市场经济的必然产物或固有特征,但哈耶克进一步指出,这种自然形成的不平等是我们获得个人自由的必然代价。因为,为了捍卫大大增进了每个人满足自身需求机会的市场过程,我们都要同意维护并实施某些统一的规则,但是我们也必须为此承担相应的代价,即所有的个人和群体都得承受蒙遭不应遭受的失败的风险。在人们接受了这种过程以后,不同群体和不同个人的报酬也就不再受任何人的刻意支配了。这是人类迄今为止发现的唯一一种能把广泛分散在千百万人中的信息有效地用于实现所有人的利益的过程,而这种过程的运作方式就是确保每个人都享有个人自由。③

　　哈耶克对平均主义色彩的"社会正义"保持着高度的警惕,他指出,在上两个世纪得到不断扩展的市场秩序所具有的最大优点,恰恰就在于它能够使任何人都不再享有这种只能以专断方式加以行使的权力。实际上早在此之前,市场秩序就已经在最大的限度上削弱了当时已达到极致的专断权力。然而,"社会正义"的诱惑却再次威胁着要从我们的手中夺走我们在人身自由方面所取得的这项最大的胜利,④无疑,这是因为它为政府干预和公权力的膨胀打开了大门。而且,对"社会正义"有效性的笃信无疑,还具有一种特殊的自我加速或强化的取向:个人或群体的地位越是变得依附于政府的行动,他们就越会坚持要求政府去实现某种可以得到他们认可的正义分配方案;而政府越是竭尽全力去实现某种前设的可欲的分配模式,它们也就越是会把不同的个人和群体的地位置于它们的掌控之中。只要人们对"社会正义"的这种笃信支配了政治行动,那么这个过程就必定会以一种渐进的方式

----

① 哈耶克《法律、立法与自由》(第2卷),中国大百科全书出版社,2000,第145-146页。
② 哈耶克《自由宪章》,中国社会科学出版社,1998,第143-144页。
③ 同上,第128页。
④ 同上,第168页。

越来越趋近于一种全权性体制。①

综上可见，哈耶克并不以关注人们在初始特性和物质财富方面的不平等为前设，而是从自生自发秩序中抽离出具有否定性、目的独立性和抽象性为特征的正当行为规则，并以之为存在为前提，提出了形式平等和普遍适用原则。在这种情形下，平等就只能体现为"法律面前人人平等"的形式平等，只有这样的法治下平等才能与自由相得益彰，才能保障政府权力不会发展到侵犯个人自由甚至演变成极权主义的地步。在他看来，当时福利学派和社会主义者所旨在实现的那种分配正义是与法治不相调和的，而且也是与法治所旨在保障的那种法律下的自由不相容的。② 应该说，对平等及其中的国家作用的理解是哈耶克提出"有限政府"的重要来源之一，也是在这一层面上，他将古典自由主义为保障个人自由而提出最小政府的思想做了进一步的系统阐发。正如哈耶克反复申明的："今天很少有人明白，把一切强制权限制在实施公正行为的普遍规则之内，这是古典自由主义的基本原理，我甚至要说，这就是它对自由的定义。"③

然而，如果就此将哈耶克所代表的奥地利学派思想片面地理解为反对政府干预、反对政府缩小贫富差距，因而与福利学派和社会主义极端对立，那是失之偏颇的。实际上，哈耶克不止一次的表明他从未怀疑过、甚至是非常赞赏社会主义者、"社会正义"的主张者和广大知识分子所具有的高尚动机和美好愿望。哈耶克说："凡是不抱这种偏见的人应当坦率面对的第一点是，决定着知识分子观点的，既不是自私的利益，更不是罪恶的动机，而是一些最为真诚的信念和良好的意图"。④ 哈耶克也认为，他反对社会主义者主要"是因为后者在有关这些资源的知识如何产生、如何能够产生以及如何才能得到利用的问题上，犯下了事实方面的错误。"⑤哈耶克也强调这样一个事实："人们最初'社会正义'的追求乃源出于他们力图消灭贫困的良好愿

① 哈耶克《自由宪章》，中国社会科学出版社，1998，第124－125页。
② 同上，第150页。
③ 哈耶克《经济、科学与政治》，江苏人民出版社，2000，第436页。
④ 哈耶克《经济、科学与政治哈耶克思想精粹》，江苏人民出版社，2000，第239页。
⑤ 哈耶克《致命的自负》，中国社会科学出版社，2000，第2页。

29

望。"①"人们完全可以赞赏一种不存在贫富悬殊差距的社会,也可以乐观地看待这样的事实,即财富的普遍增长似在逐渐缩小贫富间的差距。我完全赞同这样的态度,而且也完全愿意把美国所达致的社会平等的程度视作为一项令人敬佩的成就。此外,我们似乎也没有理由反对人们用这些为人们所普遍赞同的倾向去引导某些方面的政策。"②

事实上,哈耶克所反对的并不是政府在缩小贫富差距方面有所作为,他认同"所有的现代政府都对贫困者、时运不济者和残疾者进行了救济,而且还对健康卫生问题和知识传播问题予以了关注。我们没有理由认为,这些纯粹的服务性活动,不应当随着财富的普遍增长而增加。此外,也的确存在着一些只有通过集体行动才能满足的公共需求,而且通过这样的方式来满足公共需求,也不会限制个人自由。我们同样不能否认的是,随着我们日趋富有,社会为那些无力照顾自己的人所提供的最低限度的维系生计的标准(而且它能够通过市场以外的手段提供),也将逐渐随之提高;而且我们也无从否认,政府有可能以极有助益的且不会造成任何损害的方式,推进甚或领导这方面的活动。我们也没有理由说政府不应当在诸如社会保障和教育之类的领域中发挥某种作用甚或进行领导,或者说政府不应当暂时资助某些试验性的发展工作。因此,需要强调指出的是,我们在这里所关注的问题,与其说是政府行动的目标,不如说是政府行动的手段。"③。

因此,可以说,哈耶克也是主张尽量缩小贫富差距的,但是他在说这一点时,正像他一贯坚持的那样,是有前提条件的,亦即是以严格遵守正当行为规则和维护自发社会秩序为前提的。他之所以认为绝对的物质平等是不可能的,之所以提出要尊重自由市场竞争所形成的贫富差距的存在,完全是出于他对市场自生自发秩序、对人类有限理性的"无知"的理解,以及他对自由市场能够保障个人自由的深刻认知。而他由此推导出的政府作用、对政府介入分配平等可能产生的种种弊端甚至可能造成的对个人自由的危害,则为后人在追寻"平等"这一崇高理想敲响了震耳发聩的警钟,使人们无法

① 哈耶克《法律、立法与自由》(第2卷),北京:中国大百科全书出版社,2000,第240页。
② 哈耶克《自由秩序原理》(上),北京三联书店,1997,第105页。
③ 哈耶克著,邓正来译《自由秩序原理》(下),北京三联书店,1997,第9页。

再单纯地对政府在推进分配平等的政策措施寄予热望。

综上可见，以哈耶克等学者为代表的奥地利学派由于从无知和有限理性的角度解读了市场秩序，将个人的自由选择，亦即一种免于强制的消极自由，视为市场效率的前提，所以相应地主张一种消极的平等，这种消极平等包括形式上的权利平等和机会平等，其实质是一种法律的平等，即每个公民都拥有一种由法律保证的平等地位和平等权利，但是它对平等的地位和权利能否导致平等的结果则不做任何承诺。也正是在这个意义上，它被称为是消极的平等。基于这样的对效率和平等的解读，国家的权力和作用就是有限的，除了为市场自由运行提供制度保障、确保"法律面前人人平等"的法治条件以外，国家不应在其他领域进行干预。

然而，除了消极平等之外，积极的平等，亦即涉及实质性收入、财富和机会等的平等分配的分配正义问题，仍然是回避不了的，也是大多数人最直接关心的。马克思经济学恰恰在这方面有另一番独到的、超越性的解读。

第二章

马克思经济学的解读

马克思对全世界产生的深远影响不言而喻,他作为早期资本主义的批判者,为后世的制度建立和思考提供了大量富于启发的深邃洞见。奥地利学派作为古典经济学和古典自由主义的继承者,在捍卫以私有制为基础的资本主义制度和自由市场经济方面与马克思存在着尖锐的对立。奥地利学派对实质平等提出了全面的否定和批判,而马克思却恰恰在实质平等的意义上构建了他的平等观,并主张以平等为前提实现个人的全面自由。正如玻尔所言,站在一条深刻真理对面的往往是另一条深刻的真理。因此,我们有必要深入探讨马克思是在怎样的理论进路中提出这些截然不同的思想观点的。

一、市场效率、经济危机与计划调节

众所周知,马克思高度赞扬了资本主义制度的效率,认为资本主义在"贪婪和效率方面,远远超过了以往一切以直接强制劳动为基础的生产制度。"①并承认资本主义在短短一百多年内创造的财富,比过去社会所创造的全部财富还要多。但与此同时,马克思也认为资本主义市场经济在提供高效率产出的同时隐伏着爆发经济危机的基因,这就是他所提出的独到的经济危机理论。

马克思认为,市场经济的特征是货币经济。当物物交换发展到以货币

---

① 马克思《资本论》(第 1 卷),人民出版社,1975。

为媒介的商品交换之后，买和卖亦即需求和供给在空间和时间上发生断层，这就为经济危机的产生提供了可能性。在支付信用发达、经济运动以资本为中心的资本主义生产方式中，货币支付手段的矛盾进一步使经济危机的爆发成为可能。"货币作为支付手段的职能包含着一个直接的矛盾"，①一方面，在各种支付互相抵销时，货币只是观念上的价值尺度，即不需要现实的货币，可以采用各种观念的价值符号形式；另一方面，在实际支付时，人们又需要实实在在的货币。一旦有一个或几个债务人不能如期支付，就会引起连锁反应，使一系列支付不能实现，进而使整个信用关系遭到破坏，引发经济危机。这正是马克思在《资本论》第一卷中阐述的关于经济危机的最一般可能性。接着，马克思在分析资本流通过程的第二卷中指出，经济危机可以从两大部类生产的比例失调以及再生产过程中资本家消费和资本积累的比例失调得到说明。在阐述资本总流通过程的《资本论》第三卷中，马克思进一步补充说明了再生产过程中进一步发展了的危机的萌芽形式，提出了资本主义生产扩大和价值增殖之间的矛盾冲突，指出这种大规模生产进行的两个条件：一方面广大的生产者的消费只限于必需品的范围；另一方面资本家的利润成为生产的界限。最终，利润率趋于下降会"扰乱资本流通过程和再生产过程借以进行的现有关系，从而引起生产过程的突然停滞和危机。"②

虽然学术界仍然存在着马克思究竟有没有系统的经济危机理论的分歧，但总体而言，从马克思在《资本论》《剩余价值理论》等著作中的论述来看，在不同的时期，马克思将危机产生归因于利润率下降趋势、比例失调、消费不足等。由于他没有明确赞成其中的一种，这就使得后继的马克思主义研究者可以从马克思的这些分散的、有时还并不前后一致的片断中，领悟并提出他们对马克思危机理论的不同解释。于是，20 世纪以来，在理论界依次流行着三种危机成因的理论，即消费不足论、比例失调论和利润率下降论，这三种危机理论在不同时期分别代表马克思主义正统理论。消费不足理论即指在资本主义生产过程中，资本的无限扩张和劳动人民的相对贫困这一

---

① 马克思《资本论》（第 1 卷），人民出版社，2004，第 161 页。
② 马克思《资本论》（第 1 卷），人民出版社，2004，第 278 页。

制度内生的对抗性矛盾导致的有效需求不足。利润下降理论则是指利润率作为资本主义生产的推动力,资本为了追求价值增殖就必然要不懈地进行资本积累,在加速积累作用的同时,又扩大和加速资本技术构成的变革以及与之相适应的较高的资本有机构成。这就意味着,随着资本积累和有机构成的提高,会明显造成两个并列存在的必然趋势,一是过剩人口的形成,二是利润率的下降。这两种趋势彼此既独立又相互联系,正是在这两种趋势中所演绎出的各种不断激化又难以调节的矛盾引发了经济危机的爆发。"生产过剩与大众的贫困,二者互为因果,这就是大工业所陷入的荒谬的矛盾。"①

我国学术界较多采纳的则是比例失调论,正是这一理论直接导致了计划经济的相关结论。马克思认为,社会化的大生产要求人们有组织有计划地安排生产,然而,生产资料私有制的存在却使得生产处于无序的状态,"在现代社会中,在以个人交换为基础的工业中,生产的无政府状态是灾难丛生的根源"。② 正是为了避免这种灾难或危机,马克思提出了计划调节的思想。马克思指出:"要想得到和各种不同的需要量相适应的产量,就要付出各种不同的和一定量的社会总劳动量。这种按一定比例分配社会劳动的必要性,决不可能被社会生产的一定形式所取消,而可能改变的只是它的表现方式,这是不言而喻的。自然规律是根本不能取消的。在不同的历史条件下能够发生变化的,只是这些规律借以实现的形式。"③恩格斯也这样表达过:随着社会化大生产的发展,生产资料终将由社会占有,而那时"社会生产内部的无政府状态,将为有计划的自觉的组织所代替",并且比喻说:"社会力量完全像自然力一样,在我们还没有认识和考虑到它们的时候,起着盲目的、强制的和破坏的作用。但是,一旦我们认识了它们,理解了它们的活动、方向和作用,那么,要使它们越来越服从我们的意志并利用它们来达到我们的目的,就完全取决于我们了。这一点特别适用于今天的强大的生产力……当人们按照今天的生产力终于被认识了的本性来对待这种生产力的

---

① 《马克思恩格斯全集》(第21卷),中文1版,第345页。
② 《马克思恩格斯全集》(第4卷),中文1版,第109页。
③ 《马克思恩格斯全集》(第4卷),中文2版,第580页。

时候,社会的生产无政府状态就让位于按照社会总体和每个成员的需要对生产进行的社会的有计划的调节。"①

可见,在马克思的研究中,市场经济固然相对于历史上已出现的各种经济机制有着高得多的效率,但市场经济也隐含着自我破坏、发生周期性危机的缺陷或因子,因而马克思提出了"计划调节"的设想。然而,将马克思的计划调节思想转变为中央集权的计划经济,则是由列宁及其苏联计划经济实践完成的,就本书的研究来看,我们还不能把马克思的计划调节和强力的国家干预乃至中央集权控制经济划上等号。这一方面是由马克思对国家本质的认识及其"国家消亡论"(在下面一节即将展开探讨)决定,另一方面是由于马克思本身的经济危机理论也不可能推论出以国家干预来加以协调拯救经济危机的结论。不论是消费不足论、比例失调论还是利润率下降论,在马克思看来,这些都源自于资本主义的基本矛盾,即生产的社会性与生产资料资本主义私有制之间的矛盾。这一基本矛盾的发展,一方面表现出由资本的本性决定的生产规模的无限扩大与有支付能力的需求相对不足的矛盾,从而使总供给大于总需求成为社会经济运行的常态,这一矛盾积累到一定程度就会导致生产过剩的经济危机;另一方面则表现为市场自发调节的运行方式产生了个别企业生产的有组织性和整个社会生产无政府状态的矛盾,引起经济发展中的比例关系失调。资本主义制度的这种无政府特点只能通过毁灭部分资本和暂时倒退的方式来重新建立平衡。至于利润率下降,则可以说是上述矛盾导致的经济危机的一个表现形式。因此,在马克思的视野中,马克思主张资本主义经济危机是内生的,根源在于资本主义的基本矛盾,即生产社会化和生产资料资本主义私有制之间的矛盾。按照马克思的逻辑,如果拒绝从生产关系上进行调整,那么所有解决危机的方法,比如借助国家干预或宏观调控,都只能是加深了危机所在。资本主义生产方式具有产生经济危机的基因,如果将马克思的追问进行到底,那么得出的必然结论就是颠覆整个资本主义制度。

---

① 《马克思恩格斯全集》(第3卷),中文2版,第633、630页。

二、马克思论平等

实际上,马克思对资本主义最主要的批判还不在于效率,而是基于自由与平等,这主要体现在他的异化理论和剥削理论当中。就本书的研究视角而言,马克思对平等及其与自由之间的关系的理解,包含着极其丰富的与奥地利学派迥然相异的思想,这些思想为我们的制度思考与设计提供了深刻的启发。

(一)马克思对分配正义的批判

关于马克思是否从平等正义的角度批判了资本主义,从 20 世纪 70 年代后期以来,就在"分析马克思主义"这一英美马克思主义思潮中展现出来,并主要存在着两派的争议。以艾伦·伍德为首的研究者们认为,"正义"在马克思那里只是一个法权概念,而法权概念只是本质的一个方面,把它作为评价所有社会现实的根本标准无异于采取了一个对现实的歪曲观念。对马克思来说,最根本的决定社会制度的是生产方式,正义内在于特定的生产方式,只要与特定生产方式一致、相适应的交换和制度就是正义的,反之,则是不正义的。① 伍德还引用了马克思《资本论》中的一段话:"在这里,同吉尔巴特一起说什么自然正义,这是荒谬的。生产当事人之间进行的交易的正义性在于,这种交易是从生产关系中作为自然结果产生出来的。这种经济交易作为当事人的意志行为,作为他们的共同意志的表示,作为可以由国家强加给立约双方的契约,表现在法律形式上,这些法律形式作为单纯的形式,是不能决定这个内容本身的。这些形式只是表示这个内容。这个内容,只要与生产方式相适应、相一致,就是正义的;只要与生产方式相矛盾,就是非正义的。在资本主义生产方式的基础上,奴隶制是非正义的;在商品质量上弄虚作假也是非正义的。"②因此,伍德得出的结论是,资本主义剥削是正义的,对马克思来说,正义不是一个真正的革命性的观念,马克思并不是依据一些正义观念来谴责资本主义的。

而以胡萨米为首的研究者们则认为马克思在多处著作里都谴责了资本

---

① 艾伦·伍德"马克思对正义的批判",载于《马克思主义与现实》,2010 年第 6 期。

② 《资本论》第 3 卷,人民出版社,1975,第 379 页。

主义的不正义,如在《共产党宣言》里指出西斯蒙第所代表的典型小资产阶级社会主义"非常透彻地分析了现代生产关系中的矛盾,它确凿地证明了……资本和地产的积累……无产阶级的贫困……财富分配的极不平均。"①在《德意志意识形态》里面直接指出无产阶级"必须承担社会的一切重负,而不能享受社会的福利。"②在《资本论》第3卷谈到了"社会上的一部分人靠牺牲另一部分人来强制和垄断社会发展(包括这种发展的物质方面和精神方面的利益)"③,等等。这些都勾画了一个极端财富不平等的社会,一个阶级所生产的财富被另一个阶级所享用,而这个阶级对生产者的贫困、苦难和不幸无动于衷,这个阶级以牺牲另一个阶级,强制它负担所有社会重负来垄断物质的和精神的利益,资本家不是通过他们自己的劳动而是靠剥削工人的劳动力来积累财富和物质文化享受。胡萨米认为伍德误解了马克思的道德社会学,没有注意到正义观念等上层建筑因素具有双重的决定因素,它不一定内在于特定的生产方式,马克思完全能够合理使用无产阶级或共产主义的后资本主义标准来评价资本主义,比如,用按劳分配、按需分配来证明资本主义的非正义性。因此,胡萨米认为,分配正义是马克思的一贯思想,是马克思推翻资本主义的内在线索和武器。④

实际上,两大阵营的上述争论都各执其一端,没有全面看到马克思的思想变化历程。早期的马克思的确抨击了资本主义社会阶级分化、贫富分化等不平等的现象,的确在收入分配的层面上主张平等,正因如此,他才在1848年的《共产党宣言》里面提出了征收高额累进税、废除继承权、没收一切流亡分子和叛乱分子的财产、对一切儿童实行公共的和免费的教育等变革社会的系列措施,⑤这些措施显然都体现了再分配领域中对平等的追求。此时马克思所谓的平等与自由主义所批判的分配正义还属于同一范畴。然而,随着马克思对政治经济学研究的深入,他对平等的根源、平等的涵义形

---

① 《马克思恩格斯全集》第1卷,人民出版社,1995,第297页。
② 《马克思恩格斯全集》第3卷,人民出版社,1995,第77页。
③ 《资本论》第3卷,人民出版社,1975,第926页。
④ 齐雅德·胡萨米"马克思论分配正义",载于《马克思主义与现实》,2008年第5期。
⑤ 马克思和恩格斯《共产党宣言》,《马克思恩格斯选集》第1卷,人民出版社,1972,第272 – 273页。

成了更深刻的看法,因而在思想上发生了质的变化。马克思发现,在流通领域,雇佣工人得到了劳动力的全部价值,这看似是一个公平的交易、一个平等的交换,但工人和资本家实质上是不平等的。在生产领域,工人不仅要用劳动创造出补偿工资的价值的产品,还要创造多于工资价值的剩余价值。这种剩余价值被资本家无偿占有。工人即使得到他的全部劳动力价值的报酬也不能保证正义,因为工资是从工人那儿盗窃来的剩余价值的一部分。因此,"表现为最初行为的等价物交换,已经变得仅仅在表面上是交换,因为,第一,用来交换劳动力的那部分资本本身只是不付等价物而占有的别人劳动产品的一部分,第二,这部分资本不仅必须由它的生产者即工人来补偿,而且在补偿时还要加上新的剩余额。这样一来,资本家和工人之间的交换关系,仅仅成为属于流通过程的一种表面现象,成为一种与内容本身无关的并只能使它神秘化的形式。劳动力的不断买卖是形式。其内容则是,资本家用他总是不付等价物而占有的别人的已经物化的劳动的一部分,来不断再换取更大量的别人的活劳动。"①

马克思对剩余价值的发现,直接导致他把平等的根源指向所有制。马克思认为,工人生产剩余产品是一系列市场交易的结果,而这一结果又源于最初的不平等的生产资料所有权。在《资本论》第 1 卷第 24 章的"所谓原始积累"中,马克思详细描述了资本主义社会最初都是通过类似掠夺、奴役以及盗窃这样的方式确立不平等的资本所有权的,以这样的方式确立的不平等的资本所有权显然是不公正的。而在所有制和生产方式上的这种不平等的分配直接决定了产品分配的不平等。马克思指出,"消费资料的任何一种分配,都不过是生产条件本身分配的结果;而生产条件的分配,则表现生产方式本身的性质。例如,资本主义生产方式的基础是:生产的物质条件以资本和地产的形式掌握在非劳动者手中,而人民大众所有的只是生产的人身条件,即劳动力。既然生产的要素是这样分配的,那么自然就产生现在这样的消费资料的分配。如果生产的物质条件是劳动者自己的集体财产,那么同样要产生一种和现在不同的消费资料的分配。庸俗的社会主义仿效资产

---

① 《资本论》第 1 卷,人民出版社,1975,第 640 页。

阶级经济学家(一部分民主派又仿效庸俗社会主义)把分配看成并解释成一种不依赖于生产方式的东西,从而把社会主义描写为主要是围绕着分配兜圈子。既然真实的关系早已弄清楚了,为什么又要开倒车呢?"①

因此,马克思在发现剩余价值的基础上提出的剥削理论,并不旨在谴责剥削本身,而是为了探寻和指明资本主义制度不平等的根源所在。正如罗默对马克思剥削理论研究所得出的结论,"当剥削是一种不公正时,这不是因为剥削本身就是不公正的,而是因为在一个剥削的环境中所花费的劳动和所得到的收入是不公正的财产初始分配的结果。剥削性分配的不正义取决于初始分配的不公正。"②

由此,马克思对平等的根源和内涵的理解进一步深入到了生产领域、深入到了起决定性作用的生产方式,以及最根本的私有制。由于他把资本主义视为一种具体而历史的生产方式,从整体上去批判而不仅仅从分配层面去批判资本主义,所以他得以告别并超越了西方近代自由主义在分配层面上所定义的"平等""公平"或"正义",也因如此,马克思才对自由主义范畴内的平等概念进行了多次讽刺、批判和挞伐。例如,在《哥达纲领批判》中,马克思非常气愤地批判拉萨尔在党的纲领上空谈所谓"公平的分配""平等的权利"等等,他写道,"我较为详细地一方面谈到'不折不扣的劳动所得',另一方面谈到'平等的权利'和'公平的分配',是为了指出这么多人犯了多么大的罪,他们一方面企图把那些在某个时期曾经有一些意义,而现在已变成陈词滥调的见解作为教条重新强加于我们党,另一方面又用民主主义者和法国社会主义者惯用的、凭空想象的关于权利等等的废话来歪曲那些花费了很大力量才灌输给党而现在已在党内扎了根的现实主义观点。"③在《工资、价格和利润》中,马克思指出,"要求工资平等是根本错误的,这是一种决不能实现的妄想。这种要求是一种虚妄和肤浅的激进主义的产物,只承认前提而企图避开结论","在雇佣劳动基础上要求平等的报酬或仅仅是

① 《马克思恩格斯文集》(第3卷),人民出版社,2009,第436页。
② 罗默《在自由中丧失》,经济科学出版社,2003,第65页。
③ 《马克思恩格斯全集》第3卷,人民出版社,1995,第306页。

公平的报酬,就犹如在奴隶制基础上要求自由一样。"①而对于以前在《共产党宣言》第二章末尾提出的那些再分配措施,马克思也在 1872 年的德文版序言中加以了声明和更正,"宣言中的基本原理整个来说仍然是完全正确的……这些基本原理的实际运用,随时随地都要以当时的历史条件为转移,所以第二章末尾提出的那些革命措施并没有什么特殊的意义。"②

(二)马克思所构想的平等社会

尽管马克思深入到资本主义的经济结构中寻找不平等的根本原因,并批判了自由主义的各种平等概念和范畴,但他并没有否定"平等"本身,而是独辟蹊径,建构了一幅理想的平等社会图景,不过这样的社会图景并不存在于现世,而是存在于未来的共产主义社会。

首先,由于发现资本主义社会不平等的根源在于生产方式,在于资产阶级的私有制,马克思提出了废除这种私有制的主张。在《共产党宣言》中,马克思旗帜鲜明地提出"共产主义的特征并不是要废除一般的所有制,而是要废除资产阶级的所有制。现代的资产阶级私有制是建筑在阶级对立上面,建筑在一些人对另一些人的剥削上面的生产和产品占有的最后而又最完备的表现。从这个意义上说,共产党人可以用一句话把自己的理论概括起来:消灭私有制。"③在这里,特别应该指出的是,马克思并不是要消灭一切的私有制。在《资本论》中,马克思按照私有制的性质将其划分为个体劳动者私有制和以剥削他人劳动为基础的私有制,马克思指出,以往的"政治经济学在原则上把两种极不相同的私有制混同起来了。其中一种是以生产者自己的劳动为基础,另一种是以剥削别人的劳动为基础。"④而马克思在《共产党宣言》中回答当时"有人责备我们共产党人,说我们要消灭个人挣得的、自己劳动得来的财产,要消灭构成个人的一切自由、活动和独立的基础的财产"问题时,也特别强调指出:"共产主义并不剥夺任何人占有社会产品的权利,

---

① 《马克思恩格斯全集》第 2 卷,人民出版社,1995,第 76 页。
② 《马克思恩格斯选集》第 1 卷,人民出版社,1972,第 228 页。
③ 《马克思恩格斯选集》第 1 卷,人民出版社,1972,第 265 页。
④ 《资本论》第 1 卷,人民出版社,1975,第 833 页。

它只剥夺利用这种占有去奴役他人劳动的权利。"①因此,马克思强调的消灭私有制,并不是不加区别地反对一切形式的私有制,并不是要消灭那种以自己的劳动为基础的私有制;而是特指那种利用财产的私人占有去奴役他人劳动的私有制,是特指那种以剥削他人劳动为基础的私有制。可以说,马克思是在消除不平等的意义上来特别针对资本主义剥削的基础——资产阶级私有制的,他不是要废除一般的私有财产制度,而是要废除资本主义的那种特有的剥削式的即劳动者受到资本奴役的不公平的财产制度。

那么,取消资本主义私有制以后,应该建立什么样的所有制形式呢?未来社会要"重新建立个人所有制",这是马克思在一百多年前提出的构想。马克思曾多次提到"个人所有制"概念,而他关于"重新建立个人所有制"构想的表述在《资本论》中讲的最为详细,在 1867 年出版的《资本论》第一卷中,马克思说:"从资本主义生产方式产生的资本主义占有方式,从而资本主义的私有制,是对个人的、以自己劳动为基础的私有制的第一个否定。但资本主义生产由于自然过程的必然性,造成了对自身的否定。这是否定的否定。这种否定不是重新建立私有制,而是在资本主义时代的成就的基础上,也就是说,在协作和对土地及靠劳动本身生产的生产资料的共同占有的基础上,重新建立个人所有制。"1875 年,马克思在亲自修订过的法文版《资本论》中又补充说,历史上存在过的劳动者的私有制,被资本主义私有制否定了;共产主义所要重新建立的,不是"劳动者的私有制",而是"劳动者的个人所有制"。提出未来社会要建立"个人所有制",这与现今人们思想中的"公有制"、"国家所有"相去甚远,于是,多年来学术界围绕这一命题进行了颇为热烈的讨论,几乎穷尽了所有可能的理解,然而至今却未达共识,故有"经济学界的哥德巴赫猜想"之称。理论界具有代表性的"猜想"意见似乎主要可归为以下三种:一是马克思要"重新建立"的"个人所有制",是指"生活资料的个人所有制";二是马克思要"重新建立"的"个人所有制",是指生产资料"人人皆有的私有制",即社会的生产资料归每个社会成员私有,不存在有些社会成员有生产资料,有些社会成员没有生产资料的现象;三是马克思要

① 《马克思恩格斯选集》第 1 卷,人民出版社,1972,第 267 页。

"重新建立"的"个人所有制",指的是生产资料的公有制。

接着,在消灭资产阶级私有制这一不平等的根源、重新建立个人所有制之后,马克思也提出了相应的分配原则。在《资本论》第1卷,马克思明确表述了未来社会将会以劳动时间作为计量个人消费品分配的尺度,也就是我们所说的按劳分配的思想。后来,在《哥达纲领批判》,他更加明确地把未来共产主义社会区分为"共产主义社会第一阶段"和"共产主义社会高级阶段",并论述了不同阶段的分配原则。他指出,在共产主义第一阶段,"每一个生产者,在作了各项扣除之后,从社会方面领回的,正好是他所给予社会的。他给予社会的,就是他个人的劳动量。"到了共产主义高级阶段,"在迫使人们奴隶般地服从分工的情形已经消失,从而脑力劳动和体力劳动的对立也随之消失之后;在劳动已经不仅仅是谋生的手段,而且本身成了生活的第一需要之后;在随着个人的全面发展,他们的生产力也增长起来,而集体财富的一切源泉都充分涌流之后……社会才能在自己的旗帜上写上:各尽所能,按需分配!"①

由此可以看出,在共产主义的初级阶段(也即社会主义社会),按劳分配意味着马克思要求实现的是一种实质平等,但这种实质平等不是依靠分配领域的改革或措施来实现的,而是通过扬弃资本主义私有制、在生产方式做了根本的变革来实现的。而到了共产主义社会的高级阶段,按需分配则意味着马克思赋予了平等最终的基础,即人自身的平等。此时,真正意义上的平等既不是根据外在资源来衡量的,也不是根据劳动的贡献来衡量的,而是根据与社会功能无关的人的内在需要来衡量的。在马克思的共产主义概念中,每一个人都作为独特的个体,是一个不可替代者。他的价值既不是根据与他人相比较的共同标准来衡量,也不是根据他对社会的贡献来衡量,而是根据他的特殊的自我实现和全面发展来衡量,在这个意义上,按需分配既超越了自由主义的平等原则,也超越了社会主义的平等原则。

实际上,不论在制度上还是在与他人的交往中,正义总是包含着把个人作为目的,超越平等交换原则,把人作为无条件的需要主体来看待的这一正

---

① 《马克思恩格斯选集》第3卷,人民出版社,1972,第12页。

义向度。正是这一向度构成了真正的人道主义内涵,也是马克思共产主义观念的吸引力所在。

三、平等、自由与人类解放

无疑,自由和平等是现代社会最重要的政治价值。传统观点认为,自由主义垄断了自由的话语权,马克思主义则掌握了平等的话语权。然而,如第一章所述,自由主义并非不重视平等,为了保障个人免于强制的自由,他们尤其主张法律面前人人平等这样的形式上的平等。而如果说马克思重在平等而不重视自由,那更是对马克思极大的误解。事实上,马克思不仅重视自由,而且把人类解放作为终极的价值目标,他对自由以及自由与平等之间关系的认知,不仅与传统的自由主义迥然相异,而且在某种意义上产生了一种超越。

与古典自由主义将"自由"定义为免于强制的消极自由不同,马克思虽然也赞同这样的自由,但他认为仅有消极自由是不够的,还需要有积极的自由,在《神圣家族》中,马克思和恩格斯确立了唯物主义自由观的一般含义:"人不是由于逃避某种事物的消极力量,而是由于表现本身的真正个性的积极力量才得到自由的"[1],显然,他认为人的自由主要表现为两个方面,第一,人要获得自由必须摆脱外在的束缚,这也是古典自由主义消极自由的观念。第二,人要获得自由必须表现出自己的真正个性,而人的自由能获得最终实现主要体现在第二个方面,因为人活动的最终目标是实现自身的解放与自由。

马克思关于自由的思想主要体现在他对市民社会的考察以及对政治解放与人类解放关系的论述上。在《论犹太人问题》中,马克思通过考察法国1791年、1793年、1795年宪法和美国《宾夕法尼亚宪法》、《新罕布什尔宪法》,尤其是考察法国最激进的1793年宪法后,指出:通过政治解放而确立的"所谓人权无非是市民社会的成员的权利,即脱离了人的本质和共同体的利己主义的人的权利。"具体地说,自由"是作为孤立的、封闭在自身的单子

---

[1] 《马克思恩格斯全集》中文1版,第2卷,人民出版社,第167页。

里的那种人的自由","自由这一人权的实际应用就是私有财产这一人权","平等无非是上述自由的平等,即每个人都同样地被看作孤独的单子",安全是"利己主义的保障"。① 因此,在马克思看来,以确立所谓人权为标志的政治解放并没有克服市民社会,它不过是完成了市民社会从政治中的解放而已,基于此,马克思提出了超越政治解放的人类解放概念。

马克思的人类解放思想与平等有着深刻的内在联系,他并不是为了平等而平等,而是为了自由而平等。在 1844 年与朋友合办的《德法年鉴》上发表的两篇重要文章《论犹太人问题》和《〈黑格尔法哲学批判〉导言》中,马克思从市民社会的经济生活入手深层剖析是什么导致了形式的政治自由权利与实质的政治自由权利的分离,并最终找到了问题的症结所在,市民社会中不同的市民享有不平等的经济自由权利,这导致了他们无法获得平等的政治自由权利。政治自由的获得必须以经济平等为前提,没有经济平等的自由只能是形式的自由。实际上,对平等与自由的这样一种理解不仅是马克思正义理论的核心问题,而且是马克思区别于传统自由主义观点的最大特色之一。

正是由于把经济平等作为政治自由的前提条件,马克思才直接将批判的矛头指向了资本主义私有制。在马克思看来,政治权利的不自由、不平等是由经济权利的不平等造成的,而经济权利的不平等则是由资本主义社会本身所固有的以私有制为前提、以金钱统治为根本的体制造成的。因此,对自由问题的实质性解决,必须从社会体制上保证经济自由权利的平等实现。平等的经济权利不能靠简单的经济平均主义来实现,马克思把这种经济平均主义斥责为"粗陋的共产主义"。② 因为当把每个人的财产、资源和机会都降到一个共同低的水平时,经济权利的平等在短期内看是可以实现的,然而从长期来看,由于每个人的致富能力、发展机遇、经营运气不同,最终会打破这种平等关系,因此它是不可持续的。那么,如何实现平等的经济自由权利呢? 马克思在《1844 年经济学哲学手稿》为这个问题提供了一个解决方案,那就是重新确立人与财产的关系。由此,马克思将"异化"作为自由的反

---

① 《马克思恩格斯全集》中文 2 版,第 1 卷,人民出版社,第 436 – 437 页。

② 马克思《1844 年经济学哲学手稿》,人民出版社,2000,第 79 页。

面对私有制进行了深刻的批判。

马克思指出私有财产是一种历史现象，一种异化状态，是"从外化劳动这一概念，即从外化的人、异化劳动、异化的生命、异化的人这一概念得出私有财产这一概念"。① 正是对这种私有制前提的追溯，马克思提出了异化劳动理论。基于异化劳动理论，马克思指出亚当·斯密以来的国民经济学的错误根源就在于用异化劳动取代了劳动。在马克思看来，劳动本应是实现人的本质的历史实践活动，它以人的自我实现为目的，然而英国古典政治经济学中的劳动价值论却将劳动视为创造私有财产的源泉，从而将劳动者视为创造财富的手段，这就使劳动者的劳动处于异化状态之中。要解决资本主义社会的矛盾，必须解释劳动的性质，揭示异化劳动产生的根源，惟其如此，才能说明消灭异化劳动的条件和必然性，最终实现劳动的解放。在《1844 年经济学哲学手稿》中，马克思系统地阐述了异化劳动的概念和形式。马克思概括了异化劳动的四个环节：第一，劳动者同劳动产品相异化。在资本主义制度下，工人同自己的劳动产品的关系是同一个异己的对象的关系。第二，劳动者同劳动本身异化。马克思认为，异化劳动是这样一种劳动，劳动不是工人所有的，而是别人的；劳动不属于工人，工人在劳动中也不属于他自己，而是属于别人的。第三，人同自己的类本质相异化。在马克思看来，人是一种"有意识的类存在物"，人的特性就是自由自觉地活动，"正是在改造对象世界中，人才真正地证明自己是类存在物"，而在私有制条件下，人的自我活动、自由活动被贬低为维持个人的动物般生存的手段，人就变成类本质的对立物。第四，人同人相异化。马克思说："人同自己的劳动产品、自己的生命活动、自己的类本质相异化的直接结果就是人同人相异化。"也就是说，人与自己本身相对立是通过与其他人相对立而把握到的。

通过对异化劳动的研究，马克思揭示了私有制的本质及其与劳动的关系以及解决这个矛盾的看法。他指出，"阶级关系和私有财产是异化劳动的产物和结果。私有财产是外化劳动即工人对自然界、对自身的外在关系的产物、结果和必然后果"。马克思把资本家的私有财产和劳动直接等同起

---

① 《马克思恩格斯全集》（第 42 卷），中文 1 版，人民出版社，第 100 页。

来,揭示了物背后的劳动和资本的关系。他认为,虽然私有财产本身起源于异化劳动,是外化劳动的结果,但是从资本主义生产制度的表面看来,它却相反地表现为异化过程借以实现的前提,表现为外化劳动的根据和原因,可见私有财产是历史的产物,资本主义私有财产是它以前的所有制形式的各种矛盾展开的合乎规律的结果。在资本主义条件下,私有财产实现了自己的完成形式——产业资本,完成了对人的统治,并以最普遍的形式成为世界历史性的力量。因此,只有消灭私有财产和异化劳动,劳动者才能争得到自己的真正的劳动权利,才能消灭劳动和资本的对立。因此,马克思明确提出了消灭异化劳动这一历史任务,并把这一任务赋予了无产阶级。他认为,社会从私有财产的解放、从奴役制的解放,是通过工人的斗争这种形式表现出来的,是无产阶级的历史使命。①

由此,马克思将人类解放或自由植根于劳动的本真状态,他指出,真正的财产不应该是人的私有财产,而应是劳动本身,因为劳动是人对人的本质的真正占有,"私有财产的积极的扬弃,也就是说,为了人并且通过人对人的本质和人的生命、对象性的人和人的产品的感性的占有,不应当仅仅被理解为直接的、片面的享受,不应当仅仅被理解为占有、拥有。人以一种全面的方式,也就是说,作为一个完整的人,占有自己的全面的本质。……对人的现实性的占有,它同对象的关系,是人的现实性的实现,是人的能动和人的受动,因为按人的含义来理解的受动,是人的一种自我享受"。② 由此而来,财产是人对人的本质的真正占有,而不再是私有制下人对物的低俗拥有。这样,人与财产的新型关系就表达为,人通过劳动而实现的人对人的本质的真正占有。在这种人与财产的新型关系中,资本与工资的对立就消除了,资本家与工人之间的利益对抗消失了,人的平等的经济自由权利就得到了实现。

综上,马克思所追求的自由或人类解放,其主要的内涵之一就在于把人从异化劳动中解放出来,因为异化劳动把人的创造性本质力量的自由活动变成维持纯粹动物性存在的手段,并创造出了人对人的奴役和剥削。而解

---

① 以上参见《马克思恩格斯全集》中文 1 版,第卷,人民出版社,第页。
② 《马克思恩格斯全集》第 42 卷,人民出版社,1979,第 123－124 页。

决这一问题的出路就在于扬弃资本主义私有制,重新确立人与财产的关系,消除资本与工资的对立、资本家与工人之间的利益对抗,实现平等的经济权利。或者倒过来表达这一逻辑就是,只有通过扬弃资本主义私有制实现了经济平等,才会消除异化,才会有政治自由,才会有人的解放。因此,在马克思的理论体系中,自由虽然是终极价值目标,但它却是以平等为前提的。正是在这一意义上,马克思才提出人的自由只有在以平等为基础的自由人联合体中才能实现,"平等,作为共产主义的基础,是共产主义的政治的论据"。①

马克思将自由与平等作为正义理论的核心问题,打破了西方传统正义理论(包括奥地利学派的正义理论)以"自由"为主题的问题论域,使正义理论本身发生了视阈迁移,然而遗憾的是马克思的正义理论一直没有得到充分的发展与积极回应,直到百年之后罗尔斯才将自由与平等的关系再次重现于《正义论》中。并且,罗尔斯在自由与平等的关系问题上,与马克思是异曲同工的,他也指认了没有平等的自由只能是形式上的。应该说,马克思创造出了一种经济平等与积极自由相互融合、相互促进的理论体系,在他的理论中,自由与平等不仅不冲突,而且是一体两面,这一独特的解读源于马克思在超越现实社会的基础上对未来社会的构想。

四、平等、自由与国家的作用

显然,马克思的自由观和平等观表达的都是一种积极的张扬人的个性和价值的诉求,但这种诉求也是以摆脱奴役、剥削和压迫为前提的,也就是说,要实现"按需分配"、"人类解放"这种最终意义上的积极的平等自由,首先也要以免于强制的消极自由为前提。于是,马克思就面临了和古典自由主义一样的挑战和时代命题,即如何面对和解决"国家"或"政府"这一强制性的公共权力。

对于国家的认识,是马克思思想转变的一个转折点。最初,马克思受黑格尔理性主义国家观的影响,一直将国家与法视为正义的理性代表,认为它

---

① 马克思《1844年经济学哲学手稿》,人民出版社,2000,第128页。

们具有维护人的自由权利的正义功能，然而在现实生活中，马克思却观察到它们深深地受制于人的经济利益，这就使马克思产生了苦恼的疑问：如何理解国家和法的正义与私人利益之间的矛盾。这个苦恼的疑问使马克思开始反思黑格尔哲学，并最终与黑格尔的理想主义国家观决裂，从哲学和政治学研究转向了政治经济学研究。

在马克思代表性的政治经济学著作《资本论》的"所谓原始积累"一章中，记录着马克思饱含着义愤观察到的国家权力利用法律或暴力所犯下的种种罪行。对于18世纪的"羊吃人"圈地运动，马克思痛斥法律在其间做了帮凶。他写道："我们已经知道，对公有地的暴力掠夺大都伴有变耕地为牧场的现象，它开始于15世纪末，在16世纪还在继续下去。但是，当时这一过程是作为个人的暴力行为进行的，立法曾同这种暴力行为斗争了150年而毫无效果。18世纪的进步表现为：法律本身现在成了掠夺人民土地的工具……这种掠夺的议会形式就是'公有地圈围法'，换句话说，是地主借以把人民的土地当作私有财产赠送给自己的法令，是剥夺人民的法令。"

马克思谴责国家及其法律的掠夺行为，"掠夺教会地产，欺骗性地出让国有土地，盗窃公有地，用剥夺方法、用残暴的恐怖手段把封建财产和个人财产变为现代私有财产——这就是原始积累的各种田园诗式的方法。这些方法为资本主义农业夺得了地盘，使土地与资本合并，为城市工业造成了不受法律保护的无产阶级的必要供给。"而通过15世纪以来惩治被剥夺者的血性立法，"被暴力剥夺了土地、被驱逐出来而变成了流浪者的农村居民，由于这些古怪的恐怖的法律，通过鞭打、烙印、酷刑，被迫习惯于雇佣劳动制度所必需的纪律。"

马克思看透了是国家运用法律和暴力手段促成了原始积累，他指出，"新兴的资产阶级为了'规定'工资，即把工资强制地限制在有利于赚钱的界限内，为了延长工作日并使工人本身处于正常程度的从属状态，就需要并运用了国家权力。这是所谓原始积累的一个重要因素。"而对于英国的原始积累各种因素在十七世纪末系统地综合成为的殖民制度、国债制度、现代税收制度和保护关税制度，马克思指出，"这些方法一部分是以最残酷的暴力为基础，例如殖民制度就是这样。但所有这些方法都利用国家权力，也就是利用集中的有组织的社会暴力,来大力促进从封建生产方式的转变过程,缩短过渡时间。暴力是每一个孕育着新社会的旧社会的助产婆。暴力本身就是一种经济力。"①

以上的观察和认知正是马克思对国家进行除魅的过程,由此,他消解了黑格尔国家理想主义的神话,并提出了自己的国家理论。首先,同黑格尔的国家决定市民社会的理论不同,马克思认为是市民社会决定了国家与法。在1845—1846写作年的《德意志意识形态》中,马克思更是从市民社会与国家的关系发展出经济基础与上层建筑的解释框架,"市民社会这一名称始终标志着直接从生产和交往中发展起来的社会组织,这种社会组织在一切时代都构成国家的基础以及任何其他的观念的上层建筑的基础。"②

接着,在重新考察市民社会与国家的关系的基础上,马克思揭示了国家的阶级实质。国家是什么呢?马克思认为,"国家是统治阶级的各个人借以实现其共同利益的形式,是该时代的整个市民社会获得集中表现的形式。"③一方面,国家是市民社会中特殊利益与共同利益之间矛盾斗争的产物,市民社会自身克服不了这样的矛盾,所以"共同利益才采取国家这种与实际的单个利益和全体利益相脱离的独立形式。"④另一方面,与特殊利益脱离的、凌驾于社会之上并统治社会的国家"同时采取虚幻共同体的形式",掩盖着"一个阶级统治着其他一切阶级"的实质,因此,国家是阶级统治的政治形式。就现代国家即资产阶级国家而言,它"不外是资产者为了在国内外相互保障各自的财产和利益所必然要采取的一种组织形式",所以,"现代国家是与这种现代私有制相适应的"⑤。在《共产党宣言》中,马克思和恩格斯明确地表述了现代国家的阶级统治本质:"现代的国家政权不过是管理整个资产阶级的共同事务的委员会罢了。"⑥

---

① 以上各引文均参见《资本论》第1卷,第24章"所谓原始积累",人民出版社,1975,第718—832页。
② 《马克思恩格斯全集》中文2版,第1卷,人民出版社,第130—131页。
③ 同上,第132页。
④ 同上,第84页。
⑤ 同上,第84、132、131页。
⑥ 《马克思恩格斯全集》中文2版,第1卷,人民出版社,第274页。

正是在揭示国家的市民社会基础、国家的阶级统治实质的过程中,马克思才进一步看到了资产阶级政治革命所实现的政治解放的局限性,从而提出并论证了超越政治解放的人类解放的目标。可以说,从政治解放到人类解放是马克思全部政治思想和政治经济学研究的主题。正是基于这一主题,马克思才如前所述用异化劳动理论展开了对市民社会的分析和批判,通过《资本论》中对市民社会的政治经济学分析,马克思才得以把消灭私有制这一市民社会的基础作为实现"全人类解放"——共产主义——的最重要条件提出来。

而经由转入政治经济学分析认识到国家存在的基础是私有制以后,马克思指出,要克服公共利益和私人利益之间的矛盾,"国家就必须消灭自己"①。在《德意志意识形态》中,马克思同样写道,无产阶级"应当推翻国家",才能使自己的个性获得解放②。在 1847 年写作的《哲学的贫困》中,马克思更为明确地写道:"劳动阶级在发展进程中将创造一个消除阶级和阶级对立的联合体来代替旧的市民社会;从此再不会有原来意义的政权了。因为政权正是市民社会内部阶级对立的正式表现。"③在标识马克思主义正式诞生的《共产党宣言》中,马克思将这一"消除阶级和阶级对立的联合体"命名为"自由人的联合体","在那里,每个人的自由发展是一切人的自由发展的条件"。由于阶级和阶级对立的消除,造成劳动异化的条件也不复存在,因此,"公共权力就失去政治性质"。④

可见,马克思对黑格尔制造的国家神话的除魅,得出的结论是国家必须被消灭。因为国家始终以阶级和阶级对立为基础,始终代表了一种阻碍社会的自由发展的"强制性机构"。即使在 19 世纪 60、70 年代,国家的性质和职能发生了很大变化,国家作为阶级统治工具的实质也并没有改变,恰恰相反,在作为国家最高存在形式的现代代议制国家中,资产阶级统治对无产阶级的压力不断加大,职业政治家和政府集团的腐化不断增强,资产阶级与无

---

① 《马克思恩格斯全集》中文 2 版,第 1 卷,人民出版社,第 479 页。
② 《马克思恩格斯全集》第 1 卷,中文 2 版,人民出版社,第 121 页。
③ 同上,第 194 页。
④ 同上,第 294 页。

产阶级的矛盾不断尖锐。在《法兰西内战》中，马克思深刻地写道：

"国家不但变成了巨额国债和苛捐重税的温床，不但由于拥有令人倾心的官职、金钱和权势变成了统治阶级中各不相让的党派和冒险家们彼此争夺的对象，而且，它的政治性质也随着社会的经济变化而同时改变。现代工业的进步促使资本和劳动之间的阶级对立更为发展、扩大和深化。与此同步，国家政权在性质上也越来越变成了资本借以压迫劳动的全国政权，变成了为进行社会奴役而组织起来的社会力量，变成了阶级压制的机器。每经过一场标志着阶级斗争前进一步的革命以后，国家政权的纯粹压迫性质就暴露得更加突出。"①

因此，"表面上高高凌驾于社会之上的国家政权，实际上正是这个社会最丑恶的东西，正是这个社会一切腐败事物的温床"。国家"是新兴资产阶级社会当作自己争取摆脱封建制度的解放手段而开始缔造的；而成熟了的资产阶级社会最后却把它变成了资本奴役劳动的工具。"②由此，马克思得出结论：消灭国家政权这个社会躯体上的"寄生赘瘤"，"社会把国家政权重新收回，把它从统治社会、压制社会的力量变成社会本身的生命力"，实现社会解放即人类解放。

在《反杜林论》中，恩格斯很确切地阐述了马克思关于国家消亡的观点："国家真正作为整个社会的代表所采取的第一个行动，即以社会的名义占有生产资料，同时也是作为国家所采取的最后一个独立行动。那时，国家政权对社会关系的干预在各个领域中将先后成为多余的事情而自行停止下来。那时，对人的统治将由对物的管理和对生产过程的领导所代替。国家不是'被废除'的，它是自行消亡的。"③

从上述思想可看出，马克思并没有像古典自由主义所批判的当时福利经济学和社会主义思潮那样，把分配平等的重责交给国家，相反，马克思倒是透彻地看穿了国家的阶级本质，认为在资本主义社会中，**国家及其法律反而是全社会不自由、不平等的根源之一**，它所保障的最多是统治阶级的平等

---

① 《马克思恩格斯全集》第3卷，中文2版，人民出版社，第53页。
② 同上，第54、55页。
③ 《马克思恩格斯全集》中文2版，第3卷，人民出版社，第631页。

和自由。在《资本论》中，马克思就明确指出，"立法者根本不想触犯资本榨取成年劳动的自由，即他们的劳动自由。"这个社会对于工人而言是"工人地狱"，而资本的物化代表工场主"这帮恶棍就越猖狂了"，工人阶级到处被排除在法律保护之外，被革出教门，受到"嫌疑犯处治法"的迫害。① 在《德意志意识形态》中，他也指出，"在过去的种种冒充的集体中，如在国家……中，个人自由只是对那些在统治阶级范围内发展的个人来说是存在的，他们之所以有个人自由，只是因为他们是这一阶级的个人。"②

如前所述，马克思将人的经济自由乃至最终的人类解放根植于人的劳动的本真状态的实现，将劳动的本真状态定义为人的自由生命活动，平等就是使人获得同等的自由劳动的权利，这样平等与自由的内在价值联结就建立在人的劳动之上，正是在这一意义上，平等成为共产主义的基础。然而在资本主义社会条件下，国家作为虚假的共同体是维护统治阶级利益而存在的，象征"正义"的法律与国家制度是维护资产阶级利益的手段，这就决定了对劳动的祛异化过程要从推翻不正义的社会体制开始。因此，马克思转而从国家存在的基础——私有制——着手，力图通过消灭资本主义私有制来使阶级差别和国家消亡，使人类从劳动异化中摆脱出来，实现人的解放。在马克思所设想的以平等为基础的人人自由的共产主义社会中，国家是不存在的，取而代之的一种无人支配的行政管理。

应该说，马克思所建立的关于自由、平等及其中的国家作用的理论体系对古典自由主义的理论体系来说是一种突破和超越，他跳脱了古典自由主义在资本主义制度体系内思考自由、平等和国家的藩篱，在人本身的无条件的终极价值意义上建立了超越性的平等观和自由观，并构想了一个国家消亡的自由人联合体。这一思想体系富于深刻的启发意义，但也存在相应的问题，本书将在后面的对比研究部分做进一步的探讨。

---

① 马克思《资本论》第 1 卷第 8 章，人民出版社，1975。
② 《马克思恩格斯选集》第 1 卷，人民出版社，1972，第 119 页。

第三章

凯恩斯主义经济学的解读

如果说马克思经济学跳出了资本主义制度的框架,在一种超越意义的层面上建立了以平等为基础而又物质极大丰富的"自由人联合体",那么凯恩斯经济学则试图在保持资本主义制度的框架内重新建构市场与国家的关系,通过改革来实现更高的效率和平等。而凯恩斯关于国家干预与自由市场,以及经济增长与平等的思想分别在不同的后凯恩斯主义流派那里得到了继承和发展,形成了与奥地利学派经济学和马克思经济学不同的思想体系。

一、市场效率与国家干预——凯恩斯主义的理论体系

(一)市场效率、有效需求与国家干预——凯恩斯的理论体系

众所周知,1930 年代的经济大萧条和高失业率是促成凯恩斯经济学革命的契机。亚当·斯密在《国富论》中提出了看不见的手的定理,阐明在竞争条件下,通过市场的力量,利润和效用最大化行为将把无数经济当事人的活动转化为一个社会最优状态。自此,政治经济学就对自由放任有一种隐含的偏爱,而古典宏观经济学观点的最著名表达就是"供给创造自己的需求",亦即人们熟知的萨伊定律,它否定了普遍性生产过剩或普遍性生产不足出现的可能性。除了马尔萨斯、马克思和其他一些异端之外,这种观点在古典学派和早期新古典对宏观经济学理论的贡献中占据支配地位。因此,从斯密以来再经马歇尔革新的自由主义经济学一直信奉只要给予个人充分自由的选择权,市场就会自然达到最佳的运行效率,不会出现非自愿的

失业。

然而,1930年代经济大萧条及其接近25%的失业率使这一信条破灭,从而引发了经济学的重新思考。通过对传统经济理论的深刻反思和对英国现实的切实研究,凯恩斯敏锐地认识到,社会时代已经发生了重大变化,在新时代,"供给创造自己的需求"这一萨伊定律已经过时,传统上被认为最有效率的自由放任资本主义已不再有效率,反而成为问题的根源,其所导致的资本主义社会不平等的严重程度已影响到整个社会的稳定,使传统资本主义制度面临着"不能预计的最坏的结果"和"灾难",所以,必须对资本主义进行改革。如何改革呢?凯恩斯认为应采用国家干预、国家管理经济的办法,"得到明智地管理的资本主义可能比其他任何可见的制度都更有效地达到经济目标。"他提出,要"从经济无政府状态转变为一种有意识地按照社会公平和社会稳定的要求管理和引导经济力量的制度",要"找到适应和管理经济力量运行的新政策,新工具",通过已有的潜在的组织手段发展国民经济,"创造出一个社会组织,它会最大可能地有效率"。① 正是出于提高市场效率和社会公平的动机,凯恩斯完成发表了其革命性的经典著作《就业、利息和货币通论》,而凯恩斯在《通论》中最具革命性的一面就是,他明确地、毫不含糊地指出,就总产量和就业水平而言,不存在把自利行为导向社会最优解的看不见的手。

凯恩斯在《通论》中提出的具体分析和理论如今已经成为宏观经济学的常识,本书无需在此处长篇累述,究其大概,凯恩斯思想的基本主旨在于:在一定时期内决定就业水平和国民收入的是有效需求,失业是有效需求不足的直接结果。有效需求的两大组成部分是消费和投资。凯恩斯有效需求理论的中心建立在消费函数的观点上,即收入增加、消费上升,并且后者的增加小于前者,这样,投资量必须不断增加以保持充分就业水平。由于凯恩斯认为消费方式是固定的,所以在既定的消费函数下,就业水平取决于投资。但是,投资决策和储蓄决策是无关的,储蓄是每个人决定下一年消费多少或者不消费多少。如果消费者的计划储蓄量和企业家的计划投资量恰好相

---

① 王利娜等《凯恩斯文集下卷》,改革出版社,2000年,第253-338页。

等,那么这种巧合正好导致充分就业。而这两个增量之间的差异则最终决定就业量。假定企业家的计划投资大于消费者的计划储蓄,在将计划付诸实施时,企业家们就会发现自己的存货低于必要水平,于是他们将会在存货上加大投资,从而增加收入和就业。于是,当收入伴随着高水平的消费和投资而增加时(因为一个人的支出就是另一个人的收入),那么作为收入的函数的储蓄就会上升,直到恰好和投资相等,从而实现充分就业。反之,如果消费者的计划储蓄大于企业家的计划投资,那么在这种情况下,由于一个人不支出的决定意味着别人的收入将减少,经济体系中的总收入就会下降。随着存货不断累积,企业家会削减投资,导致工人失业,收入下降,储蓄下降,最终导致储蓄和投资在一个更低的收入水平上相等。此时,由于阶级意识和"货币幻觉"的存在,失业工人不会也无法通过接受工资削减来增加就业量,从而产生了非自愿失业。伴随着非自愿失业的新的低收入水平是一个均衡水平,因为没有任何力量能使之重返充分就业状态。

由此,不同于新古典主义理论在萨伊定律的基础上局限于充分就业这一特殊情况,凯恩斯通过上述分析,建立了一个可以解释不同水平就业率的综合理论体系,并揭示了靠市场自身运行可能导致的失效问题。在此基础上,凯恩斯提出了通过政府干预来促进市场效率的政策观点,主张政府通过财政政策和货币政策来增加总需求。首先,可以增加名义货币量,由于货币供应量的增加,将导致利率下降投资增加,从而增加收入,最终导致总需求的上升和充分就业的实现。但是,凯恩斯也承认货币政策对治理充分就业无效的可能性,他提出了"流动性偏好理论",指出由于"流动性偏好陷阱"的存在,当利率低到极低水平时,公众反而预期未来利率会上升,由于害怕资本损失,公众都愿意增加持有的货币量而不愿意持有债券,因此,私人投资并不会增加。于是,第二,在此情况下,凯恩斯更为看重的是财政政策——税收削减和政府支出,尤其是主张政府直接投资于各种政府工程以治理失业。为了解释政府投资增加就业量的含义,凯恩斯还从边际消费倾向的概念中导出乘数理论,以解释赤字财政可以使收入增加数倍于政府支出的投入。

凯恩斯所创建的这一理论体系对经济学的发展及其在现实中的应用产

生了巨大的转折性的影响。首先，在亚当·斯密的古典经济学里，分析单元有两个：国家和个人。在萨伊等人以后，经济学的分析单元由两个变成了一个：个人。由此，再经过边际效用学派的加固和提升，个人作为经济学分析单元的传统在马歇尔《经济学原理》中被确立下来。而凯恩斯在《通论》中体现的分析单元却是国家而非个人，这种分析单元的转变不仅使得传统经济学中非自觉存在的宏观经济学浮出水面，而且使得国家干预和市场秩序之间的关系从此成为经济学论争的重大核心问题之一。

其次，凯恩斯的观点逐渐被政府作为政策建议采纳。20世纪30年代末的新政就是依赖于公共工程支出来治理失业。1946年，就在《通论》面世10年后，美国国会通过了《充分就业法案》，而到了1964年，国会还通过了140亿美元的税收削减，表明凯恩斯主义学派在政府经济学家们中间获得了胜利。1970年代的滞胀危机虽然使凯恩斯主义理论体系普遍遭受质疑，但经过新凯恩斯主义、后凯恩斯主义等学派的继续发展，凯恩斯理论仍然在当今世界中扮演着活跃的、重要的角色，不论是在英美、欧洲等发达国家，还是在中国这样的发展中国家，凯恩斯主义的影子在形形色色的经济政策中无处不在，国家干预究竟在什么样的时候、以什么样的形式实施，始终是各国经济政策的焦点之一。

值得指出的是，凯恩斯并没有像通行所误解的那样：主张全面的国家干预，或者倾向于社会主义。事实上，他明确地指出，他只是要求为达到充分就业而实行投资社会化，但这也不是毫无妥协折衷余地，还有许多办法可以让国家的权威与私人的策动力量互相合作。除此之外，似乎没有强烈理由要实行国家社会主义，把社会上大部分经济生活包罗在政府权限以内。"除了消费倾向与引诱投资必须由中央统制，以便二者互相配合适应以外，实在没有理由要使经济生活比以前更社会化。"①凯恩斯申明"要补充经典学派理论的缺点，不在于把'曼彻斯特体系'一笔抹杀，而在指出须有何种环境，然后经济力量之自由运用才能把生产潜力充分发挥出来。当然，为确保充分就业所必须有的中央统制，已经把传统的政府机能扩充了很多。"对于国

---

① 凯恩斯《就业、利息和货币通论》，商务印书馆，1983第2版，第326页。

家干预与私人自由的关系,凯恩斯也明确地表示,在国家干预的条件下,也应有私人策动的"很大一片园地",应该"让国家之权威与私人之策动力量互相合作"。凯恩斯虽然强调,只有在国家干预的条件下,"经济力量之自由运用才能把生产潜力充分发挥出来",但同时也认为,只有国家干预与"私人之策动力量"相结合,才"可以医治了疾病,同时保留了效率与自由。"凯恩斯对极权式的管理和统治持否定态度,认为"今日之极权国家似乎解决了失业问题,但牺牲了效率和自由。"①

实际上,通观《通论》全文尤其最后一章,凯恩斯不逊于任何一位自由市场经济的热烈崇拜者。后世对其的非议大多是由于误解所致,误解的原因有三:一是忽略了他关于宏观调控范围仅限于私人企业不能为和不愿为的一再申明;二是忽略了他关于宏观调控仅为自由市场经济的补充但绝非代替或取消自由市场经济的基本立场;三是忽略了他关于宏观调控只不过是保护自由市场经济、扩大个人选择范围的手段的根本性观点。这些都是不应有的忽略,凯恩斯其实在《通论》的最后一章对这三点都有说明。

(二)市场失灵与国家干预——新古典综合派和新凯恩斯主义的发展

《通论》出版后,凯恩斯的追随者们便纷纷开始对凯恩斯的经济理论进行注释、补充和修订,构造了形形色色的经济波动论、经济增长理论和动态经济学等。所有这些在凯恩斯《通论》基础上发展起来的经济学理论,统称为"后凯恩斯主义经济学"。而由于对凯恩斯经济学的不同理解,后凯恩斯经济学发展到 20 世纪 50 年代末至 60 年代初,形成了两大主要支派,一支是以美国经济学家保罗·萨缪尔森、詹姆士·托宾和罗伯特·索洛等人为代表的"新古典综合派"(Neo - classical synthesis)或称"后凯恩斯主流经济学"(Post - Keynes mainstream economics);另一支则是以英国经济学家琼·罗宾逊、庇罗·斯拉法和尼克拉·卡尔多等人为代表的"新剑桥学派(New Cambridge School)"或称"后凯恩斯经济学"(Post Keynesian Economics)。新古典综合派将以马歇尔为代表的新古典经济学与凯恩斯主义经济理论综合在一起,其核心思想是,采取凯恩斯主义的宏观财政政策和货币政策来调节经济

---

① 上述引文参见凯恩斯《就业、利息和货币通论》,商务印书馆,1983 第 2 版,第 326 - 328 页。

活动,使现代资本主义经济能避免过度的繁荣或萧条而趋于稳定的增长,实现充分就业,在这种经济环境中,新古典经济学的主要理论(如均衡价格理论,边际生产力分配理论等等)将再度适用。新古典综合派希望通过新古典的个量分析理论和方法,在凯恩斯的总量经济范畴基础上去构造一个完善的经济理论。该学派坚信政府干预可以促进市场效率,并发展出了以 IS - LM 模型、索洛经济增长模型、通过菲利普斯曲线在通胀和失业之间进行权衡为代表的理论模型,与此相应,其政策主张的核心就是"需求管理",即由政府积极采取财政政策、货币政策和收入政策,对社会总需求进行适时和适度的调节,以保证经济稳定增长,政府干预的宏观经济目标包括:充分就业、物价稳定、经济增长、国际收支平衡(收入均等化、资源优化配置)。

1950 年代到 1970 年代中期,是新古典综合派迅速发展的鼎盛时期,其理论和政策主张不仅对美国有着十分重要的影响,担当着官方经济学的角色,而且对其他主要资本主义国家也都有不同程度的影响,成为西方经济学界的主流经济学。但是到了 1970 年代,西方世界陷入了滞胀式的经济危机,高失业率和高通胀率的并存使得凯恩斯主义在理论上和实践上都陷入了困境。而在这一情况下,新古典综合派却无法提出有效的治理对策,就连其主要代表人物萨缪尔森也自叹无能为力。这场经济危机使新古典综合派备受责难,其正统主流经济学的地位开始动摇。与此同时,建立在市场始终出清和经济行为者始终实现最优化基础上的新古典宏观经济理论在批判凯恩斯理论的声潮中兴起,它代表着自由主义的回归和对自由市场的重新强调,而主张经济自由主义和主张政府干预主义的这两大思潮又重新开始了争辩,并涌现出了很多学派。随后,新古典综合派逐渐失去了其统治地位,西方经济学失去了共识,西方经济学界更加学派林立。

新凯恩斯主义正是在滞胀的历史背景下,传统凯恩斯主义——新古典综合理论体系遭到严重挫折之后,美国一些年轻经济学家为修补传统凯恩斯主义的缺陷在 1980 年代新发展起来的。新凯恩斯主义(New Keynesianism)是相对于原凯恩斯主义(Original Keynesianism)而言的,其主要成员有:哈佛大学的格里高利·曼昆和拉里·萨墨斯,麻省理工学院的奥利维尔·布兰查德和朱利奥·罗泰姆伯格,伯克利加州大学的乔治·阿克洛夫和珍

妮特·耶伦,斯坦福大学的约瑟夫·斯蒂格利茨,哥伦比亚大学的艾德蒙·
菲尔普斯,威斯康星大学的马克·格特勒以及普林斯顿大学的本·伯南克
等人。其中在1991年出版的由曼昆和罗默主编的两卷本论文集《新凯恩斯
主义经济学》汇集了新凯恩主义有代表的经济思想。乔治·阿克洛夫、迈克
尔·斯彭斯和约瑟夫·斯蒂格里茨则是获得了2001年的诺贝尔经济学奖。
如今在美国,新凯恩斯主义已经和新古典宏观经济学成为美国经济学界的
两大主流学派。不仅有像斯蒂格利茨、伯南克这样的新凯恩斯主义经济学
家在政府中担当重要职位,而且新凯恩斯主义经济学家的很多政策主张也
被白宫所采纳。

新凯恩斯主义的出现使凯恩斯主义走出了困境。他们吸收了理性预期
假设,试图建立工资和价格粘性的微观经济基础。一般而言,新凯恩斯主义
建立在一般均衡及最优化的基础上,强调信息不对称、协调失灵、垄断竞争、
菜单成本等不完全市场的作用,从而具体分析说明了市场失效所在。新凯
恩斯主义的主要目标在于建立凯恩斯主义的微观基础,这具有传统凯恩斯
主义强调政府作用的特征,但由于它特殊的分析方法和不完全市场的假定,
其政府职能观又具有和传统凯恩斯主义不一样的特点。

新凯恩斯主义理论主要有两大组成部分:价格粘性理论(包括"菜单成
本论""交错调整价格论""需求不对称理论""寡头市场和价格粘性论")和
劳动市场理论(包括"交错调整工资论""隐含合同论""失业留滞论""效率
工资论")。在价格粘性理论方面,由于价格刚性是凯恩斯主义经济理论的
基本信条之一,新凯恩斯主义坚持和发展了这一信条,认为价格是粘性的,
即价格不能随着总需求的变动而迅速变化。价格粘性的重要性在于,它可
以转换为市场是否能够出清的问题,即市场自动调节机制是否有效的问题。
一旦发生市场调节机制失灵,那就只有政府干预才能对其加以纠正。为了
复兴凯恩斯主义,新凯恩斯主义的学者们对价格理论提出了理论说明,试图
从经济人追求自身利益最大化和理性预期的假定出发,建立复杂的数学模
型,为价格粘性提供了微观经济学基础。

在劳动市场方面,原凯恩斯主义理论的致命缺陷在于,考察工资粘性和
失业等问题时几乎不讨论劳动力市场,这就使得凯恩斯主义宏观经济学理

论缺乏应有的微观基础。为弥补这一缺陷,新凯恩斯主义提出了劳动市场理论,以"工资粘性"作为关键性假设,不仅在微观经济学基础上阐明劳动市场失灵、高通货膨胀和高失业率并存等问题,而且在"经济人"追求自身利益最大化和理性预期的基础上解释劳动市场失灵的原因,较好地说明了经济停滞和通货膨胀并发现象,从而丰富和发展了微观经济学的劳动理论。

新凯恩斯主义认为粘性的作用使市场处于非出清状态,因此应该用国家干预来弥补市场失灵。他们主张从供给方面解释和干预经济,同时认为经济发展是一个缓慢的过程,因而他们的政策主张倾向于一种温和的说法。为此,新凯恩斯主义价格政策的主旨就是抑制价格粘性,使价格富有弹性,以修复失灵的市场机制,稳定总产量;而就业政策的着眼点和主旨就是要增加工资的弹性,并提出政府的就业政策应更多考虑长期失业者的利益,多给他们提供就业机会。继承凯恩斯关于低利率的思想,新凯恩斯主义也认为政府应干预信贷市场,降低市场利率,使那些有社会效益的项目能够得到贷款。新凯恩斯主义还提出,应利用政府的课税权、惩罚权来解决造成环境污染等经济活动的外部性。值得指出的是,与凯恩斯和新古典综合派不同,新凯恩斯主义注意到了政府干预过程中可能导致的腐败和寻租等问题,因而提出了对政府自身进行干预,防止以公共转移支付的名义使一些人受益、以反对不正当竞争为名保护垄断等国家寻租行为等。①

就本书的研究视角来看,新凯恩斯主义旨在为凯恩斯理论寻找微观基础的种种努力是为了寻求市场与政府的最佳结合,进行"适度"的政府干预。新凯恩斯主义从不完全竞争和信息不完全两方面论证了市场机制的失灵,从而在微观理论基础前提下坚持了原凯恩斯主义宏观经济政策有效性的思想,认为政府有必要运用经济政策来调节总供求;而在坚持政府干预的政策取向下,强调微观经济基础的新凯恩斯主义经济学派又更加强调市场机制的作用,主张"适度"的国家干预,他们继承了凯恩斯关于政府干预只能局限于市场失效的领域的思想,注重政府在促进市场效率方面的有限作用,强调

---

① 王志伟《现代西方经济学主要思潮及流派》,高等教育出版社,2004。

政府在市场经济中的作用应该定位于不断完善市场功能,为市场的有效运作提供制度保障。

二、收入分配、平等与国家的作用——凯恩斯主义思想的另一面

（一）平等和效率的相互促进——凯恩斯的解读

一提起凯恩斯理论,人们往往想到的就是国家干预,但却忽视了凯恩斯写《通论》的另一大动机是为了追求社会平等。在《通论》最后一章中,凯恩斯明确地指出,"我们生存其中的经济社会,其显著特点,在于不能提供充分就业,以及财富与所得分配有欠公平合理"。凯恩斯比较赞成 19 世纪末以来实行的所得税、超额所得税、遗产税等直接税,认为它们在去除财富与所得分配的差异方面取得了长足进步,而他自己的理论体系也打消了人们想进一步推进这些税收政策的顾虑,即在未达到充分就业之前,资本增加并不依赖于较低的消费倾向,反而受到较低消费倾向的遏制。只有在充分就业的情况下,较低的消费倾向才有利于资本增加。而且,现今各公私机关用偿债基金等方式所作储蓄已经绰绰有余,因而如果采取步骤,重新分配所得,以提高消费倾向,则对于资本生长有利无弊。因此,在凯恩斯看来,以资本增加依赖于富人过剩所得中的储蓄为由而主张社会上应当有财富的绝大不均的观点已经不成立了,基于自己的理论,他赞成征收遗产税等直接税,来达到缩小贫富差距提高消费倾向从而有利于资本增加的效果。

凯恩斯认为自己的理论体系中对改善财富不均的最大贡献在于利息理论。传统理论认为,除非保持较高的利率水平,否则不足以引诱人们储蓄从而累积资本。但凯恩斯在《通论》中却论证了在充分就业的限度以内,鼓励投资的正是低利率,因此,凯恩斯建议最好按照资本的边际效率表,把利率降低到一点,从而可以达到充分就业。而用此标准定出来的利率,一定比现行利率低很多。并且实际上,资本并不像土地那样稀缺,完全没有理由维持高利率。由此,坐收利息的阶级会慢慢自然死亡。凯恩斯认为这有利于改善资本主义贫富分化的局面,指出"资本主义体系中有坐收利息阶级,是一种过渡时期的现象,其任务完成时即将消灭。坐收利息阶级一经消灭,资本主义便将大为改观。"

因此,凯恩斯在自己的理论基础上,以平等为价值诉求,提出了国家应发挥的作用,他建议国家在施政时,不妨确立两种目标:第一,增加资本数量,使得资本不再具有稀缺性,毫无功能的投资者从此不再坐收利益。第二,建立一个直接税体系,使得理财家、雇主以及诸如此类人物的智慧、决策、行政技能等,在合理的报酬下为社会服务。这些人对于本行都非常有兴趣,所以即使报酬比现在低很多,他们还是会继续服务的。因此这两种目标执行起来并无难行之处。①

由上可见,凯恩斯也强调平等,他所谈的平等主要是从收入分配层面讲的结果公平、实质平等,在他看来,收入的平等化能带来更高水平的国民收入和就业,因此,平等和效率并不是相抵触的,而是可以相互促进的,追求平等可以得到更高效率。

熊彼特曾指出:"不要忘记,凯恩斯在一个十分重要的方面,对平等主义做出了决定性的贡献。热衷平等主义的经济学家早就对收入不均的所有其他方面或所有其它作用持怀疑态度,唯独对平等主义政策对储蓄的影响顾虑重重,譬如约翰·斯图亚特·穆勒就是这样。凯恩斯打消了他们的这些顾虑。他的分析使得反对储蓄的观点似乎恢复了理智上的光辉。"②

实际上,对平等而不仅仅是效率的关注,使凯恩斯的理论在当时时代背景下,在资本主义出现空前的危机情况下,已经不止是一种经济理论或危机理论,而更是一种社会发展理论,凯恩斯主义具有极为丰富的时代内涵。正如凯恩斯自己也表示的,他的理论与改革思想关注的是"人类的政治问题",③是"为了一个新的时代",是要使人类跟上"时代快速发展的列车"。正如他一再讲的:"我们的问题是,如何设计出一种社会组织,它能够尽可能地提高效率,但又不会与我们满意的生活方式的观念相抵触"。④ 在阐述传统资本主义出现危机的根本原因时,凯恩斯也总是尽量从心理因素方面进

---

① 以上对凯恩斯在《通论》最后一章观点的引用,均参见凯恩斯《就业、利息和货币通论》,商务印书馆,1983 第 2 版,第 321 – 325 页。

② 约瑟夫·熊彼特《经济分析史》(第 3 卷),商务印书馆,1994,第 600 页。

③ 凯恩斯《凯恩斯文集》(下卷),改革出版社,2000,第 343 页。

④ 凯恩斯《预言与劝说》,江苏人民出版,1997,第 333、345、320 页。

行解释。而更可贵的是,凯恩斯在追求自己的变革目标时,已放弃对传统资本主义价值观的故步自封,明确表示资本主义需要引入"社会化的机制",①需要从"人类政治问题"的高度把"经济效益,社会公正和个人自由"这"三样东西结合起来",②使资本主义的国家在变化了的形势下,建设成一个既有经济效率又有经济公道的社会组织,公开承认"在马克思理论上存在合理的内核",③从而把社会公正或平等要素正式纳入了其现代市场资本主义机制的核心范畴,这在一定程度上适应了时代发展的要求,其积极意义是值得肯定的,这也正是凯恩斯主义具备现代价值、并能够发挥长效影响力的核心所在。

(二)收入分配、经济增长与国家作用——新剑桥学派的发展

1950 年代至 1960 年代,后凯恩斯主义的两大支派——新古典综合派和新剑桥学派,就如何发展经济学,特别是凯恩斯主义经济学展开的那一场横跨欧美澳亚四大洲的大论战,由于两大支派分别以英格兰剑桥大学和美国新英格兰剑桥地区为基地,因此被西方经济学界称为"两个剑桥之争"。两派在如何对待传统的新古典经济学和分析经济增长的原因等方面存在着深刻的分歧,但就本书的研究视角来看,如果说新古典综合派着重从解决市场失灵、弥补市场效率的意义上提倡国家干预,那么新剑桥学派则是从收入分配不平等的角度提出了国家在再分配领域进行干预的必要性。

新剑桥学派的代表性和领军人物琼·罗宾逊夫人作为凯恩斯的嫡传弟子,非常严格地继承和发扬了凯恩斯理论的核心——收入分析,并把它与社会平等的思想进一步融合了起来。罗宾逊夫人主张把经济增长理论和收入分配理论融为一体,着重考察经济增长过程中工资和利润在国民收入中相对份额的变化,回到古典学派特别是李嘉图政治经济学的主题——国民收入在各社会阶级之间的分配上来。以她为首的新剑桥学派的整体经济思想体现的是平等优先,并把收入分配问题作为经济学研究的主题。一方面,他们认为收入分配格局是决定经济增长的内生变量,平等决定着效率。新剑

---

① 凯恩斯《凯恩斯文集》(上卷),改革出版社,2000,第 234 页。
② 凯恩斯《凯恩斯文集》(下卷),改革出版社,2000,第 343 页。
③ 管毅平《凯恩斯思想轨迹的演变》,《读书》2000 年第 4 期。

桥经济增长模型①表明,由利润所有者和工资所有者两大阶级的储蓄倾向不同,因而收入分配的改变必然会引起储蓄倾向和储蓄额的改变,在资本产出比率保持不变的情况下,经济增长率必然改变。另一方面,他们又提出,资本主义经济增长会导致国民收入分配份额发生有利于利润收入者而不利于工资收入者的变化,**既追求效率的结果是收入的不平等**。在其他条件不变的假定前提下,经济增长率越高,利润率就越大,国民收入中作为利润收入份额就愈大,而工资收入份额就愈小。也就是说,经济增长加剧了资本主义社会中利润和工资的分配比例的失调,使工资所有者的处境相对恶化。尽管这种相对的恶化并不排斥工资总量的增加,但不意味着贫穷的消灭。作为剑桥学派的领袖人物罗宾逊夫人指出,"财富的增长同贫穷的减轻并不完全是一回事。……经济学家们通常都知道,在任何社会,过得去的满意的生活标准是在该社会所提供的平均水平的上下。远远超过半数以上的人口(因低收入者占绝大多数)总是过着低于一般不错的生活水平,不管他们消费绝对水平怎样。这是一个自然规律。"②在她看来,国民收入的分配,本身就是经济发展最重要的一个动态因素,而劳动和资本之间分配的不平等已成为经济增长和发展的极大障碍。正是在这样的问题分析和观察视角中,她接触到了阶级分析,接受了马克思的某些论点,并提出了打通马克思理论与凯恩斯理论的呼吁。正因如此,她赢得了"左派"凯恩斯主义者的称号。

罗宾逊夫人认为资本主义社会的确是存在不平等的剥削的。她指出,"如果一群工人的工资小于他们生产的边际物质产品按出售价格所估计的价值,他们就是被剥削着的。""实际所谓剥削通常是指工资小于劳动的边际物质产品按其售价所估计的价值。从这个观点来看,商品市场的不完全和劳动市场的不完全都可以产生剥削"。但对于产生剥削的原因,罗宾逊夫人并不像马克思那样归结于生产资料的不平等占有,而是认为"产生剥削的根

---

① 新剑桥学派的经济增长模型是在哈罗德－多玛经济增长模型上发展起来的,它的一个最重要特点是把经济增长同收入分配问题结合起来考察,一方面阐述如何通过收入分配的变化来实现经济的稳定增长,另一方面说明在经济增长过程中收入分配变化的趋势。

② 琼·罗宾逊《现代国外经济学论文选》(第一辑),商务印书馆,1979,第12页。

本原因是在于劳动供给或商品需求缺乏完全弹性。"①这就是说,罗宾逊认为剥削只产生于因不完全竞争的市场条件导致的垄断,而自由竞争的市场条件是不会产生剥削的,因此,解决剥削的途径是使市场变得完全起来或规定最低工资。在罗宾逊看来,在资本主义生产方式中,垄断是产生剥削的重要条件。只要存在垄断,相对不具有垄断地位的要素所有者就只能获得低于其边际产品价值的收入。这时,不论是劳动的所有者还是资本的所有者,都会处于被剥削的地位。具有垄断地位的资本家可以剥削工人,具有垄断地位的工人组织(工会)也可以剥削资本家。

在其独特的剥削理论基础上,罗宾逊夫人进一步提出了相应的价值理论和分配理论。她认为必须抛弃以"边际生产力论"为基础的价格理论和分配理论,建立新的与价值论联系在一起的分配论。她阐明了两个重要论点:"第一,虽然从形式上说,人们用来工作的工具和手段,即资本的运用,有助于提高劳动生产率,因而似乎对生产有贡献。但资本本身是商品,是由劳动创造出来的,是积累起来的劳动,故不能把资本看作生产要素,在舍弃自然资源的情况下,真正的生产要素只有一个,即劳动。第二,作为商品的资本,其价格不管资本家看来意味着什么,都应该用一种和其他商品同样的方法来确定。具体来说,资本和所有商品一样,都应该用斯拉法还原为有劳动时间的劳动量的方法来确定价格,即劳动成本加上利润因素。"②正是在这一意义上,她主张从斯拉法的价值理论出发,把李嘉图、马克思和凯恩斯的理论打通,相互补充,实现经济理论上的"第二次凯恩斯革命"。

基于上述思想理论,罗宾逊夫人严词指责新古典综合派只重视就业水平——就业的量的增长的提高,而忽视了问题的本质,即就业的内容——就业的质的分配,并把这视为她一生中经历的经济理论的第二次危机。从她的收入分配理论出发,她提出了国家干预经济的必要性,要求国家在税收制度、财政收入分配等方面采取系列措施促进平等。

总之,以罗宾逊夫人为代表的新剑桥学派认为资本主义社会的症结在

---

①　上述各引文均参见琼·罗宾逊《不完全竞争经济学》,商务印书馆,1961,第234－236页。

②　参见方兴起《傅殷才论文集》,中国经济出版社,1999,第80－81页。

于分配制度的不合理和收入分配的失调,他们反对新古典综合派调节总需求和对工资物价进行管制的主张,也反对货币主义听任市场机制发挥作用调节经济的主张,其经济政策主张的重点是收入分配政策,主张实行收入均等化。通过将凯恩斯短期比较静态分析拓展为长期动态分析;反对新古典综合派恢复传统经济学均衡分析的方法、强调收入分配论、批判边际生产力分配论、强调货币会导致资本主义经济不稳定以及重视规范分析的方法,新剑桥学派提出了一系列的经济政策主张,包括:(1)累进的税收制度,以改变各阶层收入分配不均等的状况;(2)高额的遗产税和赠与税,以消除私人财产的集中,抑制社会食利者阶层收入的增加,同时用税收收入改善贫困阶层的状况;(3)用财政拨款培训失业者,以提高其文化程度和技术水平,拉平收入上的不平等状况;(4)制定适应经济稳定增长的财政政策,以减少财政赤字,平衡财政预算,根据经济增长率制定实际工资增长率,在经济增长过程中扭转分配的不合理;(5)实行进出口管制,用资源优势发展出口生产,增加国内就业机会,提高劳动者收入;(6)用财政预算盈余购买私人股票,抑制食利者阶层收入,等等。

　　应该说,由于把关注的焦点定位在资本主义分配格局的不合理,罗宾逊夫人及其所领导的新剑桥学派的理论触及到了资本主义社会经济病症,并且和马克思相类似地指出了利润是资本占有者凭借财产占有权而取得的非劳动收入。只不过和马克思不同的是,他们认为医治资本主义弊病的方法不是去改变资本主义生产关系、消灭雇佣劳动制度,而主张在分配范围内发挥国家作用做些"改良"。从经济学理论的意义来讲,在西方经济学家普遍否定或者"遗忘"古典学派的情况下,他们的这种政治经济学分析模式,以及强调经济理论应当回到古典政治经济学的传统,无疑是有积极意义的。而从实践上来讲,新剑桥学派进一步阐发了凯恩斯关于借由国家干预来同时实现经济增长与收入分配平等的思想,这和福利经济学有了相通之处,但也在对国家权力及其作用的认识方面埋下了隐患,本书将在后面的比较研究部分进一步探讨。

第四章

几个重大问题的比较研究

奥地利学派经济学、马克思经济学和凯恩斯主义经济学关于效率、平等及其中的国家作用的认识,各自形成了一个自洽性的思想体系,因此,为了进一步探索效率、平等及其中的国家作用所涉及的思想内涵和学术根源,有必要对三大学派在几个重大问题上的异同做进一步的对比研究。

一、政府干预——市场效率的增进者还是破坏者?

(一)奥地利学派的经济周期理论及其对凯恩斯理论的批判

从前述的三大思想体系来看,以米塞斯、哈耶克等人为代表的奥地利学派经济学认为市场是一个自发演进的机制,这种自生自发的秩序优于任何人为设计构造的秩序,尤其是哈耶克从知识分工的角度进一步诠释了亚当·斯密"看不见的手",清晰地说明了只要坚持在私产权基础上的自由竞争,价格机制的运作就会自然使市场的效率达到最大化,因而政府的作用只能有限地限定于保卫国家、私人财产,以及一些有选择的公共事务。

然而,凯恩斯经济学和马克思经济学却并没有把市场看得完美无缺,两者都不认为市场效率是个永久的神话,并提出了如何避免和挽救经济危机的理论。不同的是,凯恩斯把挽救经济危机的责任寄托到了国家干预上,认为政府能够成功地熨平萧条和周期,并提出了政府干预的一系列积极的财政政策和货币政策。而马克思却并没有由此转向国家干预,在认识国家或政府在经济危机中所扮演的角色方面,他与奥地利学派竟有相似之处。

鉴于我国学术界对凯恩斯和马克思的经济危机理论已经十分熟知,而对奥地利学派的经济周期理论了解甚少,所以本书有必要具体讨论一下奥地利学派经济周期理论,以发现其对政府干预在经济危机中的角色的解读。

奥地利学派的经济周期理论最早可以追溯到门格尔的高级财货理论、庞巴维克的资本利息论和维克塞尔货币和利率的关系等。米塞斯借鉴了货币学派、庞巴维克的资本理论、威克塞尔关于自然利率和贷款利率的区别,同时结合企业家理论,展开了对繁荣——萧条经济周期的研究,得出了经济周期是通货膨胀性信贷扩张的必然产物的结论,并进一步指出自由银行制度有助于抑制通货膨胀。哈耶克继承并发扬了米塞斯的这一观点,并将奥地利学派的经济周期理论系统地阐述在《物价与生产》一书中。米塞斯、哈耶克对经济周期理论的发展,及其对 1929～1933 年世界范围的经济危机进行的深入研究,在奥地利学派的穆瑞·罗斯巴德的《美国大萧条》一书中都有详细的阐述。

在奥地利学派看来,包括凯恩斯主义和马克思主义在内的众多经济学派,尽管在商业周期的起因上有分歧,但是在关键的一点上却是一致的:商业周期的起源深植于自由市场经济的某处,市场经济应该为此而负责。马克思相信,周期性的萧条只会愈演愈烈,最终大众揭竿起义,摧毁整个制度;而凯恩斯经济学家则相信,政府能够成功地熨平萧条和周期。然而,奥地利学派却指出,商业周期并不根深蒂固存在于自由市场经济当中。正如罗斯巴德指出的,市场经济是一个利润—亏损的经济,企业家的生意头脑、能力由他们所获取的利润和亏损来评判。此外,市场经济包含一种自然选择的内置机制(built - in mechanism),以确保优秀的预测者存在下去、欣欣向荣,而清除掉那些劣等的预测者。因为,优秀的预测者获得了更多的利润,所以经营范围也就越大,可用以投资的生产方法也就越多。而那些糟糕的预测者、企业家则会被淘汰出局,并被迫加入工薪阶层。由此,从企业家理论的视角出发,奥地利学派认为萧条理论必须要解释的一个关键问题就是:在经济危机、萧条时期,为什么企业家才能异常地不能发挥作用? 为什么那些以前一直精明地赚取利润、避免亏损的企业家,在萧条时期会突然惊愕地发现他们(几乎所有人)都遭受着严峻、难以解释的亏损呢? 为什么萧条对机器设备、建筑原材料等资本财的冲击甚于对消费财的冲击? 这些重大的事实是所有的萧条理论必须解释明白的,而像凯恩斯主义那样仅仅解释为"消费不足"是不够的,因为这无法解释:为什么那些以前可以预测到各种形式的经济变动、经济事态的商人,现在却全然悲剧性地无法预测到这种所谓的消费需求下降呢？ 为什么会出现这种预测能力上的突然失效呢？

　　罗斯巴德指出,能解释这些关键问题的正确的商业周期理论肇始于18世纪的苏格兰哲学家、经济学家大卫·休谟,和19世纪早期的备受推崇的英国古典经济学家大卫·李嘉图。从根本来讲,这些理论家见证了18世纪中期随着工业体系扩展另一个极为重要的机构的发展。这就是银行制度,它可以扩张信用和货币供给(最早是以纸币或者银行钞票的形式,后来是以活期存款或者支票账户,它们都是可以在银行即刻提现的),而这些商业银行的运作是解开神秘般的周期性扩张和收缩、繁荣和崩溃的关键密码。李嘉图的商业周期的分析是如下展开的:自由市场中出现的自然货币,其本身就是有用的商品,通常是金银。如果货币仅仅限于这些商品的话,那么总的来说,经济将会像特定的市场所运作的:供给与需求会平稳地调整,因而不会有繁荣——崩溃的周期。但是,银行信贷的注入增加了另一个决定性的、分裂性的因素。由于银行信贷的扩张导致了国内(比如英国)货币供给的扩张,英国人的货币收入和货币开支也涨起来了,英国商品的物价也被哄抬起来了,其结果是国内的通货膨胀和繁荣。但是,这种通货膨胀下的繁荣,在其欢快的道路上推进时,就已经播撒下了死亡的种子。因为随着英国货币供给、货币收入的增长,英国人会向国外购买更多的财货,而随着英国物价的上涨,英国的货物相对于其他国家(它们没有通胀,或者通胀的程度较低)开始失去竞争能力,英国人开始较少买本国货,较多买外国货,而外国人则买英国货少,买本国货多,结果就导致英国的贸易支付差额出现赤字,英国的出口急剧落后于进口,与此同时,货币就必须从英国外流到国外。于是,外国人会把他们赚到的银行钞票和存款交给英国的银行,变现赎回黄金,而只要英国的通胀持续着,黄金这种货币就会不断外流到国外。这就意味着,英国银行的信用货币越来越建立在银行金库中黄金储备不断变小的金字塔上。随着繁荣的推进,银行将会扩张其仓储票据的发行,而其黄金基础则持续下降。随着这一过程的加剧,银行最终会害怕起来。因为,银行毕竟有责任以黄金清偿其债务,而他们的黄金随着债务的堆积不断外流。因此,银行最终会惊慌失措,停止信贷扩张;为了挽救自己,他们收回贷款。通常,这种撤退是由人们冲向银行(即挤兑)引起银行破产才突然触发的,因为公众也日益对不稳定的银行情势感到不安。银行的收缩反转了经济局势,在繁荣之后,收缩和崩溃紧随而来。银行拉响了报警器,随着债务偿付和收缩的压力攀升,商业情势变得糟糕,银行货币供给下降,导致了英国物价的普遍下跌,英国的物价坍塌了,就外国货物而言,英国货变得相对更有吸引力了,支付平衡反转过来,出口超过进口了。由于黄金流入国内,又由于银行在扩张的黄金基础上收缩,银行的局势变得明朗起来。

这就是商业周期中萧条期的含义。值得注意的是,这个阶段(萧条期)产生于,而且必然产生于先前的通胀性繁荣。是之前的通货膨胀导致了不可避免的萧条期,而萧条则是市场经济调整的过程:清除掉之前通胀型繁荣下的累赘和扭曲,并重新建立一个良好的经济局势。萧条的确是不招人喜欢的,但是对之前繁荣造成的扭曲和累赘而言,它是必不可少的。那么,为什么会存在下一个周期呢? 为什么商业周期趋向于反复发作、连续不断呢?因为,当银行差不多恢复、处于良好的状态时,他们对其天然的信贷扩张道路的信心也恢复了,而下一波的繁荣推进时,又在播撒着其不可避免的崩溃种子。

但是,只要银行业是自由市场的一部分,是不是就意味着"自由市场仍是(商业周期的)罪魁"呢? 答案是否定的,因为,首先,在没有政府的介入和支持下,银行绝不能以一致的步调进行信贷扩张。如果银行确实是相互竞争的话,那么一家银行的信贷扩张将很快使得其债务堆积在其竞争者手中,它的竞争对手又会很快要求扩张银行以黄金赎回。总之,银行的竞争对手会要求赎回黄金或者现金,就像外国人那样。区别在于,此一过程更为迅速,使得通货膨胀还没开始,就被掐住了喉咙。只有当一家中央银行存在的情况下,银行们才可以以一致的步调放心的扩张信贷;中央银行本质上是一家政府所有的银行,它享有政府对该行业的垄断权力,利用政府对整个银行业的压力而处于特权地位。只有在中央银行的建立下,银行们才得以在任何长短期内扩张信贷,而为我们所通晓的商业周期才得以在现代社会中发生。

于是,借由李嘉图的上述周期理论,可以看清楚的一件事就是:商业周期的发生,并不是因为某种神秘难解的自由市场的缺陷,恰恰相反,是政府对市场过程系统性的干涉造成的。政府的干预带来了银行的扩张和通货膨胀,而当通胀结束时,紧接其后的萧条——调整过程就开始发挥作用。

在李嘉图及奥地利学派的一般理论基础上,米塞斯以其创造性的天才对商业周期理论做了进一步的发展:

如果银行不扩张信贷,在自由价格体系的作用下,供给与需求趋向于达到均衡,因此不会有渐增式的繁荣(或者崩溃)的产生。但是政府通过它的中央银行刺激银行扩张信贷,由央行扩张其负债,以此来扩张该国内所有商业银行的现金储备。银行们进而扩张信贷,因此扩大了该国内以支票存款形式存在的货币供给。正如李嘉图所言,这种银行货币的扩张驱使着商品价格的上升,因此造成了通货膨胀。然而,米塞斯还特别指出,通过倾泻新的贷款基金到工商界中,银行信贷的扩张,人为地把经济体中的利率压低到自由市场的水平之下。在无妨碍的自由市场中,利率完全是由构成市场经济的所有个人的"时间偏好"决定的。因为借贷关系的本质是以"现在财"(货币可以在当下使用)交换"未来财"(借据只可在未来的某个时间使用),因为人们总是偏好当下的货币,而不愿要未来某刻的相同数量的货币。在市场中,现在财总是应得一个贴水的,这个贴水就是利率,而它的高低根据人们偏好现在(不偏好未来)的程度——也就是时间偏好度——而改变。

人们的时间偏好也决定了他们储蓄、投资相对于消费的比例。如果人们的时间偏好降低了,也即,他们宁要现在而不要未来的偏好程度下降了,那么人们会倾向于现在更少消费,而储蓄更多,投资更多;同时,利息率这一时间的折扣率也将会降低。经济增长在很大程度上是因为时间偏好率的下降,这使得储蓄、投资相对于消费的比例增加,也使得利率下降。但是,当利率的下降并不是因为时间偏好的下降、更高的储蓄,而是因为政府介入,推动银行信贷扩张而造成的,换句话说,如果利率的下降是因为人为地干预,而非自然下降——由于消费大众评价和偏好的变动所导致的,这时就会发生灾难性的后果。商人们看到利率的降低,自然会向资本和生产财投资更多。那些以前看起来不会有利润的投资(尤其是耗时长久的计划),现在看起来是有利可图的,因为利率变低了。简言之,商人们的反应就好像是真实储蓄增加时的反应一样:相对比于消费财的直接生产,他们会在耐久设备、资本财、工业原料、建筑结构上扩大投资。总之,生意人乐于借贷新增的银行扩张货币,这个钱是便宜得来的;他们用这笔钱投资在资本财上,而最终,在资本财行业中,这笔钱支付给土地以更高的地租,支付给劳动者以更高的工资。上涨的商业需求抬高了劳动力的成本,但是企业们却认为它们可以支付得起这些变高的成本,因为,他们被政府——银行在借贷市场的干预行为所惑,它篡改了市场的信号——利率。

一旦劳动者和地主(主要是前者,因为商业总收入的大部分是由劳动工资所支付的)开始把银行的新钱(他们以较高的工资的形式收到这些新钱)花出去时,问题就凸现出来了。由于公众的时间偏好并没有真的降低;公众并不想要储蓄地更多。于是,工人们开始消费掉大部分他们的新增收入,总之就是在复原以前的消费/储蓄比例。这意味着,他们把支出重新拨回消费财货的行业,他们不愿意储蓄、投资那么多,以购买新的生产机器、资本设备、工业原料等等。所有这些都以生产财行业的急转而持续的不景气现象而呈现出来。一旦消费者重新复原了他们想要的消费/投资比例,这就显示出,企业在资本财上投资过度,而在消费财上投资不足。企业在政府人为篡改的低利率的诱导下,其行为就好像实际上有更多储蓄可以用于投资一样。一旦银行的新钱滤过整个经济体,一旦消费者复原了他们以前的消费/储蓄比例,事态就变得非常明显:没有足够的储蓄用以购买所有的生产财,企业对有限的可用储蓄进行了错误的投资,企业在资本财上投资过度,而在消费产品上投资不足。

以这种方式,通货膨胀型的繁荣导致了价格和生产体系的扭曲。在繁荣期,资本财行业中的劳动力、原材料的价格被哄抬的太高,以至于一旦消费者重新复位他们以前的消费/投资偏好时,企业就变得是没有盈利的了。因而,"萧条期"就可以看作是必要而有益的阶段,市场在剔除并清算那些繁荣时期做出的不健全、不经济的投资,重新建立真实而符合消费者愿望的消费/投资比例。萧条是难熬却必要的过程,自由市场在抛弃那些繁荣期的累赘和错误,并重新确立市场经济的高效率以服务于消费大众。由于生产要素的价格在繁荣期被哄抬高,这就意味着,资本财行业的劳动力等财货的价格必须要降低,直至适当的市场关系重新建立。

那么繁荣是如何得以维持好几年而不暴露出它们错误的投资的呢?由于市场信号被扭曲而造成的错误变得十分明显,那么萧条——调整的过程是怎么开始发挥作用的呢?答案是:如果银行扩张信贷、把利率压低在自由市场的水平之下的行为是一次性的事件,那么繁荣将会是非常短命的。然而,关键在于,信贷扩张并不是"一击即退"的,它不断地继续下去,绝不给消费者重新确立消费/储蓄偏好比例的机会,绝不让资本财行业的成本上升追得上通胀下的物价上升。就像反复注射兴奋剂的马匹,通过反复刺激银行信贷,繁荣在其不可避免、必然受罚的道路上继续前行着。只有当银行的信贷扩张最终停止时——或者是因为银行陷入不稳定的状况中,或者是公众开始恐惧持续的通货膨胀——应得的惩罚才会最终扼住繁荣。一旦信贷扩张停止,代价必须被偿付,重新调整的过程——伴随着消费财生产的比例的增大,会清算掉那些错误的过度投资。

由此,米塞斯的商业周期理论解释了所有的困惑:为什么商业周期会反复发作,为什么企业家会大规模犯错,以及为什么资本财行业中繁荣与崩溃的幅度比消费财行业更为剧烈。

米塞斯一针见血地阐明出,**商业周期应归咎于政府及其中央银行的干预所推动的通货膨胀型银行的信贷扩张**。那么,一旦萧条来临,米塞斯认为(政府)应该如何行动呢?在萧条的治愈中,政府扮演的角色是什么呢?首先,政府必须尽快停止通货膨胀。的确,这么做必然会把通货膨胀型的繁荣引向终结,必然会开始一场经济不景气或者说萧条。然而,政府对此(指停止通胀)拖延得越久,必要的调整过程将会越糟,越早让"萧条——调整"发挥作用,就越好。这也意味着,政府一定不能试图资助有缺陷的经济情况,决不能借钱(或者担保)陷入麻烦的企业。这样做只是延缓了痛苦,而且把短暂、迅速的萧条转变成一场徘徊不去的慢性疾病。政府绝不应该设法维持工资率或者是资本财的价格,这么做将会无限期地拖延、耽搁萧条——调整过程的完成,这就会导致萧条无限的延长,和重要的资本财行业的大规模失业。为了走出萧条,政府决不能设法再次通胀。因为即使这次再通胀成功了,它只会为以后播撒下更大的麻烦。政府不能鼓励消费,也决不能增加政府自身的开支,因为这会进一步增加社会的消费/投资比率。实际上,消减政府预算将会改善这个比率。为了使繁荣期做出的一些过度投资变得有效,经济所需要的不是更多的消费支出而是更多的储蓄。

所以,按照米塞斯对萧条的分析,政府应该做的事就是"无所作为"。从经济健全和尽可能快的终结萧条的观点来看,政府应该秉持严格地不管制、"自由放任"的政策。政府做的任何事情都会耽搁、妨碍市场的调整过程,政府做得越少,市场调整过程发挥作用越快,因而健全的经济状况也会复苏。

可见,米塞斯开出的诊断药方正好和凯恩斯的相反:它要求政府对经济完全放开手脚,停止通货膨胀,缩减政府自身的预算开支。①

因此,从奥地利学派对经济危机产生原因的解读,可以看出,他们仍然一以贯之地坚持了对自由市场及其效率的信仰,认为政府干预不仅不能促进市场效率,反而是干扰市场机制及其信号、破坏市场经济的罪魁祸首。这与凯恩斯将政府视为经济波动的熨平者截然相反。

此外,值得指出的是,即便假设政府干预不是经济危机的始作俑者,因而企图用政府投资之类的大规模干预去挽救市场,那么不能忽略的是,这种政府干预本身的效率也是不能指望的。在这方面,奥地利学派的罗斯巴德有专门的批判。他指出,人们通常认为,政府的资源使用开支是一种"投资",这种归类构成凯恩斯主义学说的核心部分。但事实上,所有这些开支都必须被视为消费。企业家不是为了自己的使用或满足,而是为了加工并再次出售给消费者而购买产品,所以他们的行为属于投资。然而,政府让社会中的资源转向自己的目的,这目的是它选择的,并动用强力予以支持。因而我们都必须将这些购买活动视为消费开支,而不管其意图或物理后果如何。而由于它们通常不被视为是政府官员的消费开支,所以,就是一种格外浪费的"消费"形态。政府投资的致命缺陷就是这样一个事实:政府能够借助其强制征税的权利,获取实际上是无限的资源。私人企业必须从投资者

---

① 上述对奥派经济周期理论的阐述,可参见罗斯巴德《美国大萧条》,上海人民出版社,2003。

那里获得其资金,正是投资者根据时间偏好和预见进行的资金配置,让资金和资源分配到利润最高、因而也是最可取的用途。私人企业只能从消费者和投资者手里得到资金;换句话说,他们只能从那些看重并购买其服务的人那里获得资金,从投资者那里获得资金,这些投资者基于利润预期乐于冒险拿其节省下来的资金进行投资。简言之,支付和服务在市场上是不可分割的。另一方面,政府可以想要多少就得到多少钱。自由市场提供了一种"机制",它能够对未来和当前消费进行配置,并引导资源到其对所有人来说价值生产率最高的用途。因此,它为商人提供了资源配置、为服务定价以确保最佳用途的手段。然而,政府不会约束自己,没有人要求它在获得资金之前,能满足衡量是否向消费者提供了有价值服务的盈亏标准。私人企业只能从获得满意的、认为服务有用的消费者那里、从受盈亏指导的投资者那里得到资金,而政府却可以随心所欲地获得资金,由于没有这种约束,政府也就没有合理配置资源的可能了。①

　　罗斯巴德还指出政府投资有导致垄断的可能,因为政府企业的建立创造了相对于私人企业的内在竞争优势,因为它至少有部分资本来自强制而不是服务。显然,如果它愿意,政府可以通过补贴把私人企业逐出该领域。同一行业的私人投资将受到极大的制约,因为未来的投资者将预期到享有特权的政府竞争者会让自己遭受损失。而且,由于所有服务都在竞争消费者的货币,所有的私人企业和私人投资都在一定程度上受到影响和妨碍。而当一家政府企业开张,它就会给其将会到达的下一个其他行业带来恐惧,它们要么将被征用,要么被迫与得到政府补贴的企业进行竞争。这种恐惧会进一步抑制生产性投资,从而进一步降低整体生活水平。……由于资金来源不受约束,政府企业缺乏提高效率的激励。加入在这种条件下无力竞争,它就会滥用权力,授予自己强制性垄断权,用强力把竞争者驱逐出去。美国在邮政行业就是这样做的。当政府这样授予自己垄断权之后,就可以使免费服务走向另一个极端:收取垄断价格。收取垄断价格——完全不同于自由市场的价格——会再次扭曲资源,人为地制造某些物品的匮乏。它

---

① 罗斯巴德《权力与市场》,新星出版社,2007,第180、181页。

也会导致服务质量急剧下降。政府垄断不需要担心顾客另有选择,也不用担心低效率意味着要被淘汰。要求处于垄断状态的政府企业遵守"企业原则"格外地荒唐。

因此,奥地利学派不仅从经济危机之前的原因,而且从经济危机之后的措施,剖析了政府干预的弊端甚至危害,从而将对市场机制的理解和信仰贯彻了始终。

(二)马克思对政府干预的批判及其与凯恩斯和奥地利学派的异同

奥地利学派批评凯恩斯和马克思都把经济危机归咎于市场本身,但他们没有注意到的是,马克思却并未像凯恩斯那样认为应该借由政府干预来弥补市场缺陷,实际上,马克思和奥地利学派一样,对政府干预借由信贷扩张干扰市场、从而导致生产过剩也提出了独到的思考。

如前所述,马克思将货币经济视为市场经济的一个基本特征,并认为货币使买卖在时空上断层和分离为爆发经济危机提供了可能性。实际上,马克思也观察到了和奥地利学派视角所看到的类似现象,包括信贷扩张刺激生产过剩、危机对资本财行业的冲击大于对消费财行业的冲击等等。他多次指出,"诱人的高额利润,使人们远远超出拥有的流动资金所许可的范围来进行过度的扩充活动。不过,信用可加以利用,它容易得到,而且便宜。"①"几乎现代每一次商业危机都同游资和固定起来的资本之间应有的比例关系遭到破坏有关。"②"在德国,产生恐慌的基本原因并不是缺乏流通手段,而是游资同当前工业、商业和投机企业的巨大规模不相称。"③"危机最初不是在和直接消费有关的零售商业中暴露和爆发的,而是在批发商业和向它提供社会货币资本的银行中暴露和爆发的。"④正如恩格斯所说:"这种因扩大信贷和营业活动过度扩大而造成生产过剩的情形,在当前的危机中,可以仔细地加以研究。"⑤马克思甚至明确地把信贷扩张和经济危机的后果直接

① 《马克思恩格斯全集》(第3卷),中文1版,第459页。
② 《马克思恩格斯全集》(第12卷),中文1版,第37页。
③ 《马克思恩格斯全集》(第12卷),中文1版,第64页。
④ 《马克思恩格斯全集》(第3卷),中文1版,第340页。
⑤ 《马克思恩格斯全集》(第29卷),中文1版,第222页。

联系了起来,"这时就会清楚地看到,这一切国家同时出口过剩(也就是生产过剩)和进口过剩(也就是贸易过剩),物价在一切国家上涨,信用在一切国家过度膨胀。接着就在一切国家发生同样的总崩溃。"①

马克思也认为,信贷的扩张或者信用的过度膨胀都是政府强权干预所致,他明确地指出:"信用制度固然是危机的条件之一,但是危机的过程所以和货币流通有关系,那只是因为国家政权疯狂地干预调节货币流通的工作,从而更加加深了当前的危机。"②"那种以所谓国家银行为中心,并且有大贷款人和高利贷者围绕在国家银行周围的信用制度,就是一个巨大的集中,并且它给予这个寄生者阶级一种神话般的、不仅周期地消灭一部分产业资本家,而且用一种非常危险的方法来干涉现实生产的权力——而这伙匪帮既不懂生产,又同生产没有关系。1844 年和 1845 年的法令,就是这伙包括金融业者和证券投机家的匪帮的权力日益增加的证据。"③

正是因为如此的洞察,再加上如第二章所述的马克思对国家本质的认识,所以马克思从来没有也不可能像凯恩斯那样认为政府干预可以补救或者使经济免于崩溃。事实上,从马克思的理论逻辑来看,一旦危机发生,所谓的政府救市,只能使问题更糟,只能延缓危机的痛苦和爆发的时间。国家固然可以通过扩张性的财政和金融政策,放松市场的限制,继而延缓危机趋势爆发。但是,国家的这些紧急救市政策并不能消除生产方式的矛盾,而且其一系列的哪怕是出自善意的扩张性政策,还会同时加强资本过度积累的趋势,为生产过剩趋势火上加油,其逻辑代价就是通货膨胀。但迟早在某一点上,信用紧缩会随之而来,而信用紧缩又再次触发危机。

虽然马克思和凯恩斯不是同时代的人,但早在凯恩斯《通论》提出由政府大规模的支出来拯救市场的政策主张之前数十年,马克思就已经非常清楚地看到了:"由政府出钱人为地维持行市,这是 18 世纪的荒谬作法。"④"大概政府以为,通过这种极为简单的方法——在一切需要银行券的地方把

---

① 《马克思恩格斯全集》(第 3 卷),中文 1 版,第 557 页。
② 《马克思恩格斯全集》(第 27 卷),中文 1 版,第 193 页。
③ 马克思《资本论》(第 3 卷),人民出版社,1975,第 618 页。
④ 《马克思恩格斯全集》(第 34 卷),中文 1 版,第 203 页。

银行券散发出去——就可以彻底防止灾祸。而实际上,使用这种伎俩的结果,一方面是消费者更加贫困,他们的生活资料的减少并没有使价格降低,另一方面是大量商品积存在海关仓库里,而这些商品终归要抛向市场,结果由于它自身的数量而跌价。"①"这全部人为的使再生产过程猛烈扩大的体系,当然不会因为有一家像英格兰银行这样的银行,用它的纸券,给一切投机者以他们所缺少的资本,并把全部已经跌价的商品按原来的名义价值购买进来,就可以医治好。"②

可见,马克思的这些深刻洞察和解读和奥地利学派乃至后来的货币主义都有相通之处,他同样认清楚了国家干预在通过信贷扩张促成经济危机的过程中所扮演的角色,而不是相反地认为政府能起到增进市场效率、挽救市场危机的作用。但与奥地利学派不同的是,马克思并没有就此把政府干预及其推动的通货膨胀型信贷扩张作为资本主义市场经济制度发生繁荣——萧条的周期循环的根本原因。他指出,"国家固然可以把印有任意的铸币名称的任意数量的纸币投入流通,可是它的控制同这种机械动作一起结束。"③"只要我们对这些社会条件哪怕进行一次细心的观察,我们就会得出一个很简单的结论。二者必居其一:或者是社会能够控制这些社会条件,或者是这些社会条件是现在的生产制度所固有的。在前一种情况下,社会能够防止危机;在后一种情况下,只要这个制度还存在,危机就必然会由它产生出来,就好像一年四季的自然更迭一样。"④这就是说,造成信贷规模的无限扩张和用于投机游资的过度泛滥的社会条件,是和以利润为目标的现有生产制度紧紧地粘连在一起的,只要这个生产制度犹存,政府滥发信贷和过度投机趋势就是不可避免的。

这样,货币过多或过少的不稳定的货币制度只是危机的一个重要条件,不是危机的终极原因,隐藏在政府滥发信贷和过度投机趋势后面的是不以社会需要而以利润占有为目标的生产制度。马克思的这样一段话可以看作

---

① 《马克思恩格斯全集》(第12卷),中文1版,第425-426页。
② 马克思《资本论》(第3卷),人民出版社,1975,第555页。
③ 马克思《政治经济学批判》,人民出版社,1976,第101页。
④ 《马克思恩格斯全集》(第12卷),中文1版,第607页。

是对李嘉图周期理论乃至后来的奥地利学派甚至货币主义理论的一种批评（尽管他们不在同一时代）："政治经济学的肤浅性也表现在,它把信用的膨胀和收缩,把工业周期各个时期更替这种单纯的征兆,看作是造成这种更替的原因。"①既然危机的原因不在货币和金融方面,那么即使政府滥发信贷和过度投机趋势被遏制,即使通过改良货币和信用制度继而拥有了一个完备的货币体系则可摆脱危机的做法,都是徒劳的,危机还会照样发生。"在没有信用的情况下……也可能发生危机……正因为这个缘故,经济学家们乐于举出这个显而易见的形式作为危机的原因"②"或多或少地扩大信贷,一向是掩盖生产过剩的一种形式"③"如今占第一位的是工业危机,其次才是金融困难。"④因此,在马克思的理论当中,要彻底消灭资本主义经济危机爆发的可能性,唯有解决资本主义的基本矛盾,亦即生产的社会化和生产资料私有制之间的矛盾,唯有推翻资本主义经济制度,才能实现。这就是马克思与凯恩斯以及奥地利学派理论最不相同的地方,他已经不在既定的制度范围内寻找解决方法了。

马克思对经济危机的这种独特解读固然有着超越其他经济学流派的革命性意义,但他对现实的市场经济运行和发展过程的理解却不如奥地利学派乃至后来的货币主义理论更有解释力。实际上,马克思虽然认识到了货币经济是市场经济的一个基本特征,但他却远远忽视了货币在市场经济运行中的关键地位,也由此轻视了政府通过扩张货币供给从而给市场经济带来的致命影响。正如米夏埃尔·亨利希评论的,马克思之所以没有提出系统的危机理论,是因为他没有将自己的"货币主义"价值理论贯彻《资本论》的始终,也就是过分关注实体经济的运作,过分关注危机与实体经济的内在联系,而忽视了货币起重要作用的虚拟经济层面对危机的影响。尽管马克思已经意识到货币在危机中的作用,认为"在一般的生产过剩的危机中,矛盾不是存在于各种生产资本之间,而是存在于生产资本和借贷资本之间,即

---

① 《马克思恩格斯全集》(第 1 卷),中文 1 版,第 694 页。
② 马克思《剩余价值理论》(第 2 册),人民出版社,1975 年,第 587–588 页。
③ 《马克思恩格斯全集》(第 29 卷),中文 1 版,第 221 页。
④ 《马克思恩格斯全集》(第 12 卷),中文 1 版,第 362 页。

存在于直接包含在生产过程里面的资本与作为货币独立地(相对地说)存在于生产过程外面的资本之间。"①"几乎现代每一次商业危机都同游资和固定起来的资本之间应有的比例关系遭到破坏有关。"②但可惜的是,马克思并没有将"货币主义"价值理论运用到积累理论或价值向生产价格转换理论之中,将货币剔除在资本主义生产制度分析之外,这就禁锢了他自己的理论视野,使其危机理论仅为半成品。③

二、政府干预——实现平等的阻碍还是助手?

(一)平等、效率与政府干预的可能后果

从前述各学派的思想体系来看,奥地利学派对政府干预和实质性的平等持怀疑和否定的态度。凯恩斯以及以罗宾逊夫人为代表新剑桥学派则认为市场在增进效率的同时并没有增进平等,并主张通过政府干预来实现收入分配方面的平等。马克思虽然没有寄希望于政府干预来实现平等,但却谴责了资本主义经济制度不利于实现实质平等。三者在平等与效率之间的关系,以及政府干预在其中的作用和影响方面有着不同的认识。

针对马克思经济学和凯恩斯经济学提出的市场在增进效率的同时也增进了收入分配的不平等这一观点,哈耶克不以为然,在他看来,增进市场效率的受益者恰恰正是大多数的穷人,增进市场效率自然有利于穷人收入的提高,而不是相反。他对市场经济的效率充满信心,认为"占数量多数的穷人从增长中获得的益处大于占少数数量的富人。资本主义创造了就业的可能性。它所创造的条件,使那些没有从父母那里获得维持自己及其后代的生存所需的工具和土地的人,可以从别人那里获得这些东西,当然这对双方都有利。这个过程使人们能够在贫穷中生存并繁衍后代,而如果没有生产性的工作机会,这些后代几乎很难长大成人并继续繁衍后代:这一过程使千万人来到这个世界并使他们得以生存下来,而如果没有这个过程,他们根本

---

① 马克思《政治经济学批判大纲》(第3分册),人民出版社,1963,第14页。
② 《马克思恩格斯全集》(第12卷),中文1版,第37页。
③ 参见米夏埃尔·亨利希"存在马克思的危机理论吗",载于《马克思主义与现实》,2009年第4期。

就不可能存在,或者即使他们能够生存一段时间,也无力生育后代。就此而言,穷人从这一过程中获得了更多的好处。正如卡尔·马克思所言,'资本主义'创造了无产阶级:它使他们诞生并生存下来。"所以,认为富人剥夺了穷人的东西,如果他们不用武力,这些东西本来是属于或至少可能属于穷人,这整个论点纯属无稽之谈。

在哈耶克看来,提高贫困者的收入,促进收入分配的平等,要靠的不是政府干预,而依然是自由市场以及市场上众多的企业家。一个民族,它的资本规模,以及它为获得和交流信息而积累起来的传统和习惯做法,决定着该民族能够维持众多的人口。只有当那些从事着投资活动,在目前的支出和未来的回报之间架起一座桥梁的人,能够从这种行为中获得至少同他们的资本挪作他用一样的收益时,人们才会有工作,才能生产出各种物资和工具满足未知人口的未来需求。所以,没有富人——没有那些积累资本的人,穷人即使能够生存,也只会愈加贫穷,他们在贫瘠的土地上挣扎,每一次旱灾都会夺走他们尽力抚养的大多数孩子的生命。资本的创造比其他任何方式更大地改变了这种状况。由于资本家能够为了自己的目的雇佣别人,因此他这种养活他们的能力对双方都有利。当有些人能够雇佣别人,不仅是为了满足自己的直接需要,而且是为了同无数其他人进行货物和服务的交易时,这种能力还会进一步增长。所以说,财产、契约、贸易和资本的运用,并非只对少数人有利。由此,哈耶克反驳了马克思对资本积累的相应谴责,指出"认为积累这种资本只能以别人为代价的观点,是退回到了一种毫无根据的经济观点……而且它使人们无法正确理解经济的发展。"①

可见,在以哈耶克为代表的奥地利学派看来,效率是平等的前提和条件,这就像俗话所说的"先把蛋糕做大,才能有更多的蛋糕可分"。然而,哈耶克的这些论述虽然突显了市场经济的高效率使人们广为受益的作用,但并未有力地构成对马克思和凯恩斯等人的反驳,因为他谈论的是市场经济在绝对意义上使穷人收入增长,而并未解释穷人和富人收入增长的差距相对拉大的事实。实际上,马克思所谈论的工人阶级的贫困是一种"相对贫

---

①　哈耶克《致命的自负》,中国社会科学出版社,2000,第142－143页。

困"，而凯恩斯所担忧的收入分配不平等也是一种相对意义上的。

那么，为了改善收入分配的格局，缩小贫富差距，政府干预是否就是最好的办法呢？在这方面，比较典型的是新剑桥学派的观点。如第三章所述，新剑桥学派继承并发扬了凯恩斯的平等思想，认为资本主义的症结就在于分配制度的不合理和收入分配的失调，因而提出了一系列政府财政政策和税收政策来促进收入平等化，尤其是在征收遗产税、累进税和转移支付方面提出了一系列的措施。在新剑桥学派看来，只有解决了收入分配平等的问题，资本主义的经济增长才能实现。无疑，新剑桥学派的这些措施都仰赖于大量的政府干预，这一理论思维的初衷自然是好的，但在实际的操作过程中会有什么样的作用，是否真的能在实现平等的同时促进市场效率和经济增长，新剑桥学派却缺乏进一步的考察和论述。实际上，凯恩斯主义的赤字财政政策，在现代国家的具体实施中一般都是用铸币税和通胀税为赤字筹资，这就间接地使公民手中的货币贬值，不仅无异于侵犯了公民的财产权，而且造成了新的不平等。在金银本位的时代，封建君主通过降低硬币成色来获取铸币税，就是一种掠夺人民的过程。而进入法币时代，通过货币供给的扩张而导致通货膨胀，其实质就是对大部分人收取大量的隐性税收，受益者正是政府以及较早获得新货币的人，这就造成了一种无形而巨大的财富再分配，而这种分配结果对弱势群体和普通百姓显然是不平等的。①

奥地利学派的相关观点在罗斯巴德的代表作《权力与市场》中有详尽的探讨。罗斯巴德指出，人们在寄望于政府转移支付来实现收入分配的平等时，不能忽略了转移支付的本质及其对市场效率可能造成的损害。他指出，转移支付之类的政府补贴是人们可以利用获得财富的政治手段。在自由市场上，财富是所有个人的自愿选择的一个结果，其水平取决于人们彼此提供的服务。但是，政府补贴的可能性，则允许出现一种变化：它打开了依照个人或者集团控制国家机构的能力对财富进行分配的道路。政府补贴创造了一个独立的分配过程（而不是有些人爱说的"再分配"）。收入与生产、交换第一次分开了，被单独地决定。因此，如发生这样的分配，收入的分布就会

---

① 冯杨、李炜光："赤字财政、公债货币化与税收国家的危机"，《南方经济》2014 年第 4 期。

受到扰乱,与高效向消费提供的服务不相干。因此我们可以说,所有的补贴都用强力惩罚了高效率者,造福于低效率者。因此,补贴会以高效率企业为代价,延长那些低效率企业的寿命,扭曲生产结构,妨碍要素从价值生产率较低部门向较高部门流动。举例来说,如果某企业家在某行业内正遭受亏损,或者某要素的所有者只能挣到很少的收入,在市场上,要素所有者就会把要素转向价值生产率较高的行业,这样,要素的所有者和消费者都能得到较好服务。但是,如果补贴处于那个行业的他,这家低效率的企业的寿命就会延长,要素就被鼓励不进入其最大价值生产率用途。因而,经济中政府补贴的水平越高,市场就越是受到阻碍,不能正常运转,该市场就没有效率满足消费者的需求。因此,政府的补贴越多,每个人、每个消费者的生活水平就越低。

罗斯巴德还指出转移支付可能会对生产造成负面的激励。政府转移用税收收入或通货膨胀资金支付的补贴,明显地拿走彼得的钱,交给保罗。如果补贴的办法变得普遍,那时,每个人都会抢着去获得对政府的控制。生产越来越遭到忽视,因为人们把精力投入到政治斗争中,投入到战利品的争夺中。很显然,生产和普遍的生活水平会通过两种方式降低:(1)人们的精力从生产转到政治;(2)政府必然让生产者背负起那些效率低下、享有特权的集团的沉重负担。低效率者获得合法的对高效率者指手画脚的法定权利。因为能够在任何岗位上取得成功的人士必然也是那些最擅长于此的人士,上述说法就尤为正确。因而,那些在自由市场上、在经济生活中取得成功的人士,将是那些最擅长于生产、擅长于服务自己同胞的人;而在政治斗争中取得成功的人士,将会是那些最擅长于运用强制、并从顺从强制者那里赢得好处的人。补贴制度会提高这些人巧取豪夺的技巧,而惩罚其生产性技巧。总的来说,政府补贴制度提高了生产的低效率、强制和掠夺的效率,同时惩罚了生产的效率和掠夺的低效率。那些特别偏爱资源生产的人士能够断定,自由市场和补贴制度,哪一个能得到经济上的高分,而那些偏爱征服和征用的人士则至少必须估计他们的政策将带来的整体的生产损失。①

---

① 罗斯巴德《权力与市场》,新星出版社,2007,第 174 – 177 页。

可见,马克思虽然不寄望于政府干预来实现平等,但他将平等的实现寄托在未来物质极大丰富、实现了人的解放和全面自由的共产主义社会,凯恩斯以及继承他理论的新剑桥学派则乐观而不加考察地将实现分配平等的任务交给了政府,而奥地利学派则对政府基于平等理由进行的干预可能产生的种种弊端和本质做了深入的考察和揭露,使得凯恩斯主义的政府干预理论显现出"浪漫主义"的色彩。三个学派的相关理论和争锋为我们认知现实世界中的不平等现象的根源、平等与效率之间的权衡关系,以及国家可能在其中发生的作用和影响,提供了一个复杂广阔的画面。而马克思对国家的不信任,奥地利学派对国家干预的种种弊端的深刻揭露,则尤其值得我们深思和借鉴,它提醒我们在解决现实问题的过程中要避免犯下浪漫主义的错误或幼稚病,国家干预不仅不一定能实现平等,反而可能因为垄断、寻租等问题带来新的更大的不平等。

(二)平等、自由与国家的作用

奥地利学派经济学、马克思经济学和凯恩斯经济学之所以在平等与效率的问题上产生如此的殊异,之所以对国家干预抱持如此不同的态度,一个重要根源还在于他们对自由的理解大为不同。

作为西方政治哲学中的核心概念和基本价值,自由究竟如何定义,一直争讼于学界。孟德斯鸠认为,"没有一个词比自由有更多的涵义,并在人们意识中留下更多不同的印象了"。[①] 阿克顿甚至认为,"自由是个具有两百种定义的概念"。[②] 确实,近代以来,"自由"一词被赋予了各种各样的定义,其中有些定义甚至完全相反。但比较经典而权威的一种划分方法应该来自于伯林。伯林将自由区分为"消极自由"和"积极自由"两大类。消极自由就是免于……的自由,即"在虽变动不居但永远清晰可辨的那个疆界内不受干涉"。积极自由就是去做……的自由,即某一主体(个人或者群体)能够领会自己的目标与策略并且能够成功地实现它们。正如伯林所言,"我希望自己的生活与决定取决于我自己,而不是取决于随便哪种外在的强制力。我希

---

① 孟德斯鸠《论法的精神》,商务印书馆,2005,第128页。

② 阿克顿《自由与权力》,商务印书馆,2001,第14页。

望成为我自己而不是他人的意志活动的工具"。① "消极自由涉及控制的范围,积极自由涉及控制的来源,前者被看作是一种目的,是摆脱任何强制,而后者则体现为一种手段,是可以作某事情的'自由'。"② 在这个意义上,积极自由本质是驾驭和控制,拥护积极自由的人是理性的、自主的,在生活上奉行一种干涉性和进攻性态度。通过剖析,伯林指出积极自由所要实现的是与自由精神背道而驰的其他价值,而这恰恰不可避免地导致自由精神的失落。积极自由主要从三个方面导致自由精神的失落:一、积极自由从自我的强制发展为社会的强制;二、积极自由从理性的一律发展为强迫的一律;三、积极自由从合理的自律发展为合理的压制。可见,积极自由蕴含着反自由的因素,从而导致社会或者国家对个人自由的剥离与控制。

伯林对于两种自由概念的澄清,并不是一次中立性概念分析的演绎,其主要目的在于厘清自由的界限,自由真正的涵义在于其消极性观念,因此,他力图把积极自由的观念剥离出去。英国古典自由主义哲学家在使用自由概念时,指的正是消极自由。消极自由概念最初是由霍布斯提出来的,霍布斯认为,"自由这一词语,按照其确切的意义说来,就是外界障碍不存在的状态"。③ 洛克、密尔等继承了消极自由的概念,洛克认为"自由是在他所受约束的法律许可范围内,随心所欲地处置或安排他的人身、行动、财富和他的全部财产的那种自由"。④ 同样,密尔认为,自由是"社会所能合法施用于个人的权力和限度"。⑤ 虽然他们在关于自由的领域存在分歧,但是其所使用的消极自由的概念是一致的:人类应该保留最低限度的、神圣不可侵犯的私人领域,这个领域必须受到法律规范的制约和限制。

奥地利学派作为古典自由主义的继承者,所主张的也正是消极自由。哈耶克在其《自由秩序原理》中就开宗明义地阐明:"本书乃是对一种人的状态的探究,在此状态中,一些人对另一些人所施以的强制,在社会中被减至

① 以赛亚・伯林《自由论》,译林出版社,2003,第 195 页。
② 萨尔沃・马斯泰罗内《当代欧洲政治思想》,社会科学文献出版社,2001,第 86 页。
③ 霍布斯《利维坦》,商务印书馆,1985,第 97 页。
④ 洛克《政府论》(下),商务印书馆,1964,第 35 - 36 页。
⑤ 约翰・密尔《论自由》,商务印书馆,1959,第 1 页。

最小可能之限度。在本书中,我们将把此一状态称为自由。"①可以说,正是基于对消极自由的理解,古典自由主义包括奥地利学派才把市场秩序理解为以个人自由为基础的社会秩序,市场的秩序只有在参加的个人自愿交易的过程中出现。**实际上,从斯密开始到奥地利学派的古典自由主义传统,之所以把自由视为效率的前提,就是因为个人免于强制的自由选择在市场交换过程中,能够自然地使资源配置到最符合每个人意愿的地方,从而实现最大的效用。**这一观点在当代众多的自由主义经济学流派那里都得到认可。服膺于古典自由主义的新政治经济学的创始人布坎南更是进一步把"效率"直接解释个人的自由选择。他认为,"效率"应解释为"往往出现于有关团体中人们间的自愿同意"。除非假定个人的主观估价是外界观察者客观知道的,或者要把有关效率的估价完全与个人估价相脱离,否则这个定义就是唯一可能的定义……有效率的东西往往是出自同意的东西,而不是出自同意的东西就是没有效率的东西。②

　　对消极自由的主张,使古典自由主义的奥地利学派对国家权力及其干预保持着高度警惕,因为政府作为唯一合法的暴力机构,是个人自由的潜在的最大威胁。因此,为了确保政府起到保护自由而不是危害自由的作用,就不能赋予政府各种具体干预的权力。正如哈耶克所表述的,像伏尔泰所言的"自由者,可随心所欲之谓也",边沁的"每一条法律都是罪恶,因为每一条法律都是对自由的破坏",以及罗素的自由"就是我们实现自己的愿望不存在障碍"等积极自由的定义都是有问题的。这种意义上的普遍自由是不可能的,因为每个人的自由都会颠覆所有其他人拥有的无限自由,即不受限制的自由。因此,问题在于如何为所有的人保障尽可能多的自由。这可以通过用抽象规则对一切人的自由做出统一的限制加以保障,这些规则禁止对所有其他人(或由他们)实施任意的或歧视性的强制,禁止对任何其他人自由领域的侵犯。简言之,要用抽象规则代替共同的具体目标,政府的必要性仅仅在于实施这些抽象规则,以此保护个人的自由领域不受他人的强制或

---

① 哈耶克《自由秩序原理》,北京三联书店,1997,第 3 页。
② 布坎南《自由、市场与国家》,北京经济学院出版社,1988,第 86 页。

侵犯。①

正是从上述消极自由的理念出发，加上对市场自发秩序的认识，奥地利学派才从个人自由选择的角度论证了价格体系传播信号促使每个人做出最有利于自己从而也有利于社会的选择的高效率，才提出了有限政府的角色主张。因而，在这样的认识体系下，奥地利学派所赞同的平等就只能是权利的平等而非实质收入分配的平等了。在古典自由主义看来，自由是而且应该是普遍性、每一个人都可以平等地享有的。当我们宣称每一个人都享有平等的不可剥夺的权利时，我们是在确认一个重要的自由主义原则：权利平等，这是一个通过自然法观念的复苏而获得力量的原则。权利平等属于"消极平等"，而"消极平等"是一种法律的平等：每个公民都拥有一种由法律保证的平等地位和平等权利，但是它对平等的地位和权利能否导致平等的结果则不做任何承诺，不保证每个人能否享有实质的平等。正因如此，哈耶克在表述"伟大社会"时才强调"法律面前人人平等"的法治宪政。可见，奥地利学派的平等原则是服膺于自由这一前提的，在这一意义上，自由和平等是合而为一的。正如弗里德曼直接道明的，有关"自由人"的信念——"自由人"强烈反对当代强调的"福利"与公平比自由更重要的观念。自由是最高价值，是与强制相对的。它意味着按自己意愿行动的权力。②

凯恩斯虽然在其理论中引入了政府干预，但作为古典经济学的继承者，他仍然是服膺于自由主义、崇尚个人自由选择的。他在《通论》中明白地表述道：在私人策动的园地内，个人主义的传统优点还是继续存在。这些优点之一就是"效率高，——这是管理不集中以及追求自己利益之好处。决策不集中以及个人负责对于效率之好处，恐怕比19世纪所设想的还要大，而当代之不屑于利己动机，亦嫌过火。除此之外，假使能够把弊端去掉，则个人主义乃是个人自由的最佳保障，意思是指，在个人主义之下，个人可以行使选择权的范围，要比在任何其他经济体系之下扩大许多。同时，个人主义又是使生活丰富不趋单调的最佳保障，因为生活之所以能够丰富不单调，就从广大的个人选择范围而来；而集权国家的最大损失，也就在丧失了这种多方面

---

①　哈耶克《致命的自负》，中国社会科学出版社，2000，第70页。
②　弗里德曼《资本主义与自由》，第39页。

的、不单调的生活。……因为要使消费倾向与投资引诱二者互相适应,故政府机能不能不扩大,这从19世纪政论家看来,或从当代美国理财家看来,恐怕要认为是对于个人主义的极大侵犯。然而我为之辩护,认为这是唯一切实办法,可以避免现行经济形态的全部毁灭,又是必要条件,可以让私人策动力有适当运用。"①

从凯恩斯的自述来看,他不仅赞同和维护个人自由选择,而且把市场经济的高效率视为以消极自由为基础的个人主义传统的明显优点。这和奥地利学派的古典自由主义传统的理念是一致的。唯一不同的是,凯恩斯主张引进政府干预,并希望借此建立一个既能维护个人自由又能保障市场效率、促进收入分配平等的机制,这从奥地利学派的观点来看,无疑是矛盾重重的。凯恩斯之所以产生这样的思想,正是由于他缺乏对国家本质及其作用的深刻洞察和认知,其后继者,不论是新古典综合派还是新剑桥学派,亦是如此,本书会在下一节做进一步讨论。无论如何,不能否认的事实是,凯恩斯的思想理论确实为国家权力的扩张打开了大门,并由此造成了对个人自由不同程度的影响和威胁。正如哈耶克一针见血地指出的,"不管凯恩斯本人如何认为,他在削弱自由上贡献甚大。"②凯恩斯自己也很清楚,他的政策建议引起了集权制度的兴趣。在德国版《通论》的前言中,他写道:"总产出理论,也就是本书的要点,比在自由竞争条件和高度放任政策下提出的给定产品的生产和分配理论更容易适应一个集权国家的情况。"③

马克思在对对待自由的问题上则又有不同之处。在今天的社会里,人与人之间仍然存在着竞争关系,存在着利益冲突,消极自由作为权利为人们的活动提供了保护。也就是说,社会现实为自由作为人权的存在提供了充分的合理性。事实上,马克思确实承认并接受了消极自由的观念,他也认同"自由就是从事一切对别人没有害处的活动的权利。"④但马克思并不认为

---

① 凯恩斯《就业利息货币通论》,商务印书馆,1983,第327-328页。
② 哈耶克《致命的自负》,中国社会科学出版社,2000,第63页。
③ 凯恩斯《就业、利息和货币通论》,德国版,1936,第1016-1017页,转引自布雷特、兰塞姆《经济学家的学术思想》,中国人民大学出版社、北京大学出版社,2004,第235页。
④ 《马克思恩格斯全集》第1卷,中文1版,第438页。

消极自由与积极自由是对立的,他不局限于消极自由,还进一步提出了"积极自由",亦即"人类解放",希望消除异化,使人性与能力获得自由而充分的发展。与此相应的,马克思也不仅仅满足于权利方面的"消极平等",还主张收入分配等实质结果方面的"积极平等"。为什么马克思能将一般被认为不能兼容的两种自由和两种平等糅合起来,为什么互相冲突的观念理论在马克思的思想体系里却消失了张力呢? 本书认为,这主要是由于马克思的自由观和平等观都是超越性的。如第二章所述,马克思认为不自由不平等的根源在于资本主义私有制和阶级差别,一旦消灭了私有制和阶级差别,以平等为基础的"自由人联合体"——共产主义社会就自然产生了,按照马克思的设想,在共产主义社会的高级阶段,当劳动成为人的第一需要之后,当个人得到全面发展之后,当生产力的增长从而集体财富的源泉都充分涌流之后,社会就可以在自己的旗帜上写上:各尽所能,按需分配。因此,马克思的积极自由和积极平等的最终实现是在未来的共产主义社会,而由于共产主义社会的最大特点之一就是生产力高度发达、物质极大丰富,所以人们自然能充分自由地发挥自己的个性和能力,并且做到"按需分配"。这样,马克思的自由平等观就跳脱了现实世界的束缚而达到了和谐统一。不论是亚当·斯密以来到奥地利学派传承的古典自由主义政治经济学,还是经过了马歇尔、凯恩斯的系统化和变革的当代主流新古典经济学,或者其他各众多经济学流派,基本都是在现实世界中面临资源稀缺、人与人之间存在相互竞争的情况下来思考资源配置及相关的分配平等问题的,实际上,正义理论是在资源稀缺从而人与人之间不得不相互竞争这一现实条件的束缚下展开的,取消了这一前提条件的束缚,正义理论也就无需谈起。而正义原则也适用于物质财富适度稀缺的客观社会状态,在物质极大丰富的社会,自然无需思考正义、平等的问题。因此,马克思的自由平等观是超越了现实条件束缚的,正是其超越性消除了消极自由与积极自由、实质平等之间的张力。

值得注意的是,马克思虽然主张了积极自由和实质平等,但他却并没有把这一重责寄托在国家身上。如前所述,马克思通过对资本积累时期国家所扮演的角色的观察,对国家的本质及其作用抱持着极端不信任、严厉谴责的态度,并最终主张"国家消亡论"。正是基于这种认识,马克思倒是与古典自由主义的立场相近,而没有像凯恩斯那样企图借由国家干预来实现自由与平等二者的兼顾。在马克思看来,自由的实现与削弱甚至消灭国家权力是紧密相连的,对于中央集权的专制主义,马克思猛烈攻击其的唯一原则就是轻视人类,使人不成其为人。① 他在《哥达纲领批判》中更是明确提出,"自由就在于把国家由一个高踞社会之上的机关变成完全服从这个社会的机关",因而自由正在于国家的消亡。② 在马克思构想的实现了人类解放的以平等为基础的共产主义社会中,国家是不存在的,取而代之的是一般的生产和行政管理。再者,在马克思看来,实现自由和平等归根结底在于消灭资本主义私有制和阶级差别,在于推翻资本主义制度,因而他也不可能像凯恩斯那样寄望于借由国家干预来进行修修补补。

三、国家的本质及其作用

(一)国家的理性

不论是出于效率还是平等的考虑,将政府干预视为促进市场效率和分配平等的必要手段,都隐含着一个不言自明的前提假设:政府具备能够弥补市场不足的理性,或者说,政府在某些地方能够比市场做得更好。这个前提假设关涉到国家的理性问题,关涉到三个学派经济学理论背后的有限理性和建构理性主义之争。

从前述三大学派的思想体系来看,凯恩斯赋予了国家干预最大的理性,他打破了斯密以来秉承的自由放任原则以及相应的财政预算平衡原则,主张国家可以突破财政平衡预算,通过相机抉择来弥补市场失灵。凯恩斯的原意是在短期放弃财政平衡,主动以一次赤字克服经济萧条,用紧缩财政克服通货膨胀。但是,这种相机抉择实际上赋予政府相当大的裁量权,存在着极大的机会主义风险和政策失误的风险。而且更糟糕的是,我们在现实中看到的宏观经济政策往往是衰退时财政扩张,通胀时也不紧缩。经过新古典综合派的发展,凯恩斯之后的主流经济学进一步将政府的理性无限扩大,萨缪尔森在其 1958 年出版的著名教材《经济学导论》中提出了政府调节应

---

① 《马克思恩格斯选集》第 1 卷,中文 1 版,第 411 页。
② 《马克思恩格斯选集》第 3 卷,中文 1 版,第 313 页。

取代强韧的个人主义以使生活更为人道的观点。他写道:"在生活的复杂经济条件使社会合作成为必然的地方,可指望善意而明智的人们诉诸政府的权威及其创造性活动。"而"国家可以突破财政平衡预算"这样一个机会主义原则甚至被描述成一个无风险的准则。典型的如托宾,他就相信金融政策和财政政策的历史记录包含着一系列可以避免的错误,他不承认程序性的、可预见的机会主义风险,认为只要小心翼翼的避免教科书上指明的错误,连偶然的机会主义风险也可以避免。①

当今主流经济学在政府干预和宏观经济政策的问题上之所以存在如此的理性主义,一方面固然跟它本身遵奉"完全信息"、"理性经济人"等理性主义的假设有关,另一方面也与渗透在凯恩斯主义中的理性主义和精英主义有关。无疑,凯恩斯(包括许多主流经济学家)都潜在地假设政府作为一个最大化者,有能力无限地逼近真理,并且能将真理毫无阻力地贯彻实施,而这样的最大化者是由一群精英组成的。然而,凯恩斯的这种假设是有问题的。首先,在逼近真理的能力和贯彻真理的动力上,现实的最大化者并非是这样的精英,而是市场交换过程中千千万万个市场主体,在米塞斯和熊彼特的学说里,企业家尤其具有这样的特质。其次,凯恩斯把论证的重点放在宏观政策的结果上,如果制度因素阻碍了他的理想的宏观政策的实施,他甚至乐于让精英式的最大化者修改制度安排。这样一来,精英在进行最大化计算时,就有了相当大的自由度,这种自由度的表现是:在最大化计算的约束条件中,只有技术约束而没有制度约束。考察经济学的历史我们会发现,经济学并不是一开始就忽视制度的。实际上,自1776年斯密发表《国富论》开始,到1848年詹姆斯·穆勒发表《政治经济学原理》,经济学与政治学始终没有分开。直到新古典经济学兴起,为了追求进步的方法论,也为了在分析中忽略过多的干扰因素,经济学家不再注意政治和制度之后,经济与政治两者才彻底分开来。凯恩斯继承了新古典主义的这一倾向,因而在凯恩斯的分析中,制度不再占有一席之地。制度分析的缺席为理性主义和精英主义的泛滥提供了温床,此时,市场的运行就不再是一种依托于各种制度条件相

---

① 布坎南、瓦格纳《赤字中的民主》,北京经济出版社,1988,第80页。

互作用从而使千千万万个厂商和消费者在互动中做出明智决策的自发秩序,而是一个可以通过技术调控来加以修正的工程,宏观经济政策就更多地体现为技术性问题,这恰恰是精英们所擅长处理的。理性主义和精英主义的泛滥使人们倾向于轻视市场机制本身的运作,而热衷于对市场的干预、调控甚至计划管制,而实施政府干预的精英则越来越倾向于成为"技术官僚"。罗斯巴德这样形象地描述了理性主义支配下的政府干预主张:在今天,这种观点几乎为全体经济学家所共有。经济是可以人为塑造的,但它总是个麻烦多多而又顽固不听命令的病人,不断地倾向于分化出更剧烈的通胀或者失业。政府的职责就像一个明智的老经理人和医生,永远保持着警觉,修修补补以保持经济"病人"处于一个良好的正常运作状态。不管如何,在这里,"经济病人"无疑是应该服从的,而政府作为"内科医生",是主人。①

可以说,大萧条期间凯恩斯主义的兴起和当时盛行的技术官僚主义是相契合的,两者都不约而同地迎合和强化了人们对政府理性的迷信。但实际上,当它们为政府干预打开大门的同时,却不能自圆其说地解释清楚的一点是:同样一群政府精英,当他们在市场上作为单个的消费者或厂商时,其决策和千千万万个消费者和厂商的决策一样造成了市场失灵,为什么一转身踏入政府机构的门槛制定宏观经济政策时,他们就变成了能治理市场失灵的理性万能者?

凯恩斯主义所弥漫的理性主义与奥地利学派所奉行的有限理性主义形成了尖锐的对立。如第一章所述,奥地利学派通过从知识分工的角度解读了市场秩序和价格机制的作用,这种解读方式与其所信奉的有限理性主义是密切相关的。以哈耶克为代表的奥地利学派众多学者继承了源于苏格兰启蒙运动的古典自由主义的有限理性认识,认为人并不是高度理性、高度聪明的,而是很不理性、易犯错误的,个人所犯的错误,只有在社会过程中才能得到纠正。哈耶克明确地指出,经济理论并不是以大多数或所有参与市场过程的人都是理性的这一假设为基础的,相反,经济理论是以另一种假设为基础的,即一般来讲,正是通过竞争,能够为个人带来优势的理性行为才会

①　罗斯巴德《美国大萧条》,上海人民出版社,2003。

逐渐发展,并经由人们的模仿得到普及。因此,理性并不是竞争得以有效展开的必要条件,而恰恰是竞争的过程或者允许竞争的各种传统产生了理性行为。① 哈耶克还深入地揭示出当今主流经济学均衡分析所使用的"完全信息"、"理性经济人"等假设实际上是一种理性主义的表现,而正是这种理性主义才导致了"总之,我们在智能上可以做得比市场更好"这一天真的想法②。在他看来,凯恩斯主义以及新古典主流经济学对理性有着错误的理解,人的理性并不是像理性主义者所认为的那样是以单数形式存在的,亦即对于任何特定的人来讲都是给定的或者可获得的,而必须被理解成一种人与人之间相互作用的过程,在这个过程中,任何人的贡献都要受到其他人的检测和纠正。③ 可见,在使用"完全信息"和"理性经济人"等理性主义的假设来论证市场的同时,却为政府干预也提供了通行证,因为当现实中的个人由于不具备完全信息,或者不一定能理性地配置资源等原因而引起所谓的"市场失灵"时,政府就有理由扮演强大的角色进行干预。而哈耶克通过对有限理性因而需要依靠价格机制进行知识分工的认识,则不仅杜绝了政府进行干预的这种理由,而且还对限制政府权力提出了鲜明的主张:个人的知识是有限的,没有任何个人或一小群人能够知道所有别人所知道的全部,因此,必须对一切强制性权力或排他性权力都施以严格的限制④。而基于对市场自发秩序的认识,在哈耶克看来,即使是最理想的无所不知的设计者也决计复制不出资源相互交换的结果,因为交换的潜在参加者在他们进入过程以前并不知道他们将选择什么。由此可知,一个无所不知的设计者在逻辑上是不可能知道的,除非我们排除个人的意志自由。因此,哈耶克主张人类应持一种有限理性的认识,应对自生自发的社会过程保持一种谦卑的态度,不知道的是不能计划的,否则,就是致命的自负。⑤

马克思虽然不主张以政府干预来补救市场失败,但他的有计划调节思

---

① 哈耶克《法律、立法与自由》(第3卷),中国大百科全书出版社,2000,第379-380页。
② 哈耶克《海耶克论海耶克——对话式自传》,台北远流出版公司,1997,第90页。
③ 哈耶克《个人主义与经济秩序》,北京三联书店,2003,第21页。
④ 哈耶克《个人主义与经济秩序》,北京三联书店,2003,第22-23页。
⑤ 哈耶克《致命的自负》,中国社会科学出版社,2000。

想也浸透着同样的理性主义。如第二章所述,马克思认为市场自发调节的运行方式产生了个别企业生产的有组织性和整个社会生产无政府状态的矛盾,引起经济发展中的比例关系失调。他指出:"要想得到和各种不同的需要量相适应的产量,就要付出各种不同的和一定量的社会总劳动量。这种按一定比例分配社会劳动的必要性,决不可能被社会生产的一定形式所取消,而可能改变的只是它的表现方式,这是不言而喻的。自然规律是根本不能取消的。在不同的历史条件下能够发生变化的,只是这些规律借以实现的形式。"①恩格斯也这样表达过:随着社会化大生产的发展,生产资料终将由社会占有,而那时"社会生产内部的无政府状态,将为有计划的自觉的组织所代替",并且比喻说:"社会力量完全像自然力一样,在我们还没有认识和考虑到它们的时候,起着盲目的、强制的和破坏的作用。但是,一旦我们认识了它们,理解了它们的活动、方向和作用,那么,要使它们越来越服从我们的意志并利用它们来达到我们的目的,就完全取决于我们了。这一点特别适用于今天的强大的生产力。……当人们按照今天的生产力终于被认识了的本性来对待这种生产力的时候,社会的生产无政府状态就让位于按照社会总体和每个成员的需要对生产进行的社会的有计划的调节。"②

可见,和奥地利学派从有限理性和自发秩序的角度解读市场秩序不同,马克思和恩格斯认为社会的生产存在一种自然规律,而这种自然规律是可以为人们的理性所了解和掌握的。只有掌握了规律,在理性的指导和计划之下,社会生产才是有序的,否则就是盲目的、起破坏作用的。因此,马克思的计划调节思想明显地体现着理性主义的精神,他在《资本论》中甚至明确地写道:"只有当社会生活过程即物质生产过程的形态,作为自由结合的人的产物,处于人的有意识有计划的控制之下的时候,它才会把自己的神秘的纱幕揭掉。"③

然而,如果说市场自发的运行是非理性的,那么理性的体现者和执行者

① 《马克思恩格斯全集》(第4卷),中文2版,第580页。
② 《马克思恩格斯全集》(第3卷),中文2版,第633、630页。
③ 《马克思恩格斯全集》中文1版,第23卷,人民出版社,1972,第97页。

又应该是谁呢？和凯恩斯不同的是，马克思由于主张"国家消亡"论，所以并没有把政府视为理性的代表和载体，而是提出了未来社会经济模式——"社会计划调节"。不同于广泛流行的将马克思所说的"社会计划调节"中的"社会"替换为"国家"的说法，本书要特别指出的是，马克思在这一模式中所指的计划调节主体并不是国家，而是在国家消亡之后仍然存在的一个没有政治暴力的中央管理机构，这个机构在生产资料公有制的基础上，负责制定、发布计划，协调和监督计划的实施。在马克思的设想中，实行直接的计划调节，"无论生产和消费都很容易估计。既然知道每一个人平均需要多少物品，那就容易算出一定数量的人需要多少物品；既然那时生产已经不掌握在个别私人企业主的手里，而是掌握在公社及其管理机构的手里，那也就不难按照需求来调节生产了。"①而与这种设想相一致的是，马克思和凯恩斯一样也将希望寄托于精英分子，"用整个社会的力量来共同经营生产和由此而引起的生产的新发展，也需要一种全新的人，并将创造出这种新人来。……由整个社会共同地和有计划地来经营的工业，就更加需要各方面都有能力的人，即能通晓整个生产系统的人。"②

可见，马克思和凯恩斯一样深深地浸透着理性主义，他们都幻想有一个高于市场的更有理性的机构，而这个机构由一群通晓一切的精英分子组成。在这一层面上，马克思和凯恩斯一样陷入了如前所述的难以自圆其说的困境，也表现出对市场过程和市场机制的运作理解不足。并且，马克思虽然主张了国家的消亡，但他接着提出的负责计划调节的机构究竟和国家又有什么区别，这个机构怎样确保自己不具备马克思曾指出的国家的本质及其弊端，马克思却未进一步论述和言明，从而构成了马克思国家理论的一大空白。也正是因为这样的空白，才导致学术界不少学者直接把马克思的计划调节主体从"社会"替换成"社会主义国家"，而苏联的中央计划经济实践更促使人们把计划经济解读为中央集权的国家直接组织管理和调节社会经济活动。

---

① 《马克思恩格斯全集》第2卷，中文1版，第605页。
② 《马克思恩格斯全集》第4卷，中文1版，第370页。

(二)国家的本质及其目标

1. 政府失灵——公共选择学派对凯恩斯主义的批判

凯恩斯所主张的国家干预理论除了隐含地假设政府具有无限理性以外,实际上还把政府看成是一个"道德人",它完全以社会利益为目标,追求社会利益的最大化。自凯恩斯以后,一直以来经济学家提出理论并致力于政策研究的隐含前提都是:假定政府执政是一种"仁慈的暴政"(benevolent despot),亦即毫无疑问的是出于善心从公共利益的角度出发来执政。这一假设在 1950 年代由萨缪尔森和伯格森以"社会福利函数"的形式正式使其形式化。按照社会福利函数理论,政府仅仅通过将一些相关变量加进每个个体的效用函数中,然后加总这些效用得出社会福利函数,即可做到按照公众利益来执政。因此,可以使社会福利函数最大化的办法就是建议政府应该实行某些政策。然而,随着时间的流逝,也有越来越多的经济学家发现社会福利函数方法在真实的政治生活中根本就是不可思议的。一方面,政府根本不可能拥有每个个体福利函数资料的认知能力,更不用说加总每个当事选民的经济愿望以计算社会福利函数了。另一方面,"仁慈"的特性是否契合政治行为的真实类型,是否考虑到了现实政治过程形成和政策执行的复杂性,这其中又存在很多的问题。由此,很多经济学家日益感到这个二元性的假设——即假设市场参与个体是自利的、追求效益最大化的,而政治活动家是公益取向的、追求社会福利最大化的——在现实世界中是受到高度怀疑的。

在 20 世纪 20、30 年代,哈耶克与凯恩斯曾经发生过论战,但当时哈耶克主要是针对凯恩斯经济学的根本问题——利率和资本结构在市场经济中的作用——而展开论辩。同一时期,哈耶克和米塞斯也与兰格和迪金森展开了社会主义核算之争,他们主要是详细阐述价格机制以驳斥兰格、迪金森等人认为中央政府只要掌握了完全信息,同样可以通过模仿竞争机制和"试错"方法来发现均衡价格从而达到有效率的资源配置的观点。可以说,那时的奥地利学派一方面把政府视为个人自由的潜在威胁者,另一方面则主要是基于对市场价格机制、有限理性的理解来反对凯恩斯主义以及当时的社会主义思潮中将政府视为无限理性的化身的观点,而尚未从深入探讨政府本身的目的和本质来批驳凯恩斯政府干预理论背后隐含的政府是"道德人"的假设。

事实上,从根本上有力地推翻了凯恩斯自动将政府视为以社会福利最大化为目标的"道德人"假设的,是 20 世纪 50、60 年代兴起的公共选择学派。该学派的创始人布坎南和图洛克拒绝了把国家看作是一种超个人的存在,并以某种"有机体"的国家概念或阶级统治的概念来研究集体选择的政治学研究传统,也拒绝了福利经济学和道德哲学从"公共利益"出发的研究传统,而将集体行动视为"个体在选择集体地而非个体地实现目标时的行动,而政府不过是允许这样的集体行动发生的诸过程之集合或机器而已"[①]。"个人在参与集体决策时受到最大化其自身效用的渴望的引导,并且不同的个人有不同的效用函数"[②],这就使得"经济人"假设在政治组织的分析中正式地登堂入室,并成为公共选择理论的基石之一。也就是说,在公共选择学派看来,担任政府公职的是有理性的、追求效用最大化的人,其行为可通过分析其任期内面临的各种诱因而得到理解。同时,布坎南还一再强调将政治视为和市场一样的交换过程,通过"把政治活动表现为一种特殊形式的交换,而且就像在市场关系中那样,理想上还期望这种政治关系使所有各方都互有收获……用更为精确地现代博弈论术语来说,这种效用或经济分析法表示,按抽象的理解,政治过程可以解释为一种正和博弈"[③]。由此,公共选择学派得以成功地运用了成本—收益分析和博弈分析,说明了政治决策中的个人抉择最后是如何达成一致的集体选择的,从而揭示了政治的基础及其运作过程。

公共选择学派的上述分析进路的主要推论是政府不一定能纠正问题,事实上反倒可能使之恶化,也就是出现"政府失灵"。具体表现为:政府政策的低效率不能保证资源的最佳配置,如因为缺乏有效的约束机制,加上受自身"经济人"动机的支配,政府行为实际上不是倾向于最大限度地为增进公共利益服务,而是依据自己获得的信息和个人效用最大化原则来决策所执行的政策;政府工作机构的低效率,这主要是由于缺乏竞争压力、趋向于资

---

① 布坎南、塔洛克《同意的计算》,中国社会科学出版社,2000 年版,第 13 页。
② 同上,第 28 页。
③ 同上,第 25、26 页。

源浪费、监督信息不完备等原因导致。

在布坎南提出的政府失灵表现中,尤其值得关注的是政府的寻租活动。根据布坎南的定义:"寻租是投票人,尤其是其中的利益集团,通过各种合法或非法的努力,如游说和行贿等,促使政府帮助自己建立垄断地位,以获取高额垄断利润。"如纺织业寻求政府的关税与配额的保护,将外商拒之于国门之外,维持本行业的垄断地位,而高额垄断利润超过平均利润的部分被称为经济租。可见,寻租者所得到的利润并非是生产的结果,而是对现有生产成果(利润)的一种再分配。因此,寻租行为具有非生产性特征。同时,寻租的前提是政府权力对市场交易活动的介入,政府权力的介入导致资源的无效配置和分配格局的扭曲,产生大量的社会成本,包括寻租活动中浪费的资源,经济寻租引起的政治寻租浪费的资源,寻租成功后所损失的社会效率,等等。公共选择理论将市场经济条件下最常见的寻租行为分为四种:政府定价、政府的特许权、政府的关税和进口配额,以及政府订货。

寻租理论说明了政府干预可能形成各种特殊利益集团。而在布坎南看来,特殊利益集团的权力增长主要得之于凯恩斯主义的推行,尤其是,接受凯恩斯的理论无异于消除了在一个多世纪内使政府支出除战争时期外一直得以控制的道义约束。一旦经济学家断定可利用联邦预算赤字管理经济,对掠夺国家财政部的行为的有效控制也就被取消了。公共选择学派认识到,与其把各种特殊利益集团看作互相冲突的竞争者,不如把他们看作掠夺公有财富(即掠夺国家财政部)的合伙人,并且他们是潜在的滥用政府强制权力的人。此外,寻租也引发和加剧了腐败,凡是政府权力过大或是政府主导经济的发展中国家,都不可避免地存在着较为严重的腐败问题,冈纳·缪尔达尔在考察了南亚11国的政治经济状况以后就明确提出,研究这些国家的经济问题而不将腐败作为严重问题来对待的理由是不恰当的,显然是浅薄的或干脆是错误的。他还注意到,南亚的发展主要通过政府的计划来促成,但当南亚诸国政府以平等为最高目标推进各种计划和改革时,实际的发展却往往趋向于加剧不平等,导致了财富和权力的更大集中。[1] 缪尔达尔的

---

[1]　冈纳·缪尔达尔《亚洲的戏剧》,首都经贸大学出版社,2001,第三篇。

这些发现无疑印证了寻租的可怕存在,对那些热衷于通过国家干预来实现平等的主张敲响了现实的警钟。

因此,以布坎南等人为代表的公共选择学派有力地揭露和批驳了盛行的凯恩斯主义以及福利经济学所主张的国家干预理论背后的政府是"道德人"的假设,正如布坎南所说,"公共选择理论以一套悲观色彩较重的观念取代了关于政府的那套浪漫、虚幻的观念。公共选择理论开辟了一条全新的思路,在这里,有关政府及统治者的行为的浪漫的、虚幻的观点已经被有关政府能做什么,应该做什么的充满怀疑的观点所替代。而且,这一新的观点与我们所观察到的事实更为符合。"①佛罗里达州立大学经济学家詹姆斯·格瓦特勒更是直接地指出,"公共选择学说的主要贡献在于证明,市场的缺陷并不是把问题转交给政府去处理的充分条件。"的确,公共选择理论扭转了凯恩斯主义和传统福利经济学将政府干预所可能导致的危险和成本压至最低限度的天真幻想,振聋发聩地警醒了人们:"把活动从市场部门转移出来,这本身并不能改变人(即市场和政治两个过程中的行动者)的本性。通过对现代奢侈品的消费来追求眼前快乐的个人,恰恰也就是那种通过政治行动来追求党派利益的个人",从而使人们对政府干预保持更加警惕和清醒的认知,并将与市场失灵相对应的政府失灵推至理论研究的前沿。自公共选择理论之后,正如弗里德曼所言:经济学家之间的分歧"不在于他们是否承认市场失灵,而在于对政府失灵的重要性的看法"。②

对于如何补救政府失灵,布坎南的主张是借由宪政来限制国家权力,这是他自公共选择理论研究后走上立宪经济学研究的重要原因。布坎南认为,政府政策失灵的根源不在于政策内容本身,而在于约束政策制定的规则,在于制度和政治需要新的政治技术和新的表现民主的方式,因此必须改革政策制定的规则,即进行宪法改革。在政府的财政支出问题上,布坎南还希望通过变革宪法制度来进行改革,例如,修正美国宪法以禁止政府搞赤字

---

① James Buchanan, The Theory of Public Choice, The University of Michigan Press, 1972, p19.

② 转引自布莱恩·斯诺登、霍华德·R. 文主编《现代宏观经济学发展的反思》,商务印书馆,2000,第5页。

预算。将政府干预的问题转向宪政理论的研究,这对于跳脱主流经济学的纯经济分析,恢复整体制度性研究的古典政治经济学传统具有重要的意义。正如布坎南所说,"18世纪的智士们在认识对统治代理人加以制约的必要性上是近乎完全失败的,在理解和重视宪法必须制约政府和统治者的理由上以后也未能做到。只是在关于人类行为的经济人假设与政治作为交换范例相结合时,'政治经济学理论'才从人们的绝望中走了出来。……当人们被塑造成在政治上也和他们行为的其他方面一样,为自己利益打算时,宪法的挑战才成为所建造与设计的构架的制度或规则之一,它将有极大的可能去限制以剥削方式贯彻此种利益而引导此种利益去推进的普遍利益。①

公共选择学派和奥地利学派一样,都为复兴和坚持古典自由主义政治经济学的传统做出了重要的贡献,而且它弥补了奥地利学派在认识政策决策者自利性质方面的不足,从而与奥地利学派对有限理性的分析,在论证政府角色、反对国家干预方面交相辉映、相辅相成。而在公共选择理论上进一步发展起来的立宪经济学则和奥地利学派理论一样,最终都指向了宪政这一保障市场自由、个人自由的制度设计(本书在后面会做进一步的探讨)。应该说,在这一层面上,两者都是对古典政治经济学传统的进一步完善和发扬。

2. 政府干预的本质及其后果——罗斯巴德的深刻批判

如果说早期以米塞斯、哈耶克为代表的奥地利学派还着重从有限理性和市场自发秩序的角度批驳政府干预理论的话,那么奥地利学派在美国获得发展以后,以罗斯巴德为代表的新一代学者则对政府干预的本质及其后果有了进一步的深刻洞察和批判。

如前所述,公共选择理论有力地推翻了凯恩斯主义理论中将政府视为追求社会福利最大化的"道德人"的隐含假设,但在罗斯巴德看来,布坎南、图洛克等人把经济学分析方法应用到政府行为和民主制运作的领域,仅仅把政府看作另一种实施社会行为的工具,非常类似于自由市场上的行为,却是完全搞错了方向。罗斯巴德认为,这个学派的学者们几乎或根本没有认

---

① 布坎南《自由、市场与国家》,北京经济学院出版社,1988,第26页。

识到政府行为和市场行为之间的区别,因而将两者混为一谈了。罗斯巴德自己的观点则与之完全相反,因为他把政府行为和自愿的市场行为看作对立的两极,前者必然涉及暴力、侵犯和剥削,后者则必然是和谐的、和平的、对所有人都有益的。①

罗斯巴德把国家干预的本质视为一种强占和掠夺。他引用弗朗茨·奥本海默对市场与政府之间的差异进行的分析,指出,从根本上有两种方式可用以满足一个人的需求:(1)通过生产及在市场上与他人的自愿交换;(2)强行占有他人的财富。奥本海默称第一种方式为满足需求的"经济手段",称第二种方式是"政治手段",而国家则被犀利地称为"一个拥有政治手段的组织"。罗斯巴德把国家的干预行为划分为三种类型,一是干预者命令一个个体去做或不得做特定的事情,这个行为只直接涉及这一个体的人身和财产,简言之,他限制了个体在不涉及交换时运用个人财产的自由,这种类型称为一元干预,比如杀人、人身侵犯、强制执行或禁止任何礼仪、言论或宗教仪轨;二是干预者强制个体对象与自己进行一项强制性交换,或要求该对象向自己"纳贡",因为这一支配关系建立在两个人(干预者和对象)之间,所以称为二元干预,比如征税、政府开支;三是干预者强迫或禁止一对个体对象之间的交换,因为这一支配关系建立在干预者和一对交易者或潜在交易者三方之间,所以称为三元干预,比如价格管制、生产管制。所有类型的干预都隶属于支配关系——命令和服从的关系,与之相对的则是自由市场上个体之间自愿、互惠的契约关系。

自由市场上,人们自由行动时总是以他们相信会最大化效用的方式行事,亦即能将其效用提高到价值排序的最高位置。在自由市场上,或者更宽泛的说,在自由社会中任何行为、任何交换,都是因其对每个当事人的预期利益而发生的。如果我们允许自己用"社会"这一术语来形容所有个体交换的模式,那我们可以说,自由市场最大化了社会效用,因为所有人的效用都增加了。另一方面,强制性干预本身意味着,假如不是因为现在的干预,被强制的个体或许多个体就不会做他们现在正在做的事情。那些被迫表白或

---

① 罗斯巴德《权力与市场》,新星出版社,2007,前言。

不表白什么、被迫与干预者或他人做或不做某种交换的个人的行为已经被暴力的威胁改变了。被强制的个体由于受到干预而损失了效用。任何干预,不管是一元的、二元的还是三元的,都导致了干预对象效用的损失。那么相比之下,谁的事前效用增加了? 显然是干预者,否则他就不会进行干预了。他以其干预对象的牺牲为代价获得了可交换的物品像在二元干预那样,在一元和三元干预中,他的收益就是强制管制他人的那种满足感。与自由市场相比,所有这些干预情形都是一组人通过牺牲他人获取利益的事例。①

罗斯巴德还指出了由选民来选择的政府官员和由消费者来选择的生产厂商存在着根本的区别。任何选民,即使是最有智慧的一个,对于候选者的实际专业知识和个人能力,又能知晓多少呢,尤其当选举根本无关任何重要问题的时候? 于是,选民只能求助于纯粹外在的经过包装的候选人的"人格"或形象。如此一来,纯粹针对候选者的投票,甚至比针对重要问题本身的群众投票更缺乏理性。不仅如此,政府自身包含着一种内在的机制,这会导致对专家和官员做出糟糕的选择。一方面,政客和政府的专家获取的薪酬并不是来源于市场上对于服务的自愿购买,而是来自于对国民的强制性征敛。因而,这些官员完全缺乏为了合理、称职地服务公众而操心的金钱激励。而且,在国家和市场这两个领域中,定义"优秀"的关键标准截然不同。在市场上,优胜者是那些最有能力为消费者提供服务的人,在政府中,最称职的却是那些最善于运用强制手段或最擅长向广大选民邀买人心的家伙。

罗斯巴德作为新一代奥地利学派的代表之一,其对政府干预研究的重要贡献之一就在于跳脱了经济分析范畴,而采纳了政治分析,直接说明了政府干预造成的政治性和社会性的后果。马克思认为在自由市场上存在"阶级",它们的利益是互相冲突的,而约翰·卡尔洪却提出了相反的见解,他认识到,正是国家的干预创造出了"阶级"和"冲突",尤其是在征税这种二元干预中,他洞察并揭示了,税入总是被运用、被花费,共同体中的某些成员必定是税款的净支付者,其他人则是净受益者。卡尔洪把后者定义为"统治阶

---

① 罗斯巴德《权力与市场》,新星出版社,2007,第 13－14 页。

级"或剥削者,前者则为"被统治阶级"或被剥削者。罗斯巴德认为卡尔洪的这种划分是十分令人信服的,并大段引用了卡尔洪精辟的分析原文:

尽管相对而言只是少数,政府的代理人和雇员构成了共同体中唯一收益于税款的那部分人。不管他们以税收的形式从共同体中收取了多少资财,假如税款没有流失的话,都以财政开支或支出的形式流入了他们的腰包。征税和支出两者构成了政府的财政行为。两者是对应的。以税收名义从共同体拿走的钱被转移给共同体中以开支名义接受那笔钱的那部分人手里。不过因为受益者只是共同体中的一小部分人,因而,把财政过程的这两部分统而观之,可以说,政府的财政行为在纳税人和税款受益人之间必定是不平等的。不可能是别的关系,除非以税收名义从每个人那里拿走的钱又以支出形式返还给他们,而这将使这一过程毫无意义、荒唐可笑……

既然如此,必然可以得出结论,共同体中一部分人的纳税必然多于其以支出形式得到的,而其他人得到的支出必然多于其缴纳的税赋。那么,考察这整个过程,很明显,税赋必然在事实上对广告贴中获得的支出多于所纳税款的部分人而言相当于奖金,对于那些税赋多于接受的支出的其他人来说(才是真正的税赋)确实负担。这种结果不可避免,因为,它源于这种过程的性质,不管税收征取得如何平等。

政府的这种不平等的财政行为的必然结果就是把共同体分裂为两大阶级:一个是那些在事实上纳税并且独自承受养活政府的负担的人们,另一个是那些税收收益的净获得者、并且在事实上靠政府养活的人;或者简而言之,整个共同体分裂为税赋缴纳者和税赋花费者。

其结果就是,政府的财政行为和与之相关的整个政策体系,把这两大阶级置于敌对关系之中。因为政府征税和支出越多,一方之所得就越多,另一方之所失也越多,反之亦然……

罗斯巴德认为,"统治"和"被统治"的划分也适用于各种形态的政府干预,不过卡尔洪把税收和财政政策作为基石集中讨论是非常正确的,毕竟,正是税赋为国家执行其他无数种干预提供了资源和报酬。由此,昭然若揭的是,自由市场使社会效用最大化,而国家的任何行为都不能使之增加。实际上,自由市场的图景一定是和谐、互利的;政府干预的图景则充斥着等级冲突、压制和剥削。①

　　虽然罗斯巴德对政府干预的本质及其后果的认识有极端之嫌,但正是在此认识基础上,罗斯巴德与众不同地道出了政府在征税和提供社会保障方面存在的众人所忽略的另一面:**政府及其官僚才是税收和社会保障的最大受益者**。罗斯巴德指出,政府对私人收入开征所得税,这笔钱会从私人手里转移到政府手里,而政府的这笔钱,无论用于消费商品和服务,还是支付官员的薪水,或者是补贴给特权集团,最终都要花费到经济体系中。所以很清楚,税款开支水平必然扭曲市场的开支模式,使生产性资源偏离生产者所希望的模式,转向特权利益集团所希望的模式。这种扰乱的程度与税额成正比。虽然在现实中,辨认出获得净补贴者可能有点困难,但我们能够毫不困难地知道一点:官僚是税款的净消费者。② 而当今流行的政府通过“社会保障”立法来承担社会保险的做法也是一种幻象。罗斯巴德分析道,社会保障体系征用贫困的工薪者的收入,然后假定可以比其本人进行更明智的投资,在这些人年老时把钱分发给他们或他们的受益人。它被视为“社会保险”,是政府企业的典型例子:在保费与收益之间没有任何关系,在政治压力下两者每年都在变化。在自由市场上,人们愿意投资于保险年金、股市还是地产,都可以随便去做。强迫每个人把自己的资金交给政府,就是强迫他损失效用。因此,哪怕从表面上看,也难以理解,社会保障体系为什么如此大受欢迎。但是这种经营的真实性质与其冠冕堂皇的形象大不相同。因为,政府不是在投资通过税收获得的资金,他只是在花费这些资金,让自己背上债券,在收益到期时才支付现金。那以后怎样得到这笔现金? 只可能从未来的税或通过通货膨胀获得。因此,公众必须为“社会保险”付两次款。社会保险项目为每次支付收了两次税;它是允许政府对低收入群体随意征税的策略。而且,与所有的税一样,其收入也变成了政府的消费。③

　　因此,罗斯巴德从分析政府干预本质及其后果的角度论证了借由国家干预来实现分配正义的幻象。对于市场未能提供保障的问题,罗斯巴德认

---

① 罗斯巴德《权力与市场》,新星出版社,2007,第15、16页。
② 罗斯巴德《权力与市场》,新星出版社,2007,第147页。
③ 罗斯巴德《权力与市场》,新星出版社,2007,第188、189页。

为,这个世界是一个不确定的世界,我们永远没有能力精确地预测世界的未来进程,因此每种行为都有风险,这种风险不能被消除。自由市场已经找到了种种最大可能地自愿缓解风险的办法,来应付未来的不确定性。这些办法包括储蓄、企业家才能、保险和自愿的慈善等等。他指出,"有人一直主张,国家能向人民提供好于市场的保障,因为国家可以保证每个人获得一个最低收入。然而,政府并不能做到这一点。国家不事生产,它只能征收其他人的产品。因此,国家不能保证任何东西;如果没有生产出必不可少的最低限度的产品,国家就无法兑现自己的承诺。当然,国家可以随心所欲地印发钞票,但它不可能生产出人们需要的产品。更进一步说,国家不可能以这种方式同样向每一个人提供保障。它只能牺牲某一些人为代价来为另一些人提供保障。如果通过抢劫 B 而使 A 更有保障,那么,B 在这个过程中就被置于更无保障的境地。因此,即使生产没有急剧下降,国家也不可能为所有人提供保障,而只能以牺牲一部分人而为另一部分人提供保障。"①

3. 国家本质与国家消亡——马克思国家理论的探讨

如第二章所述,马克思认为国家的本质即阶级统治的工具,现代国家是与现代私有制相适应的,它不过是为了保障资产阶级在国内外利益的强制性组织形式。马克思洞察到国家是少数利益集团借以实行阶级压迫的机器,正如他在《法兰西内战》中深刻认识到的,"国家不但变成了巨额国债和苛捐重税的温床,不但由于拥有令人倾心的官职、金钱和权势变成了统治阶级中各不相让的党派和冒险家们彼此争夺的对象,而且,它的政治性质也随着社会的经济变化而同时改变。现代工业的进步促使资本和劳动之间的阶级对立更为发展、扩大和深化。与此同步,国家政权在性质上也越来越变成了资本借以压迫劳动的全国政权,变成了为进行社会奴役而组织起来的社会力量,变成了阶级专制的机器。每经过一场标志着阶级斗争前进一步的革命以后,国家政权的纯粹压迫性质就暴露得更加突出。"②因此,在马克思的思想体系里,人类要实现最终的自由和平等,需要的绝不是国家干预,反而是国家消亡。

---

① 罗斯巴德《权力与市场》,新星出版社,2007,第223页。
② 《马克思恩格斯选集》中文1版,第3卷,第53页。

无疑,马克思对于国家的上述根本思想与对始终国家持怀疑态度的奥地利学派和公共选择学派有着相通之处,然而,值得指出的是,马克思关于无产阶级专政和计划调节的思想却存在着一些有关国家干预的可能。

在实现国家消亡的共产主义社会之前,马克思把无产阶级专政作为从资本主义社会向共产主义社会过渡时期的国家形态来论述。而在论述无产阶级专政的同时,马克思一再强调它是过渡性的国家,是暂时的政治形式,并且没有具体阐述和设计无产阶级专政国家的结构,这可能是由于马克思最终主张的"国家消亡论"所致。但也正是在这个意义上,列菲弗尔认为马克思的无产阶级专政学说"还不足以构成一种积极的国家理论"。[1]

马克思在国家如何消亡方面也存在自相矛盾的论述。在《共产党宣言》里面,马克思构想道:"工人革命的第一步就是使无产阶级上升为统治阶级,争得民主。无产阶级将利用自己的政治统治,一步一步地夺取资产阶级的全部资本,把一切生产工具集中在国家即组织成为统治阶级的无产阶级的手里,并且尽可能快地增加生产力的总量。"[2]在这里,马克思强调了夺取国家政权的重要性。无产阶级要首先夺取国家政权,然后使用这一政权来推翻资本主义的生产关系。马克思接着写道:"如果说无产阶级……以统治阶级的资格用暴力消灭旧的生产关系,那么它在消灭这种生产关系的同时,也就消灭了阶级对立的存在条件,消灭了阶级本身的存在条件,从而消灭了它自己这个阶级的统治。"[3]

德国学者亨利希·库诺对马克思上述不同的表达不解,将之称为"马克思反对马克思"。在库诺看来,强调国家消亡是社会经济变革结果的是社会学家马克思,而强调一切取决于国家政权的是政治学家马克思。[4] 实际上这里正是指出了马克思国家理论存在的一个矛盾之处和空白之处。如果说,国家是阶级统治的工具,那么无产阶级在专政后如何能确保它作为统治者

---

① 列菲弗尔《论国家》,重庆出版社,1993,第 125 页。

② 《马克思恩格斯选集》中文 1 版,第 1 卷,第 293 页。

③ 同上,第 294 页。

④ 亨利希·库诺《马克思的历史、社会和国家学说》第 1 卷,商务印书馆,1988,第 10 - 12 章。

和既得利益者能继续消灭阶级对立、消灭它自己的阶级统治呢？如果说资产阶级的国家是恶的，是只为自身的利益服务的，那么无产阶级的国家为什么就会变成善的，会以人类的解放为目标？无产阶级专政和国家消亡之间的张力如何解决，无产阶级如何尽快增加生产力的总量以为消除阶级分化提供极大丰富的物质基础，并最终消灭以阶级分化为基础的国家暴力，这些重大的问题，马克思都未谈及，因而留下了巨大的理论空白。

　　同时，国家的过渡形式——无产阶级专政——在理论上是体现最大多数人的利益的，但由于马克思对于如何确保这一点没有深入探讨，从而导致无产阶级专政在实践中可能扭曲变形。在《法兰西内战》中，马克思把无产阶级专政称为"工人阶级政府""工人国家""社会解放的政治形式"和"终于发现的可以使劳动在经济上获得解放的政治形式"，意在将无产阶级专政与专制区分开来，实际上，马克思、恩格斯是从"最大多数人"的、阶级的专政意义上定义无产阶级专政、强调无产阶级专政的本质就是无产阶级民主的，这从根本上拒绝了后来有人对于无产阶级专政的那种理解：一个小的革命集团或政党的必要统治，根据它对群众利益的理解改造社会。正如罗莎·卢森堡所解读的：无产阶级专政"必须是阶级的事业，而不是少数领导人以阶级的名义实行的事业。这就是说，专政在每一步上必须依靠群众的积极参与，必须直接处于群众的影响之下，必须接受公众的监督。"①在她看来，没有无产阶级多数的自觉意志和自觉行动，就不是无产阶级专政，"几十个精神饱满和富于理想的党的领导人掌握着指挥权和管理权，而实际上在这几十个人当中，掌权的只是十几个杰出的领袖而已；工人阶级中坚分子不时被召去开会，聆听领袖们的讲演并为之鼓掌，一致通过他们提出来的建议；从根本上说，这是一种集团的统治"。而一旦无产阶级专政蜕化为集团统治，就会导致社会主义制度生命力的衰竭，就会导致社会主义国家滑向极权主义。② 遗憾的是，在列宁去世以后的苏联，这一批评式的预言变成了现实，社会主义民主没有得到应有的发展，落下被人攻击的口实。这种蜕变固然跟苏联的具体历史和情况有关，但马克思在无产阶级专政以及国家理论上的

---

① 《国际共运史研究资料》第4期，人民出版社，1982，第46页。
② 同上。

不完整、缺乏积极、深入、详细的探讨,也是重要的原因之一。

四、私有制与国家

(一)私有制与国家权力——奥地利学派的坚持与凯恩斯主义的背离

如前所述,基于对市场交换过程的理解,奥地利学派得出了个人选择的自由是市场效率的前提,而对这种自由权利的保障才是可行的人人皆可得的平等。在这里,必须进一步指出的是,不论是个人自由,还是权利平等,都意味着免于任何一种强制权力(尤其是国家权力)的干涉和侵害,由此,私有制这一基础就变得至关重要了,因为在包括奥地利学派的古典自由主义看来,私有制是唯一能够确保个人免于侵害的保障。

哈耶克就明确地指出过私有制对于经济繁荣和社会公正的重要性。他认为,市场经济这种助长了私人目标多样化的秩序,只有在分立的财产基础上才能够形成。……约翰·洛克的"所有权个人主义"建立在这样一种见解上:要想保证个人之间的和平合作这一繁荣的基础,政权必须维护公正,而不承认私有财产,公正也不可能存在,无财产的地方亦无公正……在大卫·休谟以及 18 世纪的另一些苏格兰道德学家和学者看来,分立的财产得到承认,显然标志着文明的开始;规范产权的规则似乎是一切道德的关键所在。休谟不仅在《人性论》中用大部分篇幅来讨论这个问题,而且在《英格兰史》(第五卷)中,把国家的强盛归功于政府干涉财产的权力受到了限制……亚当·佛格森把野蛮人定义为不知财产为何物的人,亚当·斯密在《国富论》里则说:"谁有没有见过一个动物,用某种动作或本能的声音向另一个动物说,这是我的,那是你的。"①

奥地利学派认为,正是财产权利赋予了个人以权利自由,划定了公共领域和私人领域的界限,限制了国家权力运用的范围。事实上,财产权利在本质上是一种关于正义的观念。每一个人都可以占有、使用以及转让其认为有价值的东西的权利,而且这种对于物的权利对于每一个人来讲都是平等的。因此,财产权利意味着个人在其私域内选择和行动的自由,而这种自由

---

① 哈耶克《致命的自负》,中国社会科学出版社,2000,第 29 - 35 页。

对于市场的交换、价格机制的运转是必不可少的前提。

奥地利学派的对私有制的坚持以及相应的对国家权力的看法,正体现了古典自由主义传统的典型理念。这一传统理念从霍布斯开始发展,在洛克那里得到了系统而经典的阐述。洛克认为,财产权利是前政治的,是一种自然权利,其存在"不必经过全体人的明确协议"。① 在自然状态中,财产权利是一种共同占有权,物质资源为全体世人共同所有,它们来自上帝的神圣赠予。"无论从上帝对亚当的直接赠予,还是从自然法来看,都不存在最初的私有统治权的赠予。"②资源共享对于人类来讲,只是一种潜在的共同占有权,因此需要借助于人类理性和劳动赋予财产以私人品质。对洛克来讲,财产权利先于政治社会,但却是政治社会起始的源动力。由于自然状态存在的缺陷,个人不能有效地保存自己的生命、财产以及自由权,即所谓的财产权利,为了有效地保障个人的财产权利,人类通过契约的方式自拔于自然状态,建立国家与政府。毋庸置疑,国家和政府的主要目的在于保障公民的财产权利。国家和政府的主要目的和职责是保障公民的财产权利,那么这个事实就对公共权力的运用和行使施加了一定的约束,这就意味着如果一个契约政府未能有效地保障作为公共善的财产权利,或者肆意对其进行蚕食,那么人民就有权力废除这个政府。"即使在必要时设立的专制权力,也并非因为它是绝对的所以就是专断的:它仍然受着为什么在某些场合需要绝对权力的理由的限制和必须以达到这些目的为限。"③

财产权利是政治权利存在的根本性依据,这意味着财产权利成为保障个人自由的外在条件,成为追求个人幸福和公共善的有效武器。作为常识,财产权利实质上是借助于人与物的关系反映人与人之间的状态,其目的在于体现政治权力或者他人不得随意干涉和掌控财产权利所有者支配其所有物的意志和行动。在本质上,财产权利是一种否定性和防御性权利。财产权利的防御性不仅体现在财产权利本身是政府权力不可侵害的客体,而且还体现在财产权利确定了私人领域和公共领域的边界,标定了个人自由的

---

① 洛克《政府论》(下),商务印书馆,1964,第 117 页。
② 詹姆斯·塔利《语境中的洛克》华东师范大学出版社,2005,第 94 页。
③ 洛克《政府论》(下),商务印书馆,1964,第 88 页。

尺度和范围。正如詹姆斯·塔利所言,"洛克以这种方式来定义权利,其目的在于反对政府"。① 洛克对财产权利的设定,其主旨就在于为政治权力和个人自由之间确立一个天然的边界,体现出政治权力和个人权利分属不同的社会领域与范畴。拉吉罗认为,洛克的财产权是个人的天赋人权,独立于国家之外,因为它代表着个人最直接的活动领域,没有这个活动领域,个人的正式独立与自由将完全空洞无物。只有当人成为财产的所有者,他才能自给自足,才有能力抵制其他个人或国家对他的侵犯。② 可见,在洛克看来,只要财产权利得到保障,那么财产权利所代表的私人领域就能够得到维护和保障,个人自由即可以得到保障和实现,至于其是否主动参与政治活动则不是很重要。

洛克继承了霍布斯的个人主义传统,完成了从自然义务到自然权利的历史性转换,个人成为了道德世界的中心和源泉。他以财产权利作为个人自由的基础和根据,并推导出国家权力,从而使得国家权力处于从属地位,使得政治权力和个人权利发生根本性转变。因而,个人权利,特别是财产权利相对于国家权力在来源和地位上具有优先性,从而开启了权利和自由政治的新篇章。

可以说,斯密在《国富论》中开创的古典政治经济学也是服膺于洛克所表述的这一古典自由主义传统理念的,奥地利学派作为古典政治经济学的当代继承者和发扬者,更是从知识分工、资本理论、企业家理论等角度论证了以私有产权为基础的市场经济的运作,并更加全面地论述了限制国家权力、塑造有限政府的必要性,哈耶克甚至还进一步发展到宪政法治的研究领域。在奥地利学派看来,如果取消私有制,而由国家拥有全部生产资料,就出现全面国家计划体制或集体主义。它是对私人企业的强制性废除和禁止,是国家对整个生产领域实行垄断。由此,全面国家计划体制把政府的强制性垄断原则从个别孤立的企业扩展到整个经济体系,是用暴力废除市场。这样导致的后果是灾难性的,将导致自由的全面丧失。哈耶克在其轰动世

---

① James·Tully, *A Discourse on Property: John Lock and His Adversaries*, Cambridge University Press, 1980, p114.

② 圭多·德·拉吉罗《欧洲自由主义史》,吉林人民出版社,2001,第25页。

界的名著《通往奴役之路》中对此做了详细探讨。他坚决捍卫以私有财产制为基础的自由竞争经济制度，强调"竞争制度就是旨在用分散权力的办法来把人用来支配人的权力减少到最低限度的唯一制度。"①"只有在以自由处置私有财产为基础的竞争制度下民主才有可能，当这个制度由一个集体主义信条支配时，民主不可避免地将自行毁灭。"②"私有制是自由的最重要保障，这不单是对有产者，而且对无产者也是一样。只是由于生产资料掌握在许多个独立行动的人的手里，才没有人有控制我们的全权，我们才能以个人的身份来决定我们要做的事情。如果所有的生产资料都落到一个人手里，不管它在名义上是属于整个"社会"的，还是属于独裁者的，谁行使这个管理权，谁就有全权控制我们。③

针对社会主义思潮的涌现出的"公有制"、"国有化"更有效率更合理的观点，罗斯巴德认为，至少在国家消失之前，这种"公共"所有权不过是个神话。他指出，把政府所有权等同于公众所有权，是完全荒谬的。所有权是对资源的那种终极控制和支配。财产的所有者是其最终的支配者，不管存在哪些与此相反的法律拟制。……政府所有权不过意味着进行统治的官僚拥有财产，高级官员是那些指挥这些财产之使用的人，因而拥有权势的人在拥有这些财产。"公众"并不拥有这些财产的任何部分。……无论采取何种形态，统治者都是这种财产的真正所有者。但是在民主制度下，或者说，从长期考察在任何形态的政府，统治者都是暂时的。他们总有可能在选举中落败，也可能被一场政变推翻。因此，任何政府官员都不会认为自己不是暂时的所有者。其结果是，私人所有者因为稳定地拥有他的财产及其资本价值，从而会为其资源的使用制订出长期计划；而政府官员必然尽其所能地快速榨取财产的价值，因为他没有稳定的所有权。进一步说，即使是地位稳固的公务员也必然这样做，因为政府官员不可能像私人所有者那样出售自己财产的资本化价值。简而言之，政府官员拥有资源的用益权（use），而不拥有其资本价值（世袭君主的"私有财产"除外）。若人们只拥有资源的当前用益

---

① 哈耶克《通往奴役之路》，中国社会科学出版社，1997，第139－140页。
② 同上，第70－71页。
③ 同上，第101页。

权而不是资源本身,他们将迅速让这些资源被不经济地耗尽,因为长期维护资源不会使任何人受益,而尽可能迅速榨取资源的价值能给每个人带来好处。同样,政府官员也将尽可能快地消费他们的财产。罗斯巴德由此批判了一般流行的奇怪看法:私人所有者因为具有时间偏好,采取"短视"的做法,只有政府官员具有"长远眼光",能为增进"公共福利"配置财产。事实却恰恰相反。私人所有者因为稳固地拥有他的财产及其资本价值,希望保持他的资源的资本价值所以能够从长计议。而政府官员必定拿了就跑,他们必定会趁自己在职时掠夺该财产。①

可见,在奥地利学派的思想体系中,私有制的存在以及确保其免于国家权力的侵害是个人自由的保障,也是市场效率、社会公正的前提。

实际上,自斯密以来到如今的新古典主流经济学,尽管西方经济学界学派林立,但绝大部分都认同私有制,将其作为市场经济不可或缺的前提和基础。凯恩斯主义也不例外,如前所述,凯恩斯不仅赞同和维护个人自由选择,而且把市场经济的高效率视为以消极自由为基础的个人主义传统的明显优点,这和奥地利学派的古典自由主义传统的理念是一致的。凯恩斯从未质疑过资本主义的私有制基础,他唯一想变革的只是自由放任而已。但也因如此,凯恩斯主义的理论在维护私有制的问题上与古典经济学传统产生了背离。

无疑,由于凯恩斯本人及其继承者新剑桥学派都坚持收入均等化意义上的效率与平等,所以其基于国家干预主义意义上的效率平等观,从某种意义上说是一种权利平等、结果公平的效率平等观,其社会基础是资本主义市场经济的制度安排,其产权基础也是具有排他性所有权的私有制。但是,由于他们所主张的收入均等化规则是通过累进所得税和遗产税以及转移支付的方式运作的,相当于主张政府把个人收入和私有财产转变为公共收入或公共财产,这就对所有权的排他性产生了损害。正是在这一点上,凯恩斯主义和古典经济学及其继承者奥地利学派坚决维护私产权并防范国家权力侵害的传统产生了分歧,它甚至和提倡国家转移支付来促进平等的福利经济

---

① 罗斯巴德《权力与市场》,新星出版社,2007,第189－194页。

学也有区别,福利经济学也坚持私有制的基础,它在提倡国家干预的同时坚守一条帕累托最优原则,即资源配置和分配活动在使一部分人受益的同时,不使任何人受损,这就在引入国家干预的同时也维护了私产权的排他性。而凯恩斯及新剑桥学派在借助国家干预的同时却未提出这样的防护性主张和原则,他们希望收入均等化有利于拉动有效需求,推动价格和利润的上涨,从而激励企业扩大生产、增进就业,而累进所得税和遗产税给企业和个人带来的损失也能从价格上涨中得以补偿。这种借由促进收入平等来促进市场效率和经济增长的初衷,在现实的经济实践中并没有被证明是成功的。20 世纪 70 年代通货膨胀和失业并存的经济"滞胀",使人们广泛质疑凯恩斯理论在长期中反而损害了效率与平等。伦敦学派、货币主义学派、供给学派等批判指出,国家对经济的"全面"干预,不仅妨碍了市场机制作用的正常发挥,使得人们过分依赖政府,失去自由竞争和创新精神,从而失去推动经济增长的动力,而且"全面"干预会造成官僚主义盛行,工作效率低下,加强经济的负担和波动。供给学派还提出,实施凯恩斯主义的理论和政策主张需要支付很高的交易成本,如果不把这种费用用于收入均等化规则的制定和执行,而是用于生产性投资,反而会对国民经济的增长产生很大的作用。

此外,凯恩斯本人提出的收入均等化思想和新剑桥学派在此基础上的进一步发展,及其提出的一系列政府强行征收高额遗产税、累进所得税、实施各种转移支付的政策主张,不仅忽略了政府本身也是经济人、不一定以社会福利最大化为目标的性质,而且忽略了政府权力坐大可能导致的对私产权以及个人自由的侵害。在凯恩斯和新剑桥学派以后的经济学理论发展中,道格拉斯·诺斯经过对十五六世纪法国、西班牙和英国、荷兰的经济史考察,已经得出了国家能否有效保护私产权是促进经济长期增长的关键因素的结论。而科斯定理也明确地揭示出私产权是个人在市场进行交易的先决条件。由此,个人自由首先必须是在私有产权下的自由,亦即在个人权利有明确界定的情况下,因为有了保障而不会受到侵犯或侵占。弗里德曼更是将"自由、私有和市场"并称为繁荣的三大要素。因此,现代经济学理论的一大共识就是:国家或政府具有保护私产权的重要职责。就此而言,凯恩斯及其后继者新剑桥学派的收入均等化政策主张由于为政府权力的扩张打开了大门,从而造成了政府保护私产权与扩张了的政府权力可能侵害私产权之间的张力,这种张力如何消除,在凯恩斯主义的理论体系中是没有提及和解决的。

(二)私有制与国有化?——马克思的真实解读

如本书第二章所述,马克思并不是反对所有的私有制,而只是反对资本主义私有制,因为在他看来,资本主义私有制是产生异化和不平等的根源。对此,我们尤其应该避免对马克思在《宣言》中所说的那句"共产党人可以把自己的理论概括为一句话:消灭私有制"产生教条式理解和认识误区。其实,正如马克思在《宣言》中声明的:"共产主义的特征并不是要废除一般的所有制,而是要废除资产阶级的所有制"。这里的"所有制"就是德文中的"Eigenthum"和英文中的"property",中文可译为"财产""财产权"和"所有制"等等。显然,马克思的本意是说,共产主义并不是要使每个人都成为一无所有的无产阶级,不是要废除一般的私有财产制度,而是要废除资本主义的那种特有的剥削式的即劳动者受到资本奴役的不公平的财产制度。因此,在马克思的论述中,实际上出现了两种私有制。一种是资本主义的私有制,即马克思用其一生的精力进行批判的资本主义私有制,一种是资本主义以前的那种由洛克作了经典论述的以个人劳动为基础的私有制。正如马克思所说,后一种私有制在资本的积累过程中已经被瓦解或消灭了,也就是说,那种以个人劳动为基础的私有制在西方发达资本主义国家已经因为工业的发展和资本的积累而被瓦解或消灭了,正因如此,《宣言》才说资本主义制度是私有制的"最后而又完备的表现"。正是在这个语境下,《宣言》才写道:"从这个意义上说,共产党人可以把自己的理论概括为一句话:消灭私有制。"①

那么消灭资本主义私有制之后,应该怎么办呢?马克思提出了社会所有制的思想,其著名论断就是"在协作和对土地及靠劳动本身生产的生产资料的共同占有的基础上,重新建立个人所有制"②。虽然目前学术界对如何

---

① 参见李惠斌《对马克思关于"私有制"、"公有制"问题的再解读》,北京日报,2008年10月27日第18版。

② 马克思《资本论》第1卷,人民出版社,1975,第874页。

理解社会所有制存在争议,但从本书的视角来看,这种社会所有制是绝不可能等同于国有化的,亦即国家不可能代替社会来占有生产资料。一方面,从第二章的论述中,我们已经知道,马克思对国家的本质及其作用都有透彻的认知,并且将"国家消亡"作为实现人类解放和平等的重要条件之一。虽然马克思在1848年的《共产党宣言》里面提出了"剥夺剥夺者"后由国家掌握生产资料的十项具体措施,这些思想和措施也是苏联后来照搬形成国有制的依据。然而,如第二章所述,马克思在1872年《宣言》的德文版序言中,已纠正指出,前述那些革命措施已经没有什么特别的意义,巴黎公社的经验教训证明,"工人阶级不能简单地掌握现成的国家机器,并运用它来达到自己的目的。"①这是马克思对私有制和国家的认识的一个重大转变,借此,我们也应重新更正那些受苏联的影响而认为马克思主张"国有化"的流行看法。恩格斯在《社会主义从空想到科学的发展》(1892年)一文中也清楚地佐证了马克思的这种思想转变,恩格斯指出:"现代国家,不管它的形式如何,本质上都是资本主义的机器,资本家的国家,理想的总资本家。它越是把更多的生产力据为己有,就越是成为真正的总资本家,越是剥削更多的公民。工人仍然是雇佣劳动者,无产者。资本关系并没有被消灭,反而被推到了顶点。但是在顶点上是要发生变革的。生产力归国家所有不是冲突的解决,但是它包含着解决冲突的形式上的手段,解决冲突的线索。"②

可见,马克思和恩格斯并不简单地认为国家占有生产资料是一种社会主义,相反,他们明确地指出,任何形式的现代国家"本质上都是资本主义的机器","它越是把更多的生产力据为己有,就越是成为真正的总资本家。"这和《宣言》时期的思想相比已经产生了重大的变化。马克思和恩格斯之所以在理论上发生这么大的变化,是因为他们发现国家占有生产资料这种所有制方式,并没有解决资本与劳动之间的资本主义剥削关系,相反,国家"越是把更多的生产力据为己有,就……越是剥削更多的公民"。因此,在国家占有生产资料的情况下,工人仍然是一无所有的无产者,资本关系不但没有被消灭,"反而被推到了顶点"。

---

① 《马克思恩格斯全集》第1卷,中文2版,第293-294页。
② 《马克思恩格斯选集》第3卷,中文2版,第753页。

　　因此,马克思恩格斯所指的社会所有制绝不可能是国有制。即便恩格斯在《反杜林论》中提出了"国家真正作为整个社会的代表所采取的第一个行动,即以社会的名义占有生产资料,同时也是作为国家所采取的最后一个独立行动。"但他也紧跟着提出这只是暂时的,随之而来的是国家的消亡。①社会所有制的最终解决方式"只能是在事实上承认现代生产力的社会本性,因而也就是使生产、占有和交换的方式同生产资料的社会性相适应。……那时,资本主义的占有方式,……就让位于那种以现代生产资料的本性为基础的产品占有方式:一方面由社会直接占有,作为维持和扩大生产的资料,另一方面由个人直接占有,作为生活和享乐的资料。"②这就是说,在恩格斯看来,从资本主义到社会主义,有一个重要的过渡阶段,即从国家占有生产资料到社会直接占有生产资料,而这种社会占有的同时,也是个人的直接占有。③

　　也许是受恩格斯在《反杜林论》中那段话的影响,过去,人们一直把社会主义社会理解为苏联模式下的公有制。但是,早在 1960 年代,日本的平田清明就根据这段引文对传统的苏联式理解进行了批判,提出未来社会是一个以个人所有为基本所有制形式的社会。他的推论是这样的:既然第一次否定是"资本主义的私有制"对"以自己劳动为基础的个人的私有制"的否定,那么对"资本主义的私有制"的否定之否定,即社会发展的第三阶段,就不应该是公有制。因为按照否定之否定的三段论逻辑,第三阶段应该是一种类似于回到出发点即肯定阶段的运动,既然第一阶段是"以个人劳动为基础的个人的私有制",那么第三阶段就只能是个人所有制,而不可能是公有制。④

　　而且根据考证,对于如何解读马克思提出的土地及生产资料应该"共同占有"的思想,关键显然在于"占有"(Besitz;possession)和"所有"(Eigentum;property)的区别。在法律上,占有和所有是两个意义不同的概念。黑格尔在

---

① 《马克思恩格斯全集》中文 2 版,第 3 卷,人民出版社,第 631 页。
② 《马克思恩格斯选集》第 3 卷,中文 2 版,第 753、754 页。
③ 参见李惠斌"从国家产权到社会产权——马克思恩格斯社会主义理论的一个重大转变",载于《中共天津市委党校学报》,2000 年第 2 期。
④ 平田清明《市民社会和社会主义》,岩波书店,1969,第 103—104 页,参见韩立新"关于'个人所有制'解释的几个问题",载于《马克思主义与现实》,2009 年第 2 期。

《法哲学原理》《抽象法》第一章《所有权》中,曾对二者做过严格的区分。按照他的规定,占有实际上是指对某物拥有使用权,即虽可以使用但不得转让。而所有则不同,它不但是指对某物的"直接占有"、"使用",而且还指在法律和意识上明确自己对某物的排他的所有权,因此也就可以"转让"。在这个意义上,所有比占有对某物的私有程度要高,所有是占有的真理。马克思在《政治经济学批判大纲》(1857-1858 年经济学手稿)和《资本论》中对这两个概念曾进行过严格的区别使用,基本上是在黑格尔的意义上来使用占有和所有的。因此,马克思所设想的社会所有制形式应该是生产资料为大家共同占有、共同使用,但对它的所有权则分属于每一个个人,即"共同占有 + 个人所有"。马克思之所以强调"共同占有",是为了应对社会化大生产的需要,之所以强调"个人所有",是为了批判在资本主义条件下每个劳动者不所有生产资料、劳动和所有相分离这种异化状况。因此,让"各个独立劳动者与其劳动条件相结合",将被资本主义私有制所剥夺的所有再夺回来,让每个劳动者都所有生产资料,这应该是马克思对未来社会的基本构想。在法语版《资本论》中,马克思之所以在个人所有制前面特地加上"劳动者的"这一定语,其实就是为了强调这一含义。如果劳动者没有生产资料,生产资料仍归其他人或国家所有,这恐怕不是"个人所有制",也与马克思的未来社会构想不相符。①

由此,从本书的研究视角来看,需要着重明确的关键一点是,与流行的受苏联影响的教条式理解不同,马克思事实上并没有彻底否定私有制,而是经由否定之否定提出了更富大胆想象的重建个人所有制的思想。与空想社会主义者将私有制视为罪恶的看法不同,马克思对于以自己劳动为基础的私有制或私有财产制度基本上持一种肯定的态度,并且认可私有财产能够促进效率和保障自由。在《资本论》第 1 卷中,马克思就写道:"劳动者对他的生产资料的私有权是小生产的基础,而小生产又是发展社会生产和劳动者本人的自由个性的必要条件。"马克思在《资本论》第 3 卷中也多次重复了这一说法。而且,马克思恩格斯对资本主义私有制的否定并没有指向国有

① 参见韩立新"关于'个人所有制'解释的几个问题",载于《马克思主义与现实》,2009年第 2 期。

化,社会所有制并不等于国有化,为此,马克思恩格斯还深刻地批判揭露了国家所有制不仅解决不了资本主义的矛盾,反而会使国家蜕变为新的总资本家,将人与人之间的剥削推上顶点。这种认识和第二章所述的马克思恩格斯对国家本质及其作用的深刻洞悉以及"国家消亡论"是相符的。

可见,在认可并保留私领域,使其免受公领域的侵犯的所有制问题上,马克思经济学和奥地利学派经济学并无根本分歧,和奥地利学派一样,马克思恩格斯也深刻认识到了国家所有制可能造成的政府对个人自由和权利的干涉侵犯,并由此带来的更严重的剥削和不平等的问题。这和马克思经济学与奥地利学派经济学都赞同消极自由是相应的。唯一不同的是,由于对市场秩序及其交换过程的解读不同,马克思因秉持理性主义而认为社会化大生产应该是有计划进行的,所以提出了生产资料共同占有的设想。而且遗憾的是,恩格斯虽然说明国家在废除之前做的最后一件事就是将生产资料收归国有,但他和马克思却对国家如何废除、国家废除后如何真正实现人人共同占有,个人所有制的具体内涵如何,怎样重建个人所有制,怎样消除"共同占有"和"个人所有"之间的张力等进一步的重大问题没有具体阐述,留下了巨大的理论空白。正是这样的理论空白,使马克思尚未建立起完整的所有制理论,未能系统地论证所有制背后的一个本质问题,亦即个人自由、市场效率、社会平等与国家权力之间的关系问题。

第五章

反思、批判与启示

一、市场、权力与理性主义

通观三大经济学派对效率、平等及其中的国家作用的理解,我们可以发现,对市场运作机制的不同认知是造成三者不同解读的重要前提,因为,只有在认识市场的运作条件、过程,并对其所造成的第一次分配的结果进行分析评价的基础上,才能进入到效率与平等的评判问题,从而引入对国家权力在其中所发挥作用的思考。由此,进一步发掘,我们可以看到,决定三者对市场机制不同认知的根源又在于认识论,因而,有限理性和理性主义的分歧在这里再次凸显出来,并成为决定着对市场与权力产生不同认知的重要根源。

如前所述,奥地利学派继承了古典经济学传统中的一个精髓,亦即关于有限理性的认识,这种认识被哈耶克称为进化理性主义。哈耶克认为,一种正确的认识论立场是衡量一种社会科学理论成立与否的不可或缺的条件。在他看来,社会科学领域存在着两条理性主义纲领:一是进化理性主义,二是建构理性主义。进化理性主义包含着以下几条原则:第一,采取完整或集中形式的知识总体是不存在的,知识总是"以分散的、不完全的、有时甚至是彼此冲突的信念的形式散存于个人之间的"[1]。第二,除了理性知识以外,"我们的习惯及技术、我们的偏好和态度、我们的工具以及我们的制度,在这

---

[1]　哈耶克《自由秩序原理》(上),生活·读书·新知三联书店,1997,第22页。

个意义上讲，都是我们对过去经验的调适"①，它们构成了与理性知识相对应的另一类重要知识。这类知识是累积性的经验产物，它们为理性认识活动的发生提供了特定的框架。第三，理性认识本身处在不断进化的过程中，社会科学理论并不是关于社会发展过程中某种规律的总结或发现，而只是关于客观世界某种自然秩序的主观重构过程，必然是一个不断证伪的过程，不存在永恒的绝对真理。而建构理性主义则给出了相反的论断："这种观点……宣布，适用于历史的观念，也适用于未来的纲领，对自己的行为了如指掌的人类，应当运用理性所赋予的设计能力，按部就班地创造一种文明"。建构理性主义这一思想传统在培根、霍布斯和笛卡儿那里滥觞，其后经过卢梭、黑格尔、马克思等人的大力发展，最终在哲学和法律实证主义者那里达到顶峰。②

对于有限理性的认知或者进化理性主义，是古典经济学传统的一个核心理念，它支撑着古典经济学对市场过程和价格体系的认知，也正是在这一认知下，亚当·斯密才将18世纪霍布斯、孟德维尔、洛克、休谟等人的思想集大成，论证了一个不仅会使私利达成公益，而且以保有个人自由为特点的制度（哈耶克将其称为"伟大社会"）的存在。斯密在《道德情操论》和《国富论》中所创建的理论体系，是18世纪古典政治经济学的巅峰，其最大的成就正如布坎南曾评价的："18世纪的贡献是建造一座桥梁，一端搭在经济人上，另一端搭在'社会福利'或'集体利益'上。"③

斯密虽然没有正式提出"经济人"这个说法，但以"自利"（self-interest）或者"自爱"（self-love）为核心特征的经济人分析是从他开始的。在本书中，应该特别指出的是，斯密所指的"经济人"与当今新古典主流经济学中精确计算成本最小化、利益最大化的"理性经济人"有很大的差别，后者其实在继承前者的基础上已经产生了嬗变。④ 斯密在其分析体系中，只是对经济人的自利做出了本质性描述，而并没有进一步探讨经济人如何理性地实现自

① 哈耶克《自由秩序原理》（上），生活·读书·新知三联书店，1997，第24页。
② 哈耶克"理性主义的类型"，参见《经济、科学与政治》，江苏人民出版社，2000。
③ 布坎南《自由、市场和国家》，北京经济学院出版社，1988，第32页。
④ 具体可参见拙文《亦论经济人与社会秩序》，载于《现代财经》2009年第11期。

利,如果就此认为斯密在这方面是粗糙的,那将是一个极大的误解。可以说,斯密这么做是有意为之的,因为他对人的理性持有谨慎和怀疑的态度。他指出,"虽然人类天然地被赋予一种追求社会幸福和保护社会的欲望,但是造物主并没有委托人类的理性去发现运用一定的惩罚是达到上述目的的合适手段,而是赋予了人类一种本能直觉……"[1]即使是导致生产力增进的伟大动力——劳动分工,斯密也不认为它是人类理性选择的结果,而是人类独有的交换倾向的结果。[2] 在斯密看来,个人的理性常常受到冲动和偏见的干扰,使私利达成公益从而获得繁荣进步的理性,并不是来自个人,而是来自作为交换的市场过程,这从斯密一段关于罗马帝国崩溃后欧洲土地改良进而获得繁荣进步的精彩历史分析便可看出。斯密指出,虽然土地改良是所有公共利益中最大的利益,但当时土地大领主、奴隶、农民受限于各种因素,均无改良土地的动机,反而是随着都市的勃兴、工商业日趋发达、市场交换的扩大,大领主才为了用更多的土地剩余产物从商人工匠那里交换各种奢侈品,而放弃自身在领土上的传统权威,这不仅衍生出长期租地权,使土地改良成为可能,而且避免了大领主干涉法律的正常执行,使乡村和城市一样设立了正常的政府,秩序、自由和繁荣就这样被建立起来了。斯密指出:对于公众幸福,这真是一场极为重要的革命,但完成这种革命的,却是两个全然不顾公众幸福的阶级。满足最幼稚的虚荣心,是大领主的唯一动机。至于商人工匠,虽不像那样可笑,但他们也只为一己的利益行事,他们所求的,只是到一个可赚钱的地方去赚钱。大领主的痴愚、商人工匠的勤劳,终于把这次革命逐渐完成了,但他们对于这次革命,却既不了解,也未预见。[3]

那么,只有有限理性而且有追求自利的个人最后却能达成公益的奥秘在哪里呢?这就是斯密在《道德情操论》里论证的正义的法则及其司法体系,以及在《国富论》里论证的"看不见的手"——市场机制。

首先,面对市场经济的勃兴,斯密提出了一种"正义"的美德,"在极大多数情况下,正义只是一种消极的美德,它仅仅阻止我们去伤害周围的邻人。

---

① 亚当·斯密《道德情操论》,商务印书馆,2003,第 95 页。
② 亚当·斯密《国民财富的性质和原因的研究》,商务印书馆,1997,第 12 页。
③ 同上,第 349 - 382 页。

一个仅仅不去侵犯邻居的人身、财产或名誉的人,确实只具有一丁点实际优点。然而,他却履行了特别称为正义的全部法则,并做到了地位同他相等的人们可能适当地强迫他去做、或者他们因为他不去做而可能给予惩罚的一切事情。"①当然,正义的道德准则还必须得到强有力的支持,这就是正义的司法体系。斯密指出,"最神圣的正义法律就是那些保护我们邻居的收获和人身安全的法律;其次是保护个人财产和所有权的法律;最后是那些保护所谓个人权利或别人允诺归还他的东西的法律。"正义的美德和相应的司法体系是维持社会秩序必不可少的根基。"社会不可能存在于那些老是相互损伤和伤害的人中间。……与其说仁慈是社会存在的基础,还不如说正义是这种基础。② 在 18 世纪的苏格兰启蒙运动中,霍布斯、孟德维尔、休谟等人都为个人利益进行了正名,使个人利益成为被解放的普罗米修斯。但唯有斯密通过树立一种符合商业社会运转的新道德——"正义",从而为如何使私利达成公益提供了一种制度性框架。通过对"正义"的定义和描述,斯密其实已经把市场经济勃兴以前的传统"道德"做出了重新阐释,亦即,不再只有牺牲自己成全他人才称其为"美德",在追求个人利益的同时不损害他人利益,这也是一种称之为"正义"的美德,而与这种美德相对应的"正义"法律则是支撑整个市场经济运转和维护社会秩序的支柱。

接着,在这样的制度框架下,斯密才阐发论证了一个以自由竞争为核心特征的市场经济是如何运作的,价格是如何形成的,每个人追求个人利益的行为如何促成了公共利益的增长。由此,斯密才提出他的著名论断,即市场可以像一只看不见的手一样运作,甚至在人们无意为他人服务的情况下,也能促使他们生产其他社会成员需要的物品,这就是自利能够创造有利于社会的成果,即使人们并不相亲相爱,商业社会也能繁荣的原因。

因此,对自由竞争机制促使私利达成公益的发现,使斯密特别强调自由,因为确保竞争能够调节供求、从而使商品价格趋于自然价格的关键因素就是"自由"——个人转移资本的自由、劳动力随意改换工作的自由。正是出于对自由的关心,斯密才严厉地抨击了重商主义政策和政府限制行业竞

---

① 亚当·斯密《道德情操论》,商务印书馆,2003,第 100 页。
② 同上,第 102 - 106 页。

争人数、阻碍劳动及资本由自由流动等无效率作为,并尤其反对损害竞争的垄断或独占。基于此,斯密提出了非常鲜明的制度性见解,即主张一种自由竞争的市场制度,亦即"每一个人,只要不违反正义之法,便任其完全自由,依自己的方法,追求自己的利益,以其劳动及资本与任何其他人或任何阶级加入竞争",按照天赋自由的制度,政府的责任就在于保护社会,不受其他独立社会的迫害和侵犯;建立严正法律体系保护社会各成员不受其他成员的不公正和压迫;以及提供公共产品,等等。①

可见,对有限理性的认知是古典经济学得以洞察市场运作机制,从而认识和规定政府作用的重大根源。在古典经济学的这一理论体系中,市场是演化形成而非人类刻意设计的产物,理性来自于市场交换过程和自由竞争过程中人与人之间的相互作用、相互纠错,而并不存在与某个单个的个人或集体。从前文所述的奥地利学派的思想体系中,我们可以看到奥地利学派充分地继承并发扬了这一有限理性的认知传统,不论是建立在主观效用价值论基础上的知识分工理论,还是其独特的商业周期理论,都进一步论证了"看不见的手"的原理,市场经济并不要求大多数或所有参与市场过程的人都是理性的,唯有通过竞争,能够为个人带来优势的理性行为才会逐渐发展,并经由人们的模仿得到普及。因此,理性并不是竞争得以有效展开的必要条件,而恰恰是竞争的过程或者允许竞争的各种传统产生了理性行为。奥地利学派补充完善了古典经济学对市场运作机制、市场效率以及相应的政府应扮演的角色的认知,正是在其对市场自发秩序的理解基础上,他们才主张必须对一切强制性权力或排他性权力都施以严格的限制,坚决反对政府或任何个人以全知全能的姿态凌驾于市场之上或者甚至实行计划经济。正如哈耶克毕生呼吁的,人类应持一种有限理性的认识,应对自生自发的社会过程保持一种谦卑的态度,不知道的是不能计划的,否则,就是致命的自负。

更为重要的是,从斯密传承至奥地利学派的这一认知传统,清晰地表明了一个关键的信息:寻求自身目标的个人,其对自然自由的追求将"无形地"

---

① 亚当·斯密《国民财富的性质和原因的研究》,商务印书馆,1997。

推进共同的善或所有个体的目标。这意味着,必须服务于整体社会利益的道德或良心,恰恰是"文明个体的自身利益",而非另一更高类型的"社会"道德。个人确实自私地行动,但在总体上,他们的行为并没有得出一个自私的结果,无意识的、不为他们所预见的行为结果,将获得全方位可达到的最适合状态。换句话说,借助真实的人性,理性、道德、公正能在暗地里最佳运作,而人为社会制度——似乎竭力将理性和道德带出水面,竭力把它抬高到自然之上,刻意促进共同的善——的骚扰,却只能带来伤害和破坏。我们可以把这视为支撑古典经济学及其传承者奥地利学派在对待市场与国家权力问题上的一个核心理念,正是这一理念使古典经济学和奥地利学派始终如一地坚持自由市场,从不将国家干预视为增进市场效率、改进分配结果实现平等的可行手段,所以,即使没有像布坎南的新政治经济学那样去分析考虑政府本身是"经济人"还是"道德人"的问题,这一理念也足以使他们对国家权力及其干预保持着高度的怀疑和批判精神。也正是基于这一理念,奥地利学派与凯恩斯经济学和马克思经济学产生了根本的分歧。

由于理性在漫长的中世纪被压抑得太久太甚,近代的理性以一种极端的方式爆发出来,理性被无限拔高和夸大,唯理主义由是而生,正是在唯理主义的强烈推动下,法律和社会关系被认为可以建构,也因此,这一理性主义传统被哈耶克称为建构理性主义。笛卡尔是唯理主义的代表性阐述者,他的名言就是"我思故我在",对世界采取一种超验的客观主义态度。他从"我思"发出,通过上帝这个绝对中介推论出客观物质世界的存在,并且这种客观真理对世界本身是自在的,对理性是有效的,对一切经验事物是必然的。在笛卡尔看来,数学是人类理性的最完美体现,代表理性的数学是一切知识的典范,而一切知识作为客观真理在本质上也必然是数学的:人类理性内在地赋有认识能力,这种认识能力产生出数学式的思维逻辑,并按照这种逻辑去认识经验对象。可以说,笛卡尔的理性是数学化的理性,他甚至认为以下的方法是万能的:第一,把任何问题转化为数学问题;第二,把任何数学问题转化为代数问题;第三,把任何代数问题归结为解方程。① 笛卡尔对理

---

① 参见徐利治等编著《数学方法论教程》,江苏教育出版社,1992,第10页。

性的无限推崇,他的运用数学方法即演绎推理法去认识真理,发展真理,区分正确与谬误,对事物做出正确判断,他的哲学中的唯物主义部分以及他在数学、自然科学上的重大发现和创造性的活动,对整个欧洲产生了重大的影响,在他之后,可以说欧洲大陆的理性主义就是他的唯理论余波的荡漾。

19世纪的欧洲大陆基本上是理性主义的王国,循着这种理性的传统,乔姆斯基、皮亚杰,包括英美的哲学家和教育家们,从各自的信念出发,发展了理性主义,其中最重要的是科学主义的发展,亦即把自然科学奉为哲学的标准,自觉或不自觉地把自然科学的方法论和研究成果简单地推论到社会生活中来,并确信它能解决一切问题。马克思的理性思想正是在这一时期产生和形成的。马克思虽然较少奢谈理性,但其完整的科学体系体现了理性的根本精神,这便是对物质世界、人类社会乃至于人类思维的客观规律的坚定信念,和对人类思维至上性的坚定信念。辩证唯物主义和历史唯物主义就是从自然界和人类社会的历史中抽象出来的客观规律,它代表着事物的发展的必然性和确定不移的趋势。在马克思看来,人类的思维,按其本性、能力和可能性来说,是能够把握客观规律的,这就是思维的至上性。马克思虽然以对欧洲近代理性主义的批判知名,但他批判的要点不在于消解这种无限的理性,而在于要求把这种理性付诸于实践来改变世界,正如他的名言"哲学家们只是用不同的方式解释世界,而问题在于改变世界。"在把理性付诸实践的基础上,实践成为检验信念和理论的试金石,这样才真正有益于真理的发现,才能真正走出主观的圈子。因此,在这一意义上,马克思实际上保持着对理性的最坚定彻底的信念。他虽然并不把"理性"挂在嘴边,但却以其彻底的唯物主义和可知论坚持了客观理性与主观理性相统一的信念,是理性的真正捍卫者。

应该说,理性主义对于解放和张扬人的个性和价值具有重大的时代意义。在近代理性主义勃兴之前,中世纪是一个禁锢理性的时代,人的理性被上帝褫夺并异化成了上帝的理性,上帝成了真善美的化身和宇宙的本体,而人则由于被褫夺了理性,成了仅仅拥有感性原欲的动物而被放在理性神学的祭坛上煎烤。房龙把中世纪称为"一座包罗万象的精神和智力的监狱",马克思则称它为"精神动物的王国"。因此,重新宣告和张扬人的理性,对于促进人的解放,使人以自身为主体去认识和征服世界的重要意义不言而喻。然而,凡事都过犹不及、利弊相伴,将人的理性无限推崇扩张,过于放大人的理性能力,是不是就在从上帝那里夺回被褫夺的理性的同时而在不知不觉中让自己扮演了全知全能的上帝了呢?

理性主义延伸到经济领域,对经济学的发展演变产生了重大的影响。就市场经济而言,毫无疑问,它是人类历史演化到一定阶段而出现的产物,而不是人为创造设计的产物。从斯密到奥地利学派,古典经济学传统较为成功地论证了每个市场主体虽然是以"无知"(有限理性)和自利的面目出现在市场过程中的,但其相互交换的结果却达成了一个能井然有序地实现公共利益的社会秩序。可以说,古典经济学和奥地利学派经济学提出的"自由放任"主张,洋溢着的是对市场这一非人格化过程的充分信任。然而,理性主义的盛行很快改变了这一认知传统,人们在分析总结市场运行规律方面取得进步的同时,越来越倾向于从必然性、普遍性和可预测性的角度去控制和计划市场,并且寄希望于某种高于市场的理性组织来实施对市场的计划和控制。早在马克思之前,圣西门就作为梦想家和计划者合二为一的"理性主义者"强调推动财富创造的社会组织。他在大量的小册子和文章中提出了一种令人激动的历史理论,指出 19 世纪是"批判的"18 世纪之后新的"组织的时代",面临着科学的社会建构这种任务。如同在中世纪的欧洲那样,新社会将由"精神的"和"世俗的"领导人来管理,一个"牛顿委员会"应该管理从梵蒂冈和利用所有人类资源到征服自然和创造普遍幸福的物质条件等问题,圣西门的这些计划管理的社会构想成为了马克思社会主义理论的一个重要源头。① 如前文所述,市场这一非人格化过程被马克思描述成"盲目的"、"无政府的状态","在现代社会中,在以个人交换为基础的工业中,生产的无政府状态是灾难丛生的根源",由此,马克思提出了计划调节的思想。虽然马克思出于对国家本质及其作用的深刻洞察而没有将计划调节的任务交予国家,但他确实是构想了一个由一群通晓整个生产系统的"全新的人"组成的组织来进行管理。

----

① 具体分析可参见伯尔基《马克思主义的起源》,华东师范大学出版社,2007,第 114 – 117 页。

不仅仅是对于马克思经济学，直到 1970 年代以前，理性主义在整个经济学理论界中都一直发挥着重大的影响。可以说，凯恩斯主义理论也是这一趋势下的一个产物。虽然凯恩斯的《通论》创造性地提出了人的非理性——"动物精神"，但他对政府干预所应具备的相机抉择的理性却是理性主义的，这一点也是凯恩斯主义的后继者所着重继承发扬的。1930 年代的经济大萧条，使恐慌中的人们迅速放弃了对自由市场的信仰，凯恩斯对国家干预的主张赢得了普遍的赞同。如前所述，凯恩斯的国家干预理论的隐含前提就是假设政府是由精英分子组成的"道德人"，不仅以社会福利最大化为目标，而且具有高于市场的理性。凯恩斯主义缺乏对国家本质及其作用的深入思考，而不假思索地赋予政府相机抉择、干预市场的权力，这一思维虽然被后来的公共选择理论等证明是错误甚至幼稚的，但它却经由萨缪尔森等人的新古典综合派的发展，浸透到新古典主流经济学当中。实际上，也正是因为秉持"理性经济人""完全信息"等理性主义的假设，新古典在解决市场秩序和政府干预的问题上造成了很大的自我干扰和内在矛盾。早在 20 世纪 20、30 年代，在米塞斯、哈耶克与兰格、迪金森、泰勒等人关于中央计划的经济核算的著名论战中，兰格、迪金森、泰勒等人便根据新古典的均衡理论，提出政府如果掌握了完全信息，同样可以通过模仿竞争机制和"试错"方法来发现均衡价格从而达到有效率的资源配置。虽然在几十年后，苏联与东欧的中央计划经济失败证明了他们的说法是站不住脚的，但在论战当时，他们的说法至少在理论上是可行的。

因此，从本书的角度而言，可以说，理性主义的扩张是导致马克思经济学和凯恩斯主义经济学在认识市场与权力问题上与古典经济学和奥地利学派经济学产生分歧的一个重要的认识论根源，18 世纪以亚当·斯密的学说为代表的伟大发现，亦即"看不见的手"这一非人格化的机制如何使众多分散的私利最终达成共同的公益，在奥地利学派那里得到了继承和发扬，但在凯恩斯经济学和马克思经济学那里却被质疑甚至否定，并由此转向了政府干预或计划调节，他们在本质上认为存在一个人格化的机制高于市场这一非人格化机制。

直到 1970 年代以滞胀为特点的经济危机爆发以后，随着对凯恩斯主义的质疑和反思,以及提倡自由市场经济的众多学派的兴起,人们才又开始重新认识市场过程,并反思理性主义。除了对凯恩斯主义进行批判以外,马克思经济学中理性主义也受到了批判和反思。美国学者 Allan Megill 在他的《理性的负担——马克思为什么拒绝政治和市场》一书中认为:马克思在关于未来社会的设想中之所以排除了"政治"和"市场",是由于马克思的理性主义的方法无法处理"市场"和"政治"现象中的偶然性、不可预测性使然。Allan 认为,除了唯物主义的立场外,马克思的理性主义的特点还在于着力探索研究对象中的普遍性、必然性、可预测性和通过事物内部矛盾来理解事物的发展,这就极大地限制了马克思充分认识到市场和政治的本质特点之一就是不确定性。在这里,他所说的"政治"是指人们通过协调、协商和让步来决定如何组织他们的生活,而"市场"是指通过买卖来交换属于自己的物品。Allan 认为市场 = 私有财产,既然马克思关于未来社会的设想中拒绝了市场,那么也就拒绝了私有财产。①

英国学者伯尔基则指出,马克思主义确实在自信的现代社会科学大环境中成熟,在"明晰"地呈现和解释人类行为、社会所有制及结构的同时,也含着部分自信武断的科学主义要素。然而,现如今,人类对自然理解日益复杂化这一势头更倾向于带有一种缓和了的信心和一种增长着的敬畏感乃至神秘感。知识的增长没有一个可预见的"终点",新进步和新发现总是不断地带出新问题和新的未知层面。那么,这种更为成熟的关于人类知识的本性的概念与马克思主义的诉求、有效性及理性力量有什么区别呢? 那就是,从整体上来说,随着 19 世纪应用于自然科学中的确定性和乐观主义的风气逐渐褪去,马克思主义在这一新的氛围中也正变得越来越易受攻击和暴露。当然,马克思主义并不径直意味着是一种自然科学,并不全然依赖于任何一种特殊的自然科学典范(如牛顿物理学、达尔文生物学),在这一点上,马克思主义当然能做到灵活变通。事实上,自 20 世纪中叶以来,已经有很多杰出的思想家做出一连串的努力,以对马克思主义观点里面过分简单化的科学

---

① Allan Megill, *The burden of reason（why Marx rejected Politics and market）*, Rowman & Littlefield Publisers Inc, 2002.

乐观主义进行合理的阐释。①

应该指出,对马克思主义理论的这种重新修正,其实也反映了当代人们对市场经济的复杂性有了更成熟的体认。进入 21 世纪,尤其是反复经历了几次全球性经济危机和政府干预无效之后,市场经济的复杂性重新引起了人们的敬畏和反思。正如当代学者指出的,市场经济不仅具有自然界非设计的开放系统的所有复杂性,而且其属人性使它比其他自组织系统生成出更多维数,因而变得更复杂,这种复杂性至少可以体现在理性控制之维生成的复杂性、价值选择之维生成的复杂性,以及工具创新之维生成的复杂性等方面。个人能力和潜力的无限差异,分散知识的无限多样,符号及其意义组合的无限可能,知识增长的无限开放,加上它们在市场经济这个开放系统中相互组合而形成创新的无限前景,都不能不使市场经济的复杂性远远超过其他自组织系统。② 的确,现在是我们应该检讨理性的狂妄,重新认识市场经济的复杂性的时候了。

可见,从三大学派的理论歧异来看,在处理市场与权力的问题上之所以产生不同的看法,一个根本的认识论根源就在于理性主义。因此,要在当今时代汲取三大学派甚至更多学派的思想精华,以思考和处理现时的效率、平等及其中的国家作用问题,我们必须正本清源,从认识论根源上正面理性主义,只有冷静客观地看待人类自身的理性能力,并对人类理性目前为止尚未能完全理解的充满着各种不确定性的自发秩序保持一种尊重和谦卑,我们才能避免致命的自负和理性的狂妄,并同时找到认识和建构世界应有的自信。

二、非理性与国家的作用

如果我们把视野进一步放宽到哲学领域,尤其是借助非理性主义和后现代思潮,那就可以从一个更高的角度俯瞰和评判三大学派关于人性、市场和权力的理解。在此之前,我们有必要先具体地描述和理解凯恩斯在《通论》中创造性提出的但一直被后人忽略直到近年来才被浓墨重彩重新挖掘

---

① 伯尔基《马克思主义的起源》,华东师范大学出版社,2007,第36、37 页。

② 王晓林:"论市场经济的复杂性",《经济学家》2007 年 3 月。

阐发的"动物精神"。

(一)"动物精神"与国家干预

如上所述,不论是马克思的理性主义还是奥地利学派的有限理性主张,都未对人的非理性进行深入探讨。而凯恩斯的理论经由其继承者以及新古典主流经济学的发展,政府在完全理性和道德人的默认假设下进行总需求的刺激成为了难以置疑的事实。但实际上,凯恩斯本人在《通论》中赋予政府干预合法性的最重要依据却是人的非理性,这种非理性被凯恩斯称为动物精神(animal spirit)。凯恩斯在《通论》第十二章中首次对其进行了较为详细的解释,他指出,人们的行为不仅仅受理性指导,也受其动物精神影响。他指出,用于对不确定的未来进行收益估计的知识基础没有多大的意义,甚至毫无意义;但若如此,人们如何决定要修一条铁路、开发一座铜矿、创办一家纺织厂……呢? 这样的决策只能"被看作是动物精神使然",它们来自于人们"想要采取行动的冲动",而并非理性经济学所指示的是按照"收益乘以其概率的加权平均值"为根据的。

凯恩斯指出,影响投资量大小的两个因素是:资本边际效率和信心状态,其中,信心状态是决定前者的主要因素之一。然而,"对于信心状态,仅凭理论上的推想是没有多大意义的,它主要取决于对现实市场和商业心理的考察。突出的客观事实是,我们对未来收益进行估计时所依据的知识是极端靠不住的。我们通常对决定投资项目在几年后的收益的各种因素了解很少,并且往往根本缺乏了解……企业家所进行的是一场技能和运气兼而有之的游戏,终局之后,参与者无从得知投资的平均所得为多少。如果人类的本性不受投机的诱惑,也不从建造工厂、铁路、矿井和农庄中取得乐趣(除了取得的利润之外),那么,仅凭冷酷的计算,可能不会有大量的投资……市场的波动常常为乐观情绪或悲观情绪的浪潮所支配,这种浪潮是盲目的,并不存在用理性进行考虑的坚实基础。即使有一些知识和判断力超越一般投资者之上的专业投资者,但他们的大部分精力和时间不是用于判断一项投资真正的未来价值,而是用于预测在群众心理的影响下这项投资在未来值多少钱,以便'起跑在枪响之前',在斗智中胜过群众,从而把坏的和被磨损了的钱币脱手给他人。……在现代的投资市场上,持续根据他自己所能做出的最优的真正长期预期来进行投资的人的影响大大缩小,根据真正的长期预期进行投资已经困难到很难成为现实的程度。那些企图这样做的人肯定要比那些试图以超过群众的精确程度来猜测群众的行为的人花费远为更多的精力并且会冒更大的风险。"

除了一般投资者的信心状态以外,凯恩斯也分析了放款机构对向它借款的人的信心,有时也被称为信用状态,这也相当重要。"信心和信用状态二者中的任何一个低迷不振便足以导致股票价格的崩溃,从而给资本边际效率带来灾难性的后果。虽然只要二者中的任何一个低迷不振就足以造成经济崩溃,然而经济复苏却要求二者同时上扬。因为,信用的衰微足以造成经济崩溃,但是,它的加强却仅仅是经济复苏的必要条件,而不是充分条件。"

除了投机所造成的经济上的不稳定性以外,凯恩斯认为人类本性的特点也会造成不稳定性,"因为我们积极行动的很大一部分系来源于自发的乐观情绪,而不取决于对前景的数学期望值,不论乐观情绪是否出自伦理、苦乐还是经济上的考虑。对于要在长期以后才能见到结果的积极行动,我们大多数决策很可能起源于动物的本能———一种自发的从事行动、而不是无所事事的冲动;它不是用利益的数量乘以概率后而得到的加权平均数所导致的后果。……事实上,根据对将来的收益加以精确计算后而做出的经营活动只不过比南极探险的根据稍多一些。因此,如果动物的本能有所减弱而自发的乐观精神又萎靡不振,以致使我们只能以数学期望值作为从事经营的根据时,那么,企业便会萎缩和衰亡……只有当合理的计算结果由于动物本能而得到加强和支持时,个人主动性才会大到能兴办企业的地步。在个人主动性得到动物本能的加强和支持下,那种往往使创业者意志消沉而为经验所表明的最终要失败的想法会被放在一边,正如健康的人把对死亡的预期放在一边一样。上述情况不仅会加深萧条和危机的程度,而且还使经济繁荣高度依赖于对一般工商业者合适的政治和社会气氛。……我们不能据此而得出结论,认为一切都取决于非理性的心理浪潮。恰恰相反,长期预期状态往往是稳定的,而且,当它不稳定时,其他因素会施加补偿性的影响。我们不过是在这里提醒我们自己:不论在个人事务、还是在政治和经济问题中,影响着将来的个人决策都不可能单纯取决于精确的数学期望值,因为,进行这种计算的基础并不存在。推动社会的车轮运行的正是我们内在的进行活动的冲动,而我们的理智则在我们能力所及的范围内,在能计算的时候,加以计算,以便做出最好的选择;但以动机而论,我们的理智却往往退回到依赖于我们的兴致、感情和机缘的地步。"

正是基于上述对人的非理性引起的市场起伏与经济波动的认知,凯恩斯才提出政府运用货币政策尤其是财政政策来熨平波动是相当必要且重要的。"在充分顾及到长期预期状态在短期内改变的影响的重要性之后,我们仍然有理由把利息率当作至少在正常条件下能影响投资的重大因素,虽然并不是决定性的因素……我对仅仅用货币政策来控制利息率的成功程度有些怀疑。我希望看到的是:处于能够根据一般的社会效益来计算出长期资本边际效率的地位的国家机关承担起更大的责任来直接进行投资,因为,根据上面已经加以论述的原则来计算出的各种资本边际效率的市场估计值似乎很可能具有过分大的波动,以致利息率任何能实现的改变都不足以抵消这种波动。"①

动物精神是凯恩斯理论的基础,也是解释大萧条的一个核心概念,凯恩斯正是在这一基础上分析了经济波动从而引入国家干预的主张。虽然凯恩斯主义将政府潜在地置于理性假设之下,但他并不将市场投资者假定为完全理性的经济人,而是突破性和创造性地在经济分析中提出了人的非理性和动物精神这一核心概念。但遗憾的是,当今的新古典主流经济学,却在融合凯恩斯宏观分析的发展过程中将这一重要的思想基础遗忘或抛弃了,新古典理论体系中的经济人和政府均以完全理性为基本假设。

所幸的是,诺贝尔奖得主阿克洛夫及非理性金融研究的先驱席勒对凯恩斯理论做出了重要发展,其合著的《动物精神》将凯恩斯在《通论》中关于人们在市场决策中表现出来的动物本能和冲动做出了更加深入和系统的阐述发挥。"动物精神"这一术语在古拉丁文和中世纪拉丁文中被写成 spiritus animalis,其中 animal 一词的意思是"和心智有关的"或"有活力的",它指的

---

①　以上引文均出于凯恩斯《就业、利息和货币通论》(重译本),商务印书馆,1999,第12章。

是一种基本的精神力量和生命力。在现代经济学中,动物精神的含义略有不同。作为一个经济学术语,它指的是人类经济决策的非理性,是导致经济动荡不安和反复无常的元素;它还用来描述人类与模糊性或不确定性之间的关系。有时候,我们被它麻痹;有时候,它又赋予我们能量,使我们振作,进而克服恐惧和优柔寡断。阿克洛夫和席勒分析了动物精神的五类具体表现:信心是否充足、公平感、腐败和欺诈、货币幻觉以及作为人们参照物的"故事"等。他们指出,正如亚当·斯密的"看不见的手"是古典经济学的基本原理一样,凯恩斯的动物精神是换个角度观察经济的关键,这一新角度解释了资本主义潜在的不稳定性。人类的经济决策并非主流经济学理论假设的那般理性和简单,其复杂的心理因素才是整体经济动荡不安的根源。

通过综合经济学与心理学的分析,阿克洛夫和席勒抛开人类经济决策源于理性经济动机的假设,将信心、公平感、腐败和欺诈、货币幻觉以及作为人们生活参照物的"故事"等心理因素置于宏观经济学的前沿和核心,试图建构一套动物精神理论来解释宏观经济现象和经济的真实运行原理,并初步阐释了为什么经济会陷入萧条、为什么中央银行迄今为止有控制经济的权力、如何应对美国 2008 年以来的金融危机、为什么有人找不到工作、为什么从长期看通胀和失业此消彼长、为什么将来储蓄的决定如此随意、为什么金融价格和公司投资如此易变、为什么房地产市场具有周期性,以及为什么弱势的少数族裔世世代代在贫困中挣扎等八个重大的经济问题。

在较为成功地运用动物精神阐释了上述问题之后,阿克洛夫和席勒旗帜鲜明地指出传统宏观经济学走错了方向。"在宏观经济学理论中加入动物精神,对于更好地理解经济的真实运作方式非常必要。在这个意义上,过去 30 年的宏观经济学走错了方向。传统的宏观经济学家试图厘清宏观经济学并使之更加科学化,为此他们引入了研究框架和学科规范,分析当人类只有经济动机而且完全理性时的经济运行情况。如果画一个正方形,然后再把它分成 4 格,两列分别表示经济和非经济动机,两行分别表示理性和非理性反应,那么现有的模型只填充了左上角那一格。它回答的问题是:如果人们只有经济动机,而且他们都会对这些动机做出理性反应的话,经济会如何运转? 但它立刻又引出 3 个问题,分别对应另外 3 个空格:如果人们有非经济动机和理性反应,经济如何运转? 如果人们有经济动机和非理性反应,经济如何运转? 如果人们有非理性动机和非理性反应,经济又会如何运转? 我们相信,关于宏观经济如何运转以及它运转失常时我们该如何应对等最重要的问题,主要(尽管并非全部)隐藏在后3个空格中。"①

　　阿克洛夫和席勒对动物精神的阐发,不仅对传统宏观经济学的研究提出了方向性的挑战,而且再次有力地论证了政府干预的必要性和国家在经济波动中应有的作用。正如他们反复强调和指出的,这样一个充满了动物精神的世界为政府干预提供了机会。政府的角色应该是设定条件,使我们的动物精神可以创造性地发挥更大的作用。换言之,政府必须制定游戏规则。许多经济学家认为经济应该自由放任,管得最少的政府才是最好的政府,政府应该在制定规则方面发挥最少的作用。我们和这些经济学家不同,根本原因在于我们对经济有不同的认识。如果我们认为人们完全理性,而且几乎都按经济动机来行动,我们也会相信政府不应该监管金融市场,甚至不应该在决定总需求水平上发挥作用。但恰恰相反,动物精神的各个方面会推动经济朝着不同的方向运转。如果政府不进行干预,经济就会在就业和失业之间大幅摇摆,金融市场也会不时地陷入混乱。动物精神是人们行动的真实动机,经济不只是像古典主义者认为的那样,受到像"看不见的手"这种理性行动者的控制,只要有共同的经济利益,他们就会参与到交易中。凯恩斯承认,大多数经济行为源自理性的经济动机,但也有许多经济行为受动物精神的支配。人们总是有非经济方面的动机,在追求经济利益时并不总是理性的。在凯恩斯看来,这些动物精神是经济发生波动的主要原因,也是非自愿失业的主要原因。要想理解经济,就必须理解它是怎样受动物精神驱动的。也只有在思想和政策中充分重视动物精神的作用,才可能找到解决经济问题的办法。

　　值得指出的是,阿克洛夫和席勒对宏观经济学的反思和对动物精神的进一步阐发,更加凸显和细化了现实世界对政府干预应有的认真对待。他们用幸福家庭的家长角色来譬喻政府的作用。凯恩斯对动物精神如何驱动

---

① 乔治·阿克洛夫,罗伯特·席勒《动物精神》,中信出版社,2012,第206－207页。

经济的说法引入了政府角色这一话题。他认为,政府在经济中的角色非常像各种育儿指南中所定义的家长角色。一方面,指南书警告我们不要太独裁。孩子会表面上服从,但当他们到了青少年时期就会反叛;另一方面,这些书告诉我们不要太娇惯孩子。如果过于娇惯,孩子就难以学会自我约束。指南书告诉我们,恰当的育儿方式要在这两个极端之间走一条中间道路。父母的恰当做法是设定限制,这样孩子就不会过度放纵他们的动物精神,但这些限制还要给孩子留有独立学习和发挥创造力的空间。父母的任务是营造一个幸福的家庭,给孩子自由,同时保护孩子免受动物精神的支配。这个幸福的家庭正好对应于凯恩斯(也是我们)关于政府恰当作用的定位。正如古典经济学所证明的那样,资本主义社会拥有极大的创造力,政府应该尽可能少地干预这种创造力。另一方面,若是听之任之,资本主义经济就会出现过剩的问题,现在就已经出现了这种情况。它还会导致经济狂热,随之而来的便是恐慌和失业问题。大家会过度消费而几乎不储蓄。少数族群则在糟糕的境遇中饱受煎熬。房价、股价甚至石油价格暴涨,然后暴跌。正如育儿指南书中提到的父母的恰当角色一样,政府的恰当作用是搭建平台。这个平台应当让资本主义的创造力完全释放,但也要能够制约由我们的动物精神引起的极端行为。

阿克洛夫和席勒也从学科发展的历史检讨和批判了古典经济学的不足以及主流经济学对动物精神的遗漏。"亚当·斯密关于为何有这么多人就业的观点基本正确。我们也愿意相信,在一些特定条件下,亚当·斯密关于资本主义经济优势的观点也基本正确。但是,我们认为,他的理论不能描述经济体系中为什么会存在如此多的波动,也不能解释经济为什么会像过山车一样大起大落。而且,从亚当·斯密那里得出的经验之谈,即完全不需要政府干预或少干预,也是毫无根据的。……亚当·斯密的假想实验考虑到了人们会理性地追求自身的经济利益,这无疑是正确的。但是,这一假想实验并未考虑到人们会受非经济动机的驱使,而且没有考虑到人们的非理性程度或者被误导的程度。概而言之,它忽略了动物精神。"

动物精神是凯恩斯解释大萧条的核心理念。在《通论》出版后,几乎所有的动物精神,不管是非经济动机还是非理性行为,都被他的追随者一一抹杀。他们只保留了恰能得出最小公分母理论的动物精神元素,目的是使《通论》和当时标准的古典经济学之间的学术差异最小化。……教科书式的经济学试图尽可能地最小化对纯经济动机和理性的偏离,这样做有充分的理由……人们已经充分理解亚当·斯密的经济学。把经济波动解释成对亚当·斯密所描述的理想体系的微小偏离容易让人理解,因为这样的解释符合已经被充分理解的理论框架。但是,这并不意味着,对亚当·斯密体系的微小偏离能够描述经济的真实运行情况。

古典理论并不包含动物精神,它认为人们完全按照经济动机理性地行动。这种关于经济如何运行的新古典主义经济学观点从经济学家传播到智囊团、政治精英以及公共知识分子,最后传给了大众媒体。它变成了一个政治魔咒:"我是自由市场的信奉者。"政府不应该干预人们追求自身利益的信念影响了世界各国的政策。在英国,它的表现形式是撒切尔主义,在美国则是里根主义,然后又从这两个盎格鲁-撒克逊国家传遍全世界。关于政府作用的"宽容型父母论"取代了凯恩斯主义的"幸福家庭论"。在撒切尔当选首相和里根当选总统的 30 年后,我们亲眼目睹了这种论点带来的种种麻烦。对华尔街的极端行为的绝对放纵,使其完全失去了理智。现在,全世界都不得不承受这一恶果。①

因此,阿克洛夫和席勒再次突出和重申了凯恩斯理论与其他传统经济理论相比最具有创造性的一点,即政府可以采取某些方式来抵消资本主义经济中的理性冲击和非理性冲击。而正是因为作为凯恩斯的思想遗产,政府的作用一直遭到质疑,在大萧条的经历中建立起来的保护机制逐步被破坏,人们才有必要重新理解资本主义经济的运作原理:人们不仅有理性的经济动机,还有各种各样的动物精神。

(二)理性与启蒙的谬误——非理性主义与后现代主义的拷问

追根溯源,经济学理论中对"动物精神"的提出和阐发,实际上也是哲学领域中非理性主义和后现代主义思潮的影响和体现。对经济和市场活动的系统解释归根结底离不开对人性的透彻理解,如果说从古典经济学到新古

①　以上引文与转述参见乔治·阿克洛夫,罗伯特·席勒《动物精神》,中信出版社,2012,结语。

典主流经济学都建立在人的理性这块基石上,直到凯恩斯及其部分后继者才把人的非理性层面摆到桌面上来,那么人的非理性如何体现和影响着经济和市场活动,确实就成为了当前经济学理论体系亟待弥补的另一块重大基石。为了深入理解人的非理性,我们有必要借助非理性主义和后现代主义的哲学思潮来获得高屋建瓴的洞见。

非理性主义思潮是作为对传统理性主义的一种反动而出现的。以笛卡尔、培根为肇端的近代哲学弘扬科学与理性,批判信仰与愚昧,哲学家们用理性给世界描绘了一幅和谐、统一、有序的画面,为人生编织了美好、幸福、进步的蓝图。这种理性主义实际上反映着当时资本主义反封建的经济与政治上的要求,在当时历史条件下是具有一定进步意义的。西方古典的理性主义哲学诞生了资本主义与科学,但它们同时也存在着严重的缺陷。科学(主要指自然科学)、逻辑理性似乎无法回答人的价值、人生意义、意志是否自由、上帝是否存在、灵魂是否永存这样一些所谓"形而上学问题"。康德认为在认识领域无法解决这些问题,而黑格尔又以神秘的绝对精神包容和吞没一切。黑格尔是德国理性主义思想集大成者,他将人类理性精神上升为宇宙本体精神,从而将人类理性推向极端。黑格尔认为,绝对精神是世界的本原,绝对精神具有自己运动、自己发展的能力,绝对精神的运动过程也是自我认识的过程。他的绝对理念或绝对精神,已形成了一种理性的宗教。

然而随着资本主义的不断发展,理性的图画已遮不住蕴含着动荡与不安的社会现实,20 世纪的两次世界大战以及经济危机不断周期性地暴发尤其印证了这一点,一种危机、衰落与末世的情绪弥漫于欧洲知识界,人们对资产阶级"理性王国"的梦想日渐破灭,对启蒙思想家所热情讴歌的理性主义精神也越来越失去信心。另一方面,科学也经历了革命性的巨变,爱因斯坦的相对论、黎曼 – 罗巴切夫斯基的非欧几何等的创建与发现,使旧的科学观念陷入了危机之中,机械的科学观在星云理论、进化论面前也日益显得力不从心。正是在这样的时代和社会背景下,西方各国掀起了一股强大的批判传统理性主义的浪潮,现代西方非理性主义思潮应运而生。叔本华与克尔凯郭尔对传统理性主义首先发难,他们都对黑格尔哲学进行不遗余力的批判,成为现代非理性主义的两大奠基者。在叔本华那里,统治世界秩序的不是绝对理性,而是与之相对立的盲目的无意识冲动——"意志"。随着柏格森、狄尔泰、齐美尔等为代表的生命哲学及以胡塞尔、舍勒等为代表的现象学争相登上 20 世纪初的舞台,非理性主义作为一种思潮逐渐席卷了整个欧洲大陆。

　　非理性主义是一个非常繁杂的哲学概括,在其内部有许多不同的大大小小的派别,观点也大不相同,但有一点即在对理性进行批判这一点上却是一致的。近代以来的许多哲学家,心理学家都很注重非理性因素。如叔本华和柏格森的"生命之流""生存意志"、尼采的"权力意志"、弗洛伊德的"力比多"、克尔凯郭尔的"孤独的个体"、海德格尔的"此在"等等都从不同的角度强调了人的意志、欲望、情感等非理性因素。德里达对逻各斯中心主义、本质主义、结构主义的解构;福柯对"癫狂"现象的考古,也都包含着打破理性至上的权威的涵义。借由对传统理性主义的质疑、批判和拷问,非理性主义将人的非理性一面突出展现在了日光之下和焦点之中。哲学家海德格尔认为西方的传统哲学通过理性的思考而遗忘了"存在",他借生存论的分析来追问存在的真理,从而揭示了更为"本源"的诸如人的体验、情绪、意志等非理性的因素。在《理性的衰落》中,霍克海默主张审查一下构成我们当代工业知识基础的那个理性概念,以便发现这个概念是否包含有改变其实质的缺点。霍克海默所攻击的不仅仅是理性所限定的一个时期,而且是与理性的本质无法分开的病态。根据霍克海默和阿多诺的考察,理性最初是作为神话的解毒剂而出现的,是为了解放人的,但在后来,它本身倒变成了一种新式神话,成为一种奴役人的力量。而研究存在主义的哲学大师威廉·巴雷特更指出:"研究人类的科学,特别是现代的深层心理学向我们表明,人类的理性是人这种生灵在漫长历史中的产物,而人的心理现象的根柢仍在向下延伸到原始的土壤之中。""我们认识一件事物是以不认识另外某件事物为代价的,我们不可能选择同时认识所有的事物。"①这些都表明了传统理性主义只从人的理性来解释人性是片面的。

　　不可否认,非理性主义者对理性被异化的批判和对人类生存的非理性

---

① 　威廉·巴雷特《非理性的人——存在主义哲学研究》,商务印书馆,1995,第 37 页。

状态的关注,有很大的理论意义和历史进步意义。然而,非理性主义在批判理性时并没有把异化的理性、有缺陷的理性与理性本身区分开来,而是混为一谈,并完全忽视甚至抹煞人及其生存的理性方面的内容。这样它们不可避免的滑向了虚无主义和怀疑主义的深渊。这无异于重蹈了近代西方理性主义为了张扬人的理性而将人的非理性置于黑暗之中的覆辙。非理性主义用意志、生命、体验等非理性因素取代理性作为哲学的新基点,却没有彻底摆脱理性主义的阴影。另外,非理性主义仍然没有完全合理地解决近代哲学遗留下来的各种各样的问题,如思维与存在、感性与理性、理性与非理性的矛盾等等。非理性主义者仅仅把这些矛盾看作是一种简单的对立关系,而没有注意到它们之间相互的、辨证的关系,它们之间是可以相互转化的。单就这点来说,在对人性的解释上非理性主义同理性主义都犯了片面化的错误,没有能看到问题的全部。

20世纪60年代西方产生了"后现代主义"的思潮。后现代主义哲学继承了对理性非难的传统,但后现代主义认为以往对理性的责难,对非理性的肯定,所采取的仍然是理性的方式,只是把非理性的意志、情感、冲动从理性的压迫下解放出来,并想让非理性走进哲学的舞台中心。后现代主义则力图更为彻底地否定认识的确定性和客观性,否定价值的普遍性与客观性,否定历史的规律性和进步性。用否定、消解、摧毁、颠覆等功能性的因素来代替非理性的本能、意志、存在等实体性的因素,以此来瓦解理性的理论基础。后现代主义锋芒所指向的东西很多,如本质主义、基础主义、逻辑中心主义、表象主义、理性主义、人本主义、普遍主义、主观主义、绝对主义、总体主义等等。但归根结底,后现代主义反对的是启蒙哲学,在这种意义上,上述标签都属于启蒙哲学的范畴之下。

对于后现代主义,我们不能停留于表象,只用一系列带"反"字的口号来定义它,而应深入理解它之所以反对批判启蒙哲学范畴下诸多主义的真实理由。以基础主义来说,基础主义是后现代主义批判指向的首要靶子。启蒙哲学被指控为基础主义的,是因为启蒙哲学本身试图充任全部知识的基础。从洛克开始,西方现代哲学就把自己的任务确定为对知识提供证明,用康德的话说,就是证明"知识是何以可能的"。证明"知识是何以可能的"，就是揭示知识的基础。所以，自笛卡尔以来，西方哲学发生了第一次重大的转向，从以"本体论"为核心转向以"认识论"为核心，而认识论的核心则是知识论。哲学通过揭示知识的基础为知识提供了合法性，而哲学本身则因此成为全部知识的基础。在启蒙时代，不仅哲学家认为需要哲学为诸如牛顿力学这样的科学提供合法性证明，而且科学家也是这样认为的。这样，哲学在全部知识中就占有了一种至高无上的地位，在某种意义上变成了"元科学"。后现代主义反对基础主义，一方面是因为启蒙哲学无法为知识提供它许诺的那种合法性证明，另一方面是因为在启蒙哲学充任全部知识基础的企图中存在着若隐若现的霸权主义。现代哲学试图揭示知识的基础，洛克认为知识的基础是经验，休谟认为是心理的习惯，康德认为是先验的思维形式，胡塞尔认为是本质的直观，海德格尔认为是"此在"。不仅这些观点是不同的，也不仅这些观点之间是相互矛盾的，而且它们谁也说服不了谁，无法达成意见一致。从后现代主义的观点看：如果没有一种观点能够为所有哲学家所信服，那么在某一时期某一种观点占据了统治地位只能是出于霸权主义；如果哲学家们不能就知识基础问题达成一致，而又试图让哲学充当全部知识的基础，那么这只能说明哲学在利用自己的特权在知识中推行一种霸权主义。简言之，哲学无法为科学知识提供它所宣称的合法性证明，而科学知识也不需要哲学为自己提供任何合法性证明。

人本主义是后现代主义强烈反对的另一个对象。西方启蒙哲学本质上是人本主义的，几乎所有的启蒙哲学家都强调作为主体的人。从笛卡尔、洛克、休谟和康德，到黑格尔、胡塞尔和海德格尔，这条西方哲学的主线一直在拔高主体：真理依赖于主体，主体赋予世界以意义。人本主义的对立面是基督教哲学。基督教哲学的权威是神，而启蒙哲学的权威则是人。如果用一句话来描述现代主义的本质，那么我们可以借用尼采的名言：上帝死了。如果同样用一句话来表达后现代主义的本质，那么我们引用福柯的著名思想：作为主体的人死了。对于前现代主义，上帝是最高权威，用以衡量一在后现代主义看来，如果基督教哲学中的上帝是一种虚构，那么启蒙哲学中作为主体的人也同样是一种虚构。一方面，福柯指出："人仅仅是一种晚近的发明，一个还不到 200 岁的角色。"①既然作为主体的人是在一个特定历史时期(启蒙时代)产生的,那么它也会随着这个历史时期的结束而消失。这就是后现代主义所说的"主体的死亡"。另一方面,虽然作为主体的人取代上帝自立为王,但并不拥有认识论上的合法性。后现代主义认为,既不是真理依赖于主体,也不是主体赋予世界以意义,所以主体的至高无上地位只是一个神话。在福柯看来,具有讽刺意味的地方在于,人之所以能够取代上帝而拥有至高无上的地位,仅仅是因为人的"有限性"。以康德为代表的启蒙哲学主张,人只能以"人的"而不能以"非人的"方式认识世界,所以世界才对人显现为如此这般的样子。尽管这种认识方式是"人的",表示了人的有限性,但正因为如此,人关于世界的知识才具有了确定性。也就是说,真理依赖于作为主体的人。这样,只有人被发现是一种"有限的存在",作为主体的人才能够诞生,人也才能拥有至高无上的地位。人本主义认识论的荒谬也就在这里。按照福柯的说法,启蒙哲学一直沉迷于人类学的昏睡之中。质言之,人本主义的问题在于它是一种"人类中心主义"。就认识论而言,整个以康德为代表的启蒙哲学都过于强调人在认识过程中的意义,都过于强调认识结果与人的主观性的关联,都失之于缺少客观性。因此,后现代主义的核心任务就是消除作为主体的人,终结关于人的神话。

普遍主义也是后现代主义经常批判的对象。启蒙哲学是普遍主义的:在认识领域,启蒙哲学试图获得关于外在客观世界和内在主观世界的普遍真理,而这种真理在所有时代和所有地方都是普遍适用的;在实践领域,启蒙哲学希望实现普遍的人类解放,而这种人类解放意味着所有人类历史都将趋向于一个作为终极目的的自由王国。启蒙关于人类解放的思想典型地体现于康德的"普遍的人类历史观念"之中,即全人类会逐步趋向同一,世界上的所有民族最终都会接受同样的价值、信仰、制度、目标、方向和实践。促使全世界所有民族走向同一的最大力量就是现代化,而启蒙率先开启了西方的现代化进程。在这种意义上,启蒙为全世界树立了一种社会发展模式,最后要达到"天下大同"。然而,从后现代主义的观点看,既没有普遍的真

---

① Michel Foucault, The Order of Things, An Archaeology of the Human Sciences, Tavistock Publications, London, 1970, pp. xxiii, P. 387.

理,也没有普遍的人类解放。后现代主义对真理的批判依据两个主要理由:第一,自启蒙以来,真理在各种话语中占有一种优先和特权地位,其他话语必须向真理看齐,从而必然导致真理压迫弱势话语和处于少数地位的话语,这种情况被利奥塔称为"真理的白色恐怖";第二,真理和权力是纠缠在一起的,真理为权力立言,权力以真理的名义行事,权力通常产生出真理的后果,真理也通常产生出权力的后果,用福柯的说这就是"真理政治学"。如果说利奥塔用"真理的白色恐怖"来反对普遍主义的真理,那么他用"奥斯维辛"(纳粹集中营)来批判普遍主义的人类解放。利奥塔认为,人类的普遍解放是启蒙思想的一个基本信念,而将整个犹太民族从生理上加以消灭这种现代罪行则完全摧毁了人们关于人类普遍解放的信念,从而"奥斯维辛"意味着"人类解放"的终结。如果说人本主义的要害是人类中心主义,那么普遍主义的要害则是西方中心主义。启蒙以来,西方文明在全世界一直处于统治地位,而普遍主义则是西方推行其政治、经济和文化霸权的工具。换言之,普遍主义是"文化帝国主义"的另一种说法。利奥塔提倡"异教主义政治学",罗蒂宣扬"种族中心主义",福柯提出"真理政治学",所有这些都是对普遍主义及其背后的西方中心主义的批判。①

基础主义、人本主义和普遍主义并不必然就是错误的,问题在于,在启蒙哲学中,基础主义的背后隐藏着霸权主义,人本主义的背后隐藏着人类中心主义,普遍主义的背后隐藏着西方中心主义,而霸权主义、人类中心主义和西方中心主义则是错误的。在后现代主义批判中,基础主义、人本主义和普遍主义是"表",霸权主义、人类中心主义和西方中心主义是"里"。我们研究后现代主义,应该由"表"及"里",而这个"里"则能证明后现代主义批判有"理"。

后现代主义的上述思想表明了,后现代其实并不意味着一个时代,而是代表着一种思想方式。对立不是存在于"现代"与"后现代"之间,而是存在于"古典"与"现代"和"后现代"之间,在这种意义上,"现代"和"后现代"都是对"古典"的批判,都是对权威、法则和传统的挑战。但是,经过几个世纪

① 参见姚大志《后现代主义与启蒙》,载《社会科学战线》2005 年第 1 期。

之后,现代主义的批判精神已经大为衰落,今天的后现代主义继承了现代主义过去的批判精神,正如利奥塔说"一部作品只有首先是后现代的,才能是现代的","后现代性不是一个新的时代,而是对现代性自称拥有的一些特征的重写。"①所谓"重写"就是揭示在启蒙的美好理想下面所掩盖的东西,例如,"真理"这个知识理想所掩盖的主流话语所拥有的"霸权主义","解放"这个实践理想所掩盖的"奥斯维辛"。任何对启蒙的这种反省都是"重写"。福柯的考古学是对现代思想史的重写。启蒙哲学支配下的现代思想史一直是主流思想的历史,是理性话语主宰一切的历史,是人被提升为主体的历史。考古学就是"发掘"历史上被主流思想、理性话语和主体哲学所埋没的东西,就是让历史过程中那些沉默的声音讲话,让尘封的"档案"重新打开。考古学作为思想方式是对正统历史观念的颠覆,通过它,福柯使我们看到了在传统思想方式中无法看到的东西。如果我们通过理性话语对现代思想史有一种正统的了解,那么通过福柯的《疯癫与文明》,我们发现还存在另外一种未被书写的非理性历史。如果我们通过正统思想史看到的是历史的"连续性""传统""发展"和"进步",那么通过福柯的《知识考古学》,我们看到的则是历史的"非连续性""断裂""弥散""差别"和"变化"。如果我们通过启蒙哲学知道作为主体的人取代上帝占据了至高无上的位置,那么通过福柯的《事物的秩序》,我们不仅知道"人仅仅是一种晚近的发明",而且知道作为主体的人"将像海边画在沙滩上的面孔那样被抹去"。在福柯的考古学和系谱学中,"后现代"显然不是一个时代,而是一种思想方式。福柯有时也称其为"态度"或"气质"。在"何为启蒙"这篇著名文章中,福柯明确表示,不应把"现代"或"后现代"视为历史的一个时期,而应将它们看作是一种态度,这里所说的态度是指"一种思考和感觉的方式,一种行动、行为的方式"。②

　　虽然后现代主义和非理性主义思潮一样存在着矫枉过正、走向极端的缺失,但在某种意义上,两者可以说意味着近代西方理性主义思潮的终结。近代启蒙运动对理性的倡导由于走向极端而变成了对理性的迷信,理性万能由于取代了上帝的万能而导致了理性的独断。对于启蒙所怀抱的信念,

---

① 利奥塔《重写现代性》,载《后现代性与公正游戏》,上海人民出版社,1997,第 165 页。

② 福柯《福柯集》,上海远东出版社,1998,第 534 页。

当今世界的人们已经产生了怀疑,后现代主义不过是把人们的怀疑加以放大或极端化而已。但从批判精神来说,在经过几个世纪,启蒙的批判精神已大大衰落的今天,非理性主义与后现代主义的这种批判恰恰可以说是对启蒙的发扬,是启蒙批判精神的当代传人。正如在 18 世纪晚期回答"启蒙是否完成"这一问题时,康德说,启蒙还没有完成。在 20 世纪晚期探讨同一个问题时,福柯认为,启蒙迄今为止仍然没有完成,因为"我们现在仍未成年"。① 启蒙是一项未竟的事业,21 世纪的今天仍然需要启蒙,启蒙也需要它的当代传人。

(三)国家作用的再反思与三大学派的未解问题

借由哲学思潮的发展和不断反思,我们现在可以从更高更广的视野对三大学派关于国家作用的认识做出更深入的评判。

无疑,奥地利学派作为亚当·斯密古典自由主义的继承者,其思想体系也传承着启蒙哲学所张扬的理性与自由。虽然奥派一直延续了康德式的有限理性传统,并且从米塞斯、哈耶克参与的社会主义计划经济大论战,到奥派的经济周期理论,知识分工理论,乃至哈耶克反复批判的"理性的僭越"、"致命的自负"等,无一不反映着他们的这种理念和传统。然而,深入观照,我们也会发现,奥地利学派所反对的绝对理性只是以单数形式存在的理性,亦即单个人或单个机构所具有的绝对理性。如前所述,同斯密一样,奥派认为市场是演化形成而非人类刻意设计的产物,理性来自于而并不存在于某个单个的个人或集体。个人往往因为某些本能或冲动做出错误的决策,而这种错误唯有在市场交换过程和自由竞争过程中通过人与人之间的相互作用来得到纠正。市场经济并不要求大多数或所有参与市场过程的人都是理性的,唯有通过竞争,能够为个人带来优势的理性行为才会逐渐发展,并经由人们的模仿得到普及。因此,理性并不是竞争得以有效展开的必要条件,而恰恰是竞争的过程或者允许竞争的各种传统产生了理性行为。

然而,值得注意的是,奥地利学派在继承斯密这一有限理性认知传统从而阐发"看不见的手"的原理的同时,却也产生了重大的遗漏和矛盾。首先,

---

① 福柯《福柯集》,上海远东出版社,1998,第 542 页。

奥派学者已经认识到人有基于本能、冲动来做决策的一面，然而对于人的这种非理性可能导致的经济波动却采取了全然忽视的态度，而是全部交给了市场来解决。这样，人的非理性及其对经济、社会的影响，在奥派的理论体系中就被悬置起来，或者被打入了黑箱。这不能不说是受到了启蒙哲学张扬人的理性而将人的非理性隐入黑暗之中的影响。第二，至于市场何以解决众多非理性的人的相互作用、相互纠错的问题，奥地利学派尤其是哈耶克的理论一方面显示出用"自生自发秩序"或"演化"来一言以蔽之的神秘主义倾向，而且对市场这一自生自发秩序的演化最终一定导致理性的结果赋予了相当绝对的信念，这就实际上导致了一个矛盾的局面：一方面，奥派批判绝对理性、完全理性的存在，认为把个人视为完全理性是理性的僭越、致命的自负；另一方面，他们又把绝对理性的精神完全赋予了市场，而市场为什么可以是绝对理性、完全理性的，又被置入了神秘主义的范畴。这一类似于市场原教旨主义的思路与其有限理性的认知传统也产生了相当的张力。事实上，正如非理性主义和后现代主义思潮所揭示的，我们所处的世界往往是混沌粗糙的，历史的发展也并不是一定遵循着理性、进步的顺序。因此，在这样的情况下，我们何以保证市场过程一定是理性有序的呢？市场孕育着自生自发的"秩序"，但同时，它又何尝不包含着自生自发的"混沌"？

正是基于对市场自发秩序的理解，奥地利学派才主张必须对一切强制性权力或排他性权力都施以严格的限制，坚决反对政府或任何个人以全知全能的姿态凌驾于市场之上或者甚至实行计划经济。他们把各种形式的政府干预都归结为一种"强制"，而强制并不能带来政府干预本欲倡导的秩序，"它没有效率，混乱无序、妨碍生产，导致积累性的、看不见的麻烦。强制看似有序，实则不仅具有剥削性质，而且处于严重的无序状态。"①

然而，鉴于其在探讨人的非理性以及绝对推崇市场理性方面的缺失和矛盾，奥地利学派反对政府干预的主张就不免显得激进，缺乏一个稳固完善的理论基础了。的确，人类应持一种有限理性的认识，应对自生自发的社会过程保持一种谦卑的态度，不知道的是不能计划的，否则，就是致命的自负。

---

① 罗斯巴德《人，经济与国家》(下册)，浙江大学出版社，2015，第940页。

但同样,如果将绝对理性赋予市场,并对市场理性绝对推崇,这其实更多的是出于一种理念和信仰,因为正如前述,当今科学和哲学的发展已经越来越清楚地揭示出:现实世界的本质是多元、混沌的。奥地利学派虽然认知到这种多元和混沌对个人行为的影响,但最终却以一个绝对理性的市场来解决所有的问题,并建立起一个理性繁荣的秩序。从某种意义上来说,他们在反对计划经济这一乌托邦的同时,实际上却推出了另一个市场万能的乌托邦。"社会中的这些自由交换的网络——被称为'自由市场'——产生了精致的、甚至是令人肃然起敬的和谐、调整以及精确分配生产性资源的机制。资源分配取决于价格,柔和但迅速地引导经济体系去尽最大可能满足所有消费者的欲求。简言之,自由市场不仅直接使所有各方获益,让他们自由、不受强制;它还为维护社会秩序提供了有力、有效的工具。当蒲鲁东说'自由乃秩序之母,而非其女'时,他要比自己意识到的讲的还好。"①

应该说,凯恩斯在《通论》中对人参与市场活动时的非理性的描述和凸显,在经济学理论的发展进程中具有突破性和开创性的意义,这与西方非理性主义和后现代主义哲学思潮也是相呼应的。主流经济学对凯恩斯理论的吸收摒除了其关于非理性的部分,而最终形成了一个因为有"市场失灵"所以要政府干预的理论框架,但实际上,凯恩斯在《通论》中赋予政府干预合法性的基础在于人的非理性即动物精神,如前所述,这一思想路径后来由阿克洛夫与席勒等经济学家所继承发扬。正如他们在《动物精神》中指出的,在市场波动中,人的非理性不仅存在并支配人们的经济决策,而且这种非理性情绪有迅速扩大和传导给周围的趋势,最终形成共振并造成更大的市场动荡。这种在经济史上屡见不鲜的情况显然和奥地利学派在理论上所构造的那种自由市场终究创造井然有序的结果迥然不同。虽然奥地利学派继承斯密古典经济学的传统,强调自由市场从长期来看最终是会归于平静和秩序,但也正如凯恩斯的那句名言:"长期来说,我们都死了。"(In the long-run, we are all dead.)当发生市场波动、混乱、恐慌时,人们何以能够相信这只是短期存在的、长期而言肯定会恢复平静? 而且,长期究竟是多久? 在长期结果到

---

① 罗斯巴德《人,经济与国家》(下册),浙江大学出版社,2015,第940页。

来之前的短期内,许多厂商和投资者也足以倒闭破产,引发大量的失业和贫困。在这种恐慌和沮丧的情况下,指望人们理性、平静、耐心地任由市场自动调整,对市场的长期结果抱持坚定信念,显然是不切实际的。人们不可避免地想要做些什么来改变现状、来避免失败、来克服恐慌,这种本能和冲动就是凯恩斯指出的人类与生俱来的动物精神,也正是在这个意义上,凯恩斯提出了政府应该果断采取财政政策和货币政策对市场进行干预的主张。

当然,如前所述,凯恩斯在赋予政府干预相机抉择的权力时,暗含了政府是仁慈且理性的两个假设。在政府是理性的、通过政府干预来熨平市场波动从而带回秩序方面,凯恩斯的这一假设也是有思想渊源的。实际上,国家及其官僚体制在现代化转型的过程中本身就包含着理性和秩序的意味。与封建帝王、古代帝国那种偶然的、任意且常常不可预料的决断做对比,马克斯·韦伯将现代的官僚体制总结为六个特征:固定的正式管辖领域、官僚机构被"职务的层级结构……权威级别的高低……有序的上下级关系"统治着,管理的"基础是书面文件",官僚体制的职务管理需要"完全的专业训练",官僚体制需要"官员具备全面的工作能力",职位的管理遵循"一般规则",一般规则是为了所有人的利益或建立官僚体制为之服务的人的总体利益而制定的。尤其要避免的是那些对一些人有利而对另一些人不利的规则。由此,管理本身变得可以预测,对办事员的期待变得有章可循,形成一种有序和可预测的大氛围——即便是在官僚体制本身的结构中——目的在于向外界展示这种状况。相比之下,在前现代行政管理中,管理往往是临时的,指导是偶然和零散的,办事员的期待是不确定的。总之,韦伯所分析的现代官僚体制的结构、行为和内含心理等每一个特征,都反映着控制的终极规则。

根据马克斯·韦伯的理论,相比于前现代的国家及其官僚系统,现代官僚机构向资本主义提供的最主要价值在于,它使劳工、股东及消费者的行为可以预测。尤其在法律方面,官僚体制使得那些符合资本家利益的行为固定化。老式的资本家有追逐风险、赚足了钱就走人的内在倾向。当生产方式和外部环境的稳定性降低了为不断增长而进行的资本再投资风险时,这类老式资本家便消失了。国家官僚体制代表队伍日益壮大的企业家阶层,制定他们之间的契约规范,并动用权力强制契约的执行。他们也管理工人买卖自己劳动力的方式,并开始管理市场,以保护企业家不受国内外市场波动的影响。公关部门的官僚体制为私营企业提供的核心价值是稳定性,以对抗以往行政部门里常见的、由于不可测地随意运用和实施政策而允许波动的倾向。当然,以往的这些政策,都是王公贵族和地主们的政策。因此,官僚体制从一开始便通过提供有利于运用经济力量的稳定条件,为限制和管制运用政治力量的目的服务。①

可见,在现代主义的哲学中,官僚体制是用来把理性带入世界的工具,凯恩斯在提出政府干预理论时预设政府是理性的、能够相机抉择熨平市场波动时,是与此思想相一致的。然而,如前所述,凯恩斯关于政府是仁慈的假设被后来布坎南为主的公共选择学派关于政府也是谋求自身利益最大化(而非社会福利最大化)的"经济人"假设所推翻,而政府是"理性"的这一假设,也受到后来诸多政府越干预越糟糕的事实所动摇。即使是继承发扬凯恩斯"动物精神"的罗伯特·席勒在分析当代频发的金融危机时,也承认政府的非理性往往也是泡沫的制造者和危机的推手之一。在金融市场上,基于"理性经济人"假设的有效市场理论认为,在任何时候,所有的金融工具价格都能准确、及时地反映各种公共信息,在给定公共信息的条件下,金融资产都能被准确定价。股价的变动是"随机游走",价格总是随新情况而定。但是罗伯特·席勒指出,"股市往往在很长时间内保持错误定价状态"。席勒认为非理性繁荣是投机性泡沫的心理基础,投机性泡沫是"价格上涨的信息刺激了投资者的热情,并且这种热情通过心理的相互影响在人与人之间逐步扩散,在此过程中,越来越多的投资者加入到推动价格上涨的投机行列,完全不考虑资产的实际价值,而一味地沉浸在对其他投资者发迹的羡慕与赌徒般的兴奋中"。这是一种"社会性的、群体性的非理性状态,投资者对于资产的实际价值完全不顾,其后果就是价格远远偏离实际价值"。在非理性的繁荣中,市场、政府都是泡沫的制造者,政府的政策同样会刺激泡沫的产生,新时代的经济思想和媒体对自身利益的追求是泡沫扩大的文化根源,

---

① 马克斯·韦伯《经济与社会》(第2卷),上海世纪出版集团,2010。

而投资者个人的心理模式也决定了投资并不都是理性的。①

　　本来是作为将理性带入世界的工具的政府,何以也会成为市场秩序和理性自由的绊脚石呢? 事实上,马克斯·韦伯在分析现代官僚体制的同时也发现到了这一悖论。他继续把官僚体制当作理性发展的工具,但这种悖论的出现说明是该拯救理性的时候了。韦伯认为,理性是选择我们人类目标的能力,但它已经被它的一个分支的符咒所迷惑,这就是工具主义的理性、对行为后果进行逻辑计算,实际上把理性最初的精神从它的家园里扫地出门。韦伯认为康德那种具有"自由精神"意义的理性已经变成"凝固的精神",这就像残存在尸体里凝固的血液一样,这种残存物组成工厂里"无生命的机器"和"有生命的机器,即现代官僚组织"。两者一起忙于营造奴役的外壳,人类最终可能不得不栖居于此,就像古埃及的法老一样失去了权势。②韦伯由此观察到理性的总体消亡:它越来越服从于秩序。技术比目的更重要,辨别目的的能力下降了,井然有序、被当作工具的理性,带来的却是非理性的结果。韦伯的学生洛维特接受了这一思想,他补充道,理性化使手段和目的之间的关系倒置,手段变成了目的。最初为人服务的目的渐渐被搁置或者遗忘,这一缺失理性的概念被局限在法律、政治、经济、教育、政府和行政部门的技术改善上。但是,所有这些都失去了与人的终极需要也就是目的感的联系。原本是(实现另一个本来很有价值的目的)一种手段的东西,变成了目的或者目的本身,本来作为手段的行为,变成了独立的而不是为了实现目标的行为,于是失去了它们最初的"意义"或目的,即以人和人的需要为基础、以实现目标为目的的理性。由此,漫长的启蒙之路在此走向了终点。实际上,与韦伯和洛维特的这一思想相应,后现代主义者福柯也反复指明:我们需要的是重新把理性变成仆人,以便界定我们自己,发展我们自己。

　　从这一意义来看,不论是政府通过大规模举债扩张赤字或者超发货币从而推动了金融泡沫的形成,还是当代政府干预产生的其他非理性结果,都与国家和社会的发展目标被工具理性束缚密切相关。当今世界各国的发展观大多都是设置某个虚幻总体目标(例如国家经济总量,经济增长速度目

---

①　罗伯特·席勒《非理性繁荣》,人民大学出版社,2008。

②　马克斯·韦伯《经济与社会》(第2卷),上海世纪出版集团,2010。

标,区域发展目标),落实到政策实践层面,个体和企业组织反倒成了实现这些虚幻总体目标的工具。然而,正如阿玛蒂亚·森提出的以"自由看待发展"的发展观那样,人均收入水平提高固然是发展的重要内容,但这绝不是发展的全部内容,正义、权利和基本自由诉求与人均收入水平提高在发展战略中至少具有同等重要的地位。① 因此,凯恩斯的理论虽然开创性地指出了人的非理性对市场波动的重要影响,但其据此得出的政府干预理论却也尚未解决两大问题,一是如何保证政府干预本身是理性的,从而可以抵消市场的非理性并熨平经济波动? 二是,把解决失业和通胀作为政府宏观经济政策的总体目标,即使宣称这只是旨在短期内熨平波动,而长期内仍然以市场为主导调节,但如何确保国家不被工具理性所俘虏从而产生非理性的局面? 除了以 GDP 增长、市场效率为目标以外,对正义、平等、权利等目标的同等重视与兼顾,这种"经济无目的"式的发展才是对价值理性的重要守护,但相机抉择的财政政策和货币政策显然并未对这一重要问题提供直接和充分的答案。

相比凯恩斯以理性政府为预设条件而言,马克思经济学和奥地利学派倒是在揭示国家并非理性的代表因而国家干预可能产生非理性结果方面相通。不同的是,马克思更多的是从超越意义上的平等、正义和自由来批判国家。如第二章所述,马克思最初受黑格尔理性主义国家观的影响,一直将国家与法视为正义的理性代表,认为它们具有维护人的自由权利的正义功能,然而对资本原始积累过程的种种观察,马克思却观察到国家深深地受制于人的经济利益,受制于阶级统治的利益,从而最终与黑格尔的理想主义国家观决裂,从哲学和政治学研究转向了政治经济学研究。

马克思观察到在 18 世纪的"羊吃人"圈地运动中,国家权力利用法律或暴力在其间做了帮凶,法律本身成了掠夺人民土地的工具,《公有地圈围法》实质就是地主借以把人民的土地当作私有财产赠送给自己的法令,是剥夺人民的法令。而且,国家及其法律"掠夺教会地产,欺骗性地出让国有土地,盗窃公有地,用剥夺方法、用残暴的恐怖手段把封建财产和个人财产变为现

---

① 阿玛蒂亚·森《以自由看待发展》,中国人大出版社,2002。

代私有财产——这就是原始积累的各种田园诗式的方法。这些方法为资本主义农业夺得了地盘,使土地与资本合并,为城市工业造成了不受法律保护的无产阶级的必要供给。"而通过 15 世纪以来惩治被剥夺者的血性立法,"被暴力剥夺了土地、被驱逐出来而变成了流浪者的农村居民,由于这些古怪的恐怖的法律,通过鞭打、烙印、酷刑,被迫习惯于雇佣劳动制度所必需的纪律。"而对于英国的原始积累各种因素在 17 世纪末系统地综合成为的殖民制度、国债制度、现代税收制度和保护关税制度,马克思指出,"这些方法一部分是以最残酷的暴力为基础,例如殖民制度就是这样。但所有这些方法都利用国家权力,也就是利用集中的有组织的社会暴力,来大力促进从封建生产方式的转变过程,缩短过渡时间。暴力是每一个孕育着新社会的旧社会的助产婆。暴力本身就是一种经济力。"①

正是通过以上的观察和认知,马克思对国家进行了除魅,消解了黑格尔国家理想主义的神话,并提出了国家是阶级统治的工具,以及国家必须被消灭的结论。在马克思看来,国家始终以阶级和阶级对立为基础,始终代表了一种阻碍社会的自由发展的"强制性机构"。在资本主义社会中,国家作为虚假的共同体是维护统治阶级利益而存在的,象征"正义"的法律与国家制度是维护资产阶级利益的手段,因此国家及其法律反而是全社会不自由、不平等的根源之一。这就决定了对劳动的祛异化过程要从推翻不正义的社会体制开始。因此,马克思从国家存在的基础——私有制——着手,力图通过消灭资本主义私有制来使阶级差别和国家消亡,使人类从劳动异化中摆脱出来,实现人的解放。在马克思所设想的以平等为基础的人人自由的共产主义社会中,国家是不存在的,取而代之的一种无人支配的行政管理,一种自由人的联合体。

可见,和后现代主义思潮一样,马克思实际上相当深刻地洞察到了资本主义现代化转型中蕴含的种种丑恶与暴力,破除了国家的神话,这一点与凯恩斯将国家预设为仁慈和理性的完全不同。当然,对国家的除魅,也并未导致马克思像奥派那样倒向对市场的完全信任,实际上,马克思对市场的盲目

---

① 以上各引文均参见《资本论》第 1 卷,第 24 章"所谓原始积累",人民出版社,1975,第 718 - 832 页。

和非理性的批判是其批判资本主义的一个重要部分。马克思的最终理想是
超越意义的,"自由人的联合体"是一个超政治的社会理想,在其中,由于阶
级消灭、国家消亡,每个人都实现了全面而自由的发展。在这个最终的理想
社会中,即使是平等的权利体系仍然是抽象态度的产物,"按照原则仍然是
资产阶级权利","总还是被限制在一个资产阶级的框框里",是社会的"弊
病"。要避免所有这些弊病,"权利就不应当是平等的,而应当是不平等的"。
共产主义之所以作为社会理想,正在于它能"超出资产阶级的狭隘眼界",实
现"各尽所能,按需分配"。① "按需分配"与"按劳分配"之间的根本区别,就
在于以劳动为尺度的平等转变成以劳动者为尺度的平等。

　　无疑,和奥派和凯恩斯学派相比,马克思跳脱了在资本主义制度体系内
思考自由、平等和国家的藩篱,在人本身的无条件的终极价值意义上建立了
超越性的平等观和自由观,并构想了一个国家消亡的自由人联合体。应该
说,马克思的这一思想体系富于深刻的启发意义,他从人本身出发并以人的
终极价值为最后皈依,用韦伯的话来说,这正是忠实于价值理性并对之进行
了一以贯之的诉求。然而另一方面,如前所述,由于马克思所设想的理想社
会的经济模式是由"社会计划调节"、按需生产和分配,并且坚信人类社会的
发展受到绝对规律支配,这种绝对式的理性主义又使得人类社会至少在到
达共产主义理想社会之前,很容易因过渡阶段的各种历史条件的限制而在
具体操作执行中被工具理性俘获,计划经济的实验及其失败就是一个理性
计划却导致非理性结果的明显例证。

三、平等、分利集团与国家的角色

　　无疑,在世界各国的现实经济政策中,三大学派中唯有凯恩斯学派的理
论被应用得最多最广。实际上,从1930年代大萧条诞生宏观经济学以来,凯
恩斯主义所倡导的干预政策尤其是赤字财政就成为政府普遍用来大刀阔斧
刺激干预经济的工具。1970年代的滞胀危机虽然第一次宣告了凯恩斯主义

---

① 马克思《哥达纲领批判》,《马克思恩格斯选集》第3卷,人民出版社,1995,第304-305页。

的破产,甚至使得"反凯恩斯主义是世界上增长最快的产业"①,但直到如今,凯恩斯主义的赤字财政政策不仅没有衰减的势头,反而以积极财政政策的合法名义在全世界发达国家和发展中国家大行其道,其表现形式和后果也更为复杂。例如,美国两党历来都为了因财政赤字而引发的债务上限展开斗争,甚至因此发生了数次政府关门的事件。欧盟国家为了维持高福利的政策,近年来一直以大规模举债的形式为财政赤字融资,结果引发了严重的欧债危机。中国的财政收入逐年迅猛增长,但财政赤字也不断攀高,2016年拟加大积极财政政策的力度,安排财政赤字 2.18 万亿元,赤字率提高到3%。这一赤字规模将创 1949 年新中国成立以来之最,赤字率也首次碰触了欧盟所谓"3% 的国际警戒线"。可见,赤字财政在诸多国家都得到了长期运用并愈演愈烈,并非像凯恩斯所说的那样只是经济萧条时期的短期政策。事实上,在《通论》于 1936 年横空出世之前,赤字财政就已出现在罗斯福新政、法西斯德国的军事统制经济当中,《通论》只是在一定程度上把已经存在的事实理论化而已,可以说,赤字财政并不是凯恩斯的独创和发明,赤字财政的历史其实远远长过凯恩斯主义的历史,应该有某种普遍存在于人类社会的根本原因或者痼疾在诱发和推动着赤字财政,而凯恩斯主义之所以能够和其他学派相比脱颖而出,在各国经济政策实践中广泛盛行,也是与人类社会发展的一些共通的内在原因有关。

(一)集体行动的逻辑与分利集团

不论是奥派的古典自由主义还是凯恩斯的政府干预理论,一般是在政府 VS 市场或者政府 VS 个人、政府 VS 企业的两分法框架下进行分析,但实际上在两者之间还存在着宽广而重要的空间,分利集团就是活跃在这一空间中的重要组织。分利集团是指旨在最大限度获得再分配利益的集团,其产生与集体行动的逻辑密切相关。

政治学和经济学的传统理论一般认为,具有共同利益的个人或企业会组织起来并进行游说以实现这种利益,例如,工人、农民或消费者面对可能伤害他们利益的垄断,会通过工会、农民组织或者消费者组织来获得对抗性

---

①　参见 Balogh,*Challenge Magazine* 22(1979):67.

的力量并采取行动,马克思关于资产阶级执政维护自身利益,而工人阶级联合起来实现无产阶级专政的观点就是表现这种信念的一个单纯形式。

但是这种假定却不一定符合现实生活,对此我们可以借鉴奥尔森①的集体行动理论来加以观照和反思,他深刻地揭示了其间存在着无可辩驳的逻辑错误。试想,那些一致同意垄断使自己支付了过高价格的消费者,或者那些一致同意自己的技能应该获得更高工资的工人,在进行反垄断抵制或者希望通过罢工威胁或最低工资立法的时候,其最有利的行动策略是什么?如果消费者或工人花费若干时间和金钱组织起来一个团体、联盟或最优立法游说,那么他或她将得到什么回报呢?在最好的情况下,个人将会使这种情况有些微的改进,在任何情况下,他或她只能获得这种行动收益的非常微小的一部分。事实上,目标或利益是集团成员共有的或共同分享的**公共产品**,这使得一个人为共同目标做出牺牲所获得的收益通常为集团中的每个人分享。成功的抵制、罢工或游说会为相关类别的每一个人带来更便宜的价格或更高的工资,因此,具有共同利益的大集团中的每个人只能获取共同利益的一小部分,而不论他个人为获取这种共同利益付出了多少代价。既然收益惠及集团中的每个人,那么没有做出任何共享的那些人也将会与那些做出来贡献的人获得一样多的收益。这通常就会导致"让别人去做吧"的**搭便车**的想法,而其他人也很少或没有动机为集团利益行事,因此,由于公共产品供给中特有的搭便车的问题的存在,集体行动很难达成,这就形成了一个**悖论**:由理性个体组成的大集团,通常不会为集体利益行事。

但在一些特殊的条件和安排下,这个悖论可以克服。一种情况是找到"选择性激励"的手段,选择性激励可以是消极惩罚,也可以是积极奖励,例如,只对那些没有(或者有)为集体物品的供给做出贡献者进行惩罚或奖励。如,美国社会中的工会一般通过强迫性会费缴纳而得以维持,美国农场组织之所以有许多会员入会,是由于他们的会费是从农场合作的"额外收益"中直接扣除的,或者会费直接进入与农场组织密切联系的保险公司使之享受到特定的保险服务。另外,小集团,或者社会联系密切的成员所组成的各种

---

① 奥尔森《集体行动的逻辑》,上海人民出版社,1995 年。

小集团的较大的"联邦"集团,由于寻求集体物品者会给那些为集体利益而牺牲个人利益者以特别的尊敬或荣誉,因而也具有较强的选择性激励。

还有一种很重要的情况就是,如果从集体行动中获益的集团足够小,对集体行动的成本收益比率又足够划算,那么即使没有选择性激励,符合集体利益的行动也可能发生。对中等规模企业的直观观察可以看出:在其他条件完全相同的情况下,从集体物品中获益的个人或企业的数目越大,从实现集体利益的行动所产生的收益中获得的份额就越少,而这个集体利益是让个人或企业进行集体行动的诱因。这样,在没有选择性激励的情况下,集团行动的激励就会随着集团规模的扩大而消失,因此大集团相对于小集团更不可能达成实现共同利益的行动。

由此,可以得出的结论就是,可以获得选择性激励的集团比不能获得选择性激励的集团更可能达成集体行动,小集团将比大集团更可能参加集体行动。这一结论在奥尔森对美国、英国、德国、法国的检验中都是有效的。实际上,没有任何一个国家的经验表明,大组织没有选择性激励就可以组织起来——大量的消费者不参加消费者组织,数以百万计的纳税人不参加纳税人组织,大量的相对低收入阶层居民不参加穷人组织,甚至经常存在的大量失业者也没有组织起来的发言权。

奥尔森于1965年率先对集体行动的逻辑做出如此剖析后,学界尤其是政治学和经济学界产生了极大反响,不同国家和学科的许多学者相继做了大量详细研究、统计检测甚至有控制的实验研究以检验上述理论,绝大部分的研究都确证了奥尔森的看法。由此引出的哈丁和桑德勒的《集体行动》的同名学术著作也被学界广为引用。

(二)分利集团、狭隘利益与共容性组织、共容利益

集体行动的逻辑分析对国家理论中传统的社会契约视角提出了重大的挑战,因为消费者、纳税人、失业者及穷人等,虽然人数众多,但却没有组织起来所必需的选择性激励,因而经常被排除在讨价还价之外。由此,社会契约视角所假设的那种通过广泛的讨价还价以达到效率或公平的社会实际是不可能的。现实中往往是那些已经组织起来的集团会不择手段地提高自身利益,包括游说通过有利于自身利益的立法和政策,哪怕这些立法和政策对

整个社会而言是没有效率的,因为其成本通常是由尚未组织起来者承担。

大体而言,一个集团或组织可以通过将社会生产的"馅饼"做大来使其成员获益,因为在分配份额不变的情况下可以得到的那一块更大。也可以在"馅饼"大小不变的情况下通过分享更大的份额使其成员获益。但与集体行动的逻辑相类似,由于公共产品供给中搭便车问题的存在,前一种方法很少被采用。在社会中进行集体行动的典型组织,如果只代表少数人的利益,将很少或不会为了社会利益做出巨大牺牲,而是会争取社会产品的更大份额服务于成员利益。而且,即使分配改变造成的社会成本超过再分配的数量很多倍,这样做也是有利的。于是,由于社会中的集体行动组织都偏向于收入或财富的分配而不是生产更多的产品,它们是"分配联盟"或分利集团,有时候也用特殊利益集团来加以描述。分利集团对利益的再分配还不能简单地比喻为分馅饼,实际上,这样的组织在获取社会产品的更大份额时,不会考虑强加这种再分配可能给全社会造成的损失,正如奥尔森所譬喻的,"将这种情况看作一群强盗冲进一家瓷器店抢夺瓷器也许更好。"①因此,分利集团的利益是狭隘的,他们为了其狭隘利益而不惜降低社会效率或产量所采用的明显方式,就是游说立法者提高某些产品的价格或劳动者的工资或对某些类别的收入比其他类别的收入征收更低的税收。另一种明显方式就是建立卡特尔或垄断。现实生活中这种分利集团或称特殊利益集团的活动比比皆是。

当然,如果一个集团或组织,包含了社会人口的大部分,那么它面临的激励将不同于分利集团。例如,如果一个组织代表了一个国家收入生产能力的1/3,平均而言,其成员将会获得因社会更具生产性而产生收益的1/3,于是,该组织将会有激励积极关心社会的生产性如何,并有重要的动力为政策和行动做出牺牲。如果他们获得的政策造成了社会产量损失,那么他们也要承担其中的1/3。因此,这样的组织可以称为共容性组织,其与全社会的生产具有共容利益。很明显,共容性组织,如果有一个理性领袖的话,将会关心有利于其成员的分配政策可能造成的社会损失,并且出于自利的动

① 奥尔森《国家的兴衰》,上海世纪出版集团,1995年,第44页。

机将会使这个社会损失尽可能小。美国由于鼓励赢者通吃的两党制,因而其每个政党都是相当共容的,每一个政党都试图代表大多数选民,与进行院外游说的特殊利益集团和只关心小选区利益的议员相比,其成员涵盖了社会一半或更多选民的政党自然更关心社会总体的效率和福利。于是我们看到,对于具有政党从属关系的总统和议员来说,总统总是尽力限制政治分肥计划,而议员总是尽力扩大它们。①

(三)分利集团、经济增长与制度僵化

分利集团的广泛存在对社会经济的发展带来了深刻的影响,主要从三个方面可以揭示出来。

首先,分利集团将阻碍社会应对变化的能力。经济是不断变化的,新的技术、新的资源、新的需求等等都在不断地被发现和变化之中,一个经济要保持其效率、充分利用增长的机会,就必须适应这些变化。但由于卡特尔、院外游说或其他原因导致的政府干预,现实中广泛存在着进入某些产业或经济活动的障碍,以及模仿有利经济活动模式的障碍。为了保有长期的超额利润,保障市场出清的自由竞争受到了极大的损害,由于自由进入的被限制,一些垄断企业在无效率的状况下仍然可以长期生存下去,能够打破和消除垄断的创新也受到了普遍的抑制。而各种创新,包括新技术的发现,以前未满足的消费者需求、低成本的生产方法等,是解释经济增长和进步的主要因素!

第二,分立集团为达到自身的目标,必然会通过院外游说等活动影响政府政策,采用它们的组织力量来影响市场。这两方面的影响不仅会影响效率、经济增长和社会进入者的排他性,还会影响不同制度和行动的相对重要性。院外游说提高了管制的复杂性和政府的范围,市场联盟和组织活动提高了讨价还价的程度。舒尔茨②的研究就充分演示出院外游说导致管制愈加复杂的动态过程,正如他指出的,随着管制复杂性和成本的不断提高,发现漏洞、关闭漏洞就成了一项没完没了的过程。而为了实施由于院外游说

---

① 奥尔森《国家的兴衰》,上海世纪出版集团,1995 年,第 51 页。

② Charles Schultze, *The Public Use of Private Interest* (Washington, D. C: The Brookings Institution, 1977).

和其他相关过程造成的日益复杂的管制，必须设置一些专门的人员。这又提高了管理机构和政府的规模。

从卡特尔和院外游说得到的收益提高，就意味着更多的资源用于政治和卡特尔活动，更少的资源用于生产，这也是有些重要文献中将分利集团称为"寻租"组织的原因，这些组织使整个社会的资源越来越多地导向非生产性的用途。生产的激励消退了，寻求获得生产产品更大份额的激励提高了。取悦于我们向其销售产品的顾客的回报下降了，而打破或利用管制、政治和官僚机构以及通过讨价还价或复杂惯例确保权利（也即寻租）的回报提高了。分利集团的存在不鼓励生产性特征的发展，这使得在社会演进方向上，适应寻租与管制的人们比在生产中勤奋苦干有创造力的人们更吃得开，从而导致劣币驱逐良币的结果，最终社会变得越来越非理性。

第三，更重要的是，分利集团会造成粘性工资或价格。分利集团通过院外游说等方式对政府政策保持着相当的影响力，这些影响力常常被用来干预或影响某些价格或工资，一些垄断集团甚至可以借由维护垄断性来制定有利于自己的价格，而价格或工资一旦决定，就不可能迅速变化。这一方面是因为分利集团做出决策要比它们所包含的个人或企业慢得多，它们通常议程繁忙、事务众多，而达成一致的意见也需要相当的时间与交易成本，因而它们经常采用固定的价格。雅克·福格在研究丹麦的固定价格立法协定时就发现了一种极端的情况，产品价格在 10 年之间不发生变化，甚至成本上升利润消失时也是如此。[1] 同样，谢勒曾指出，在相当长的时间内，国际航空协会只会在一些相对边缘化的问题上，如喷气附加费、电影费与三明治的内容等改变过决策。"既然协会议事程序要求许多事务的变化需要得到全体一致同意，那么结果……就是维持现状。"[2]这也在一定程度上解释了为什么在大多数经济中，不仅存在非均衡持续很长时间的部门，而且存在价格并非暂时偏离而是一直偏离的部门。

---

[1] "How Are Cartel Price Determined?" *Journal of Industrial Economics* 5（November 1956）：16 – 23.

[2] Industrial Market Structure and Economic Performance（Chicago：Rand McNally，1970）：161.

另一方面,对于有利于一些垄断集团的价格,一旦市场变化使其有下降压力的时候,垄断集团就会施加各种政治和经济的影响来维持价格不变,这种行为和现象的存在能在相当的程度上解释价格具有向下(而非向上)刚性这一宏观经济学的核心问题。工资粘性或价格刚性是凯恩斯经济学解释市场不能出清(因而最终导致总需求不足和失业)的核心命题,但是对于市场为什么不能出清,凯恩斯却是用非理性或者动物精神来解释的,这是其宏观经济学架构失去以理性经济人分析为基石的微观经济学基础的诟病所在。实际上,当市场不能达到均衡价格时,就会存在未加利用的交易收益,这意味着经济产品中的总需求低于均衡价格下的总需求。但即使如此,自由竞争的市场仍会有许多办法和途径达成对买卖双方均有利的交易,比如在金融垄断、利率不能市场化的情况下,地下金融在很大程度上可以弥补由此招致的交易损失。然而,现实中,一旦分利集团或特殊利益集团行动起来阻碍这些互利交易的发生并从中获利,那么市场的非出清和失衡就变成长期性的了,大量的互利交易无法发生,由特殊利益集团造成的这种低效率最终就导致了总需求的低迷以及由此而来的萧条和失业。

奥尔森运用集体行动的逻辑所阐述的分利集团对经济增长的影响,完全建立在微观经济学的理论基础上,也深刻地揭示了分利集团与社会制度僵化和经济周期的内在联系。简言之,潜在集团克服集体行动的障碍转变成组织化利益集团,随着政治稳定的延续,社会中利益集团的数量愈来愈多,这些分利集团一方面在经济市场领域寻求垄断地位谋取超额利润,另一方面在政治市场中游说政府,谋求社会资源的再分配,最终,分利集团的再分配活动导致创新的普遍抑制、寻租的普遍活跃,生产性活动下降,寄生性部门增多,最后,随着时间的推移,由于分利集团对市场出清、均衡价格以及互利交易的阻挠,价格越来越失去弹性,总需求日益下降,最终引发了严重的萧条与失业。

(四)赤字财政、滞胀与政府的囚徒困境

那么,分利集团的存在及其种种影响使政府处于什么样的境地呢?

首先应指出的是,不同于霍布斯、洛克等经由社会契约订立而产生政府的传统理论,奥尔森①的国家理论认为政府是在长远固定获得税收收入这一激励下,由流动的匪帮定居下来而成为统治者的。与代表少数人特殊利益的分利集团不同,只要是希望获得长远统治的政府,为了其合法性和正当性,就必须尽可能代表大多数人的利益。一般而言,层级越高的政府,其代表的人数就越多。例如,必须全盘考虑政权稳固性和合法性的中央政府比受到任期和地域限制的地方政府代表更大多数人的利益,因此,此处探讨的国家或政府也主要指中央政府。如前所述,代表了大多数人的组织更容易与全社会就存在共容利益而非狭隘利益,因此,作为共容性组织的政府必然会关心全社会的经济和福利的增长,以确保自身获得更大的税收收益以及统治的合法性。然而,如前所述,由于分利集团的广泛存在,政府也恰恰是分利集团进行游说和寻租的关键对象,于是,政府面临的囚徒困境由此产生了,可以分民主国家和专制国家两类来简要论述这种困境。

在民主国家,如上所述,分利集团所导致的制度僵化和价格刚性,一旦促使经济周期进入萧条阶段,政府能有什么选择呢? 显然,从理论上讲,破除利益集团,使价格恢复弹性,市场重新达到出清、资源重新自由流动实现高效率的配置,是最切中时弊也是最治本的做法,但从政治和经济上来说也是最困难的。那么,还有什么选择呢? 凯恩斯主义提出的政府依靠赤字财政来刺激总需求显然成了最简单也是最容易的替代办法。事实上,凯恩斯于 1930 年代提出改变经济学理论体系的《通论》时,英国积累起了比当时任何一个社会都多得多的特殊利益组织和联盟。英国当时所面临的经济情况已经大不如战前,具有比较优势的产业也已经发生了变化。因此,英国需要一种新的相对工资和价格结构以及资源的大规模重新配置,但由于在英国不存在价格和工资弹性,而且还存在进入壁垒,资源再配置的进程非常缓慢,这就导致了大规模的资源闲置和劳动力失业。1920、1930 年代的美国也在当时贸易保护主义普遍盛行的风气下,长期执行限制与保护的政策,因而培养出了不少既得利益集团,于是,在价格日益失去弹性的情况下,后面的罗斯福新政也就是水到渠成了,凯恩斯对美国的深刻影响也就不足为奇了。

---

① 奥尔森《国家的兴衰》,上海世纪出版集团,1995 年。

综观 20 世纪的经济史,正如奥尔森指出的,凯恩斯的《通论》其实无论如何不能称得上是"通"论,因为虽然凯恩斯对整个英语国家,特别是其中那些经历了长期政治稳定并积累起了错综复杂特殊利益集团的国家,都产生了深刻影响。然而其他一些国家,比如因为战争而导致特殊利益集团被大量摧毁的德国,对凯恩斯政策反而不那么敏感。

然而,巨额的财政赤字只能主要依靠以增发货币作为融资手段的借债来实现,这必然的后果就是通胀,正如菲利普斯曲线所表明的统计结果那样。而这种治标不治本的做法长期的后果就是滞胀。1970 年代滞胀危机中,英国从 1972 - 1979 年的年均通胀率是最高的,达到 15% ,美国的年均通胀率也高达 9.1% ,而与凯恩斯需求管理理论相反,两个国家同时也存在很高的失业率。

在专制国家,情况则更为复杂。一方面,对实行市场经济的专制国家而言,分利集团导致价格失去弹性的问题最终也会不可避免地受到市场的惩罚,从而产生巨大压力迫使政府采取赤字财政和增发货币来刺激经济。这种情形和民主国家大同小异,此处不再赘述。另一方面,专制国家还可能因无处不在的分利集团而面临税收体系崩溃的问题。奥尔森①对苏联模式的研究就是一个典型的说明。当斯大林将全国的所有财产充公、以国有企业作为计划经济的主体来运作的时候,专制者就有了多得照管不过来的国有资产,因而不得不依赖大量的行政官员和管理人员来照看。然而,随着时间的推移,当专制者的国民在小型团体中最终形成了彼此间足够信任时,他们就会为他们的共同利益在集团内安全地共谋。截留部分不义之财符合他们的共同的利益。只要截留产品、偷盗国有资产,或者不尽责工作只在共谋的小圈子内为人注意,它们就不会被中央发觉。小圈子内的每个人都会得到共谋收益的相当部分。随着时间的推移,越来越多的小圈子达成明确协议或形成默契,他们将较少地工作,将他们控制的资源更多地用于他们自身的目的,并将更多的国有财产在他们自己之间分享。这种共谋可能首先出现在特权阶层和其他高层官僚中,不管苏联的行政官员是否存在序列联系或

---

①　奥尔森《权力与繁荣》,上海世纪出版集团,2005 年。

水平关系,他们在通常情况下都构成了一个小集团,它们更多地为其管理人员和成员的利益服务,而不是服务于中央或整个社会。科尔奈曾经提出的"预算软约束"现象就是这种普遍共谋的证据,当企业的收入不依据它对实现当局目标的贡献大小,也不是依据其销售业绩,而是取决于其政治行政权力的时候,说明普遍存在的分利集团已经使得社会制度僵化到了怎样一种非理性配置资源的程度。

随着时间的推移,管理人员、官僚、甚至工人联合起来,开始隐秘地分享对国有企业的控制,而这些国有企业是税收收入的主要来源。税收收入不断减少,对中央来说曾经是税收的部分,最后变成了成本——被企业管理层、工人及供应方截留了下来,或仅仅因为效率低下而浪费掉了,有时甚至确实被人偷走了。当中央变得比以前更为贫穷更为虚弱时,它甚至会因为无法提供养老金和社会服务等公共产品而受到公众舆论的指责。在苏联体制的最后时期,苏联政府几乎根本无法征收任何资源(许多苏联型国家也在政权后期发现需要向国外借款,但还款能力如此有限,以致其中某些国家很快达到了它们还款能力的极限,或者甚至拖欠贷款。于是,在税收体系已然死亡的情况下,补贴只能主要来源于银行系统发行的新增货币。到了戈尔巴乔夫时期,如果不是印制了大量的新货币,中央已完全无力支付其账单,当然,其结果是——也不得不是——更高的通货膨胀率。

苏联模式中这种因分利集团的大量共谋导致税收体系崩溃的例子,在中国漫长两千多年的中央集权专制史上也不少见,中央集权和君主专制发展得最完备成熟的明清两朝,其王朝中衰都是以财政危机的爆发为典型表征。当时有许多地方政府官员与当地分利集团结合,通过对其少收税或者各种漏税、拖欠、造假等手段造成大量的漏出。而漕运则是一种更直观的表现,也是清朝政治、经济和社会的一个缩影。清朝的漕运是中央政府将税收收入从南运到北的命脉所在。然而漕运中发生的种种漏出与腐败是相当严重的。漕运官吏盗卖漕粮即使在吏制整肃的雍正朝也未能禁绝。据雍正二年上谕,运丁已有因官弁剥削经费不够开支而盗卖漕粮的。嘉庆以后情况更为严重,嘉庆五年,兴武三帮漕船亏米1300石。甚至还有盗卖将尽故倾覆其船的情况。运丁盗卖漕粮则用"搀和"的方法弥补。一是搀入杂物,如沙石、石灰、糠秕、米屑之类;二是将发胀药物拌入米中,使米的体积胀大,如石虎,下西川、九龙散等药物;三是搀水使体积增大,这种方法是最普通常见的。更有甚者"以石灰撒入米上,暗将温水灌入船底,复籍饭火熏蒸,希图米粒发胀,这样可出米数升,盗卖的数量更多,获利更大。嘉庆后通州大量漕米霉变正因为此。漕米经过几个月的奔波终于到达通州交仓时,除了在中途因救灾,因剿匪而截留的漕米外,剩余的都要经官检验入京通各仓。漕粮入仓要求漕臣亲自查验米数及米的成色。然而各漕臣往往在收受好处后以查验为虚制,"委以弁兵"。官员的敷衍政务或贪利背职是嘉庆时期漕政中普遍存在的现象,也正因此当时漕政弊端横生而遏止不住。嘉庆以后大量漕粮霉变,甚至不能食用.由于漕粮直接供应京城用米,甚至造成京城供米紧张的情况。1804 年由于漕粮蠲免缓和积欠,险些造成京城供应不足,为了保证不中断自身供应,中央政府不得不从四川、湖南采买米 90 万石,同时动用各省仓米 40 万石一同运往京师。[①] 税收体系的逐渐崩溃是 19 世纪中期西方列强叩关入侵时清朝政府无法有足够的财力加以因应的一个主要原因,而战争赔款、白银外流、农民起义使清朝政府陷入了更严重的财政危机,于是,到了咸丰年间,大量发行宝钞就成了挽救财政危机的主要工具,而其最后也难逃货币剧烈贬值和严重通胀的必然结局。

因此,不论是在现代民主国家,还是在传统的专制国家,分利集团的大量存在都将使政府尤其是中央政府陷入了两难的困境:要么去破除各种利益集团,然而在行政系统和官僚已经深深卷入其中的情况下,这谈何容易?要么采取赤字财政并同时配合增发货币的政策,但最终必然引发的滞胀将使政权面临严峻的合法性危机。而一旦政府最终无以支应、任由自身被分利集团绑架甚至与之同流合污时,那么根据奥尔森的国家起源假说,政府就从类似于固定匪帮的状态重新退变成流动匪帮的状态了。

(五)社会分化与不平等——21 世纪资本论

奥尔森的国家理论和对分利集团的研究,并不旨在对社会的发展和经济的增长提供唯一的解释,而只是为我们更好地理解历史提供了一条尚未

---

① 《钦定户部漕运全书》清刻本,卷 82、88,转引自邱伟《嘉庆朝的危机和传统体制运行的困境》,辽宁师范大学硕士学位论文,2004。

被发现的线索,而且也较好地解释了大量的历史现象,如"英国病"与大英帝国的衰落、日德的崛起和美国内部各州的经验,也能解释印度的种姓制度和南非的种族分利集团和小型特殊利益集团在非民主政体国家决策中的作用,成功地证明了国家的兴衰和分利集团活动的成败呈现出反向的相关性。事实上,把奥尔森关于分利集团的理论分析加以延伸,还有助于我们更好地解释分利集团的存在及其发展如何造成日益深刻的社会分化和不平等。

　　法国经济学家托马斯·皮凯蒂在其产生了世界性轰动的新作《21世纪资本论》中回顾了自工业革命以来收入及财富分配的历史,利用20多个国家众多研究人员精心收集的最新数据,梳理出了一部关于财富及其分配不平等所引发的社会、政治和文化矛盾的历史。该书主要是基于现今发达国家自18世纪以来的历史经验,尤以英、法、美、德、日五国的经验为主。通过大量的数据调查和分析,皮凯蒂雄辩性地证明和得出了两个主要结论:第一,每个人都应该警惕任何关于财富和收入不平等的经济决定机制。财富分配的历史总是深受政治影响,是无法通过纯经济运行机制解释的。第二,财富分配的动态变化表明,有一个强大的机制在交替性地推动着收入与财富的趋同与分化,而那些长期存在的促进不稳定和不平等的力量并不会自动减弱或消失。在长期内,促进趋同的力量主要是知识和技能的扩散,它推动着更进一步的平等。但一个至关重要的事实是,无论传播知识和技能的力量有多么强大,特别是在促进国家之间的趋同过程中,它都可能被强大的敌对力量阻挠和击溃,从而导致更大的不平等。这就是《21世纪资本论》集中关注探讨的导致社会分化的力量,皮凯蒂把分化的根本力量表达为:$r > g$。这里 r 代表资本收益率,包括利润、股利、利息、租金和其他资本收入,以总值的百分比表示;g 代表经济增长率,即年收入或产出的增长。在某种意义上,$r > g$ 囊括了该书所有结论的整体逻辑。皮凯蒂所谓的"资本"不包括"人力资本",而是指能够划分所有权、可在市场中交换的非人力资产的总和,不仅包括所有形式的不动产(含居民住宅),还包括公司和政府机构所使用的金融资本和专业资本(厂房、基础设施、机器、专利等)。《21世纪资本论》揭示了三百多年来欧美国家贫富差距日趋扩大的总体趋势,即长期内的资本收益率都大于经济增长率,即 $r > g$。不仅如此,皮凯蒂揭示出导致这一总体趋势是市场机制本身无法解决的,在没有任何再分配机制的情况下,自由放任的市场将惠及大众只是个神话,毫无管制的资本主义最终会威胁到民主。只讲私有产权,没有累进所得税和财产税的印度和俄国,早已将国家财富集中于少数大家族和寡头手中。而即使在法制完备的西方发达国家,大部分财富依然集中于最富的1%人口之手。例如,皮凯蒂的研究表明,美国社会的收入差距达到了自1920年以来的巅峰,特别是收入最高的1%的人群的收入在国民总收入的占比,更是达到了20%。富人的大部分收入来自其财产而非工作,越来越多人的财富来自继承而非创业,社会正朝着那种"通过继承获得大量财富的寡头贵族社会"倒退。①

皮凯蒂分析不平等的趋势,没有采用含义不明的基尼系数,而是把马克思收入分配的资本与劳动的两分法数据化,皮凯蒂揭示的资本收益一直远超劳动收益的历史趋势触目惊心,一举粉碎了新古典经济学的市场经济自动达到一般均衡和最优分配的神话。皮凯蒂对历史数据的分析,全面否定了美英主导的新古典经济学的收入分配理论。各国数据明确显示:市场经济发展的结果是增加而非减少贫富差距!也就是说,市场完善(或称"完美市场")不可能解决收入分配的公平问题。

《21世纪资本论》在全球引起了热烈的讨论和反响,尤其值得注意的是,许多学者从政治层面将皮凯蒂的未尽之意直接指了出来。例如,阿西莫格罗认为,相比顶层的1%,机会不平等是个能更好地代表不平等的指标,"给每个人都提供一个平等的竞技场,增加社会不同阶层之间的流动性,减少不同种族之间、甚至中产阶级与底层人民之间的差距,都是至关重要的。"但与此同时,阿西莫格罗仍然认为1%的问题是非常值得关注的,因为这关乎政治体制健康的问题,财富的集中很可能会对权力的制衡与分立造成威胁。以中世纪的威尼斯为例,那些先富起来的人利用他们的经济优势阻挠其他人接近政治,而一旦垄断了政治权力,这些人反过来又会改变经济制度,垄断高利润行业,禁止竞争对手进入,如此压榨型的制度最终导致了威尼斯的衰落。"这就是1%背后的政治含义,任何现实中的政策都应该加强制度的

---

① 托马斯·皮凯蒂《21世纪资本论》,中信出版社,2014。

制衡,谨防这样的权力攫取。"

克鲁格曼则对《福布斯》富豪排行榜进行了粗略统计,在前50名富豪中,过半人曾继承或者将让子女继承大笔财富。"如果不做出改变,我们的社会就会变成一个世袭贵族掌控的世界。"而且美国税收政策对富人的偏袒,本质上反映了当前政治制度的倾向。克鲁格曼一针见血地指出:"竞选献金体制导致巨大的财富可以买得巨大的政治影响"。正因如此,"这一小群精英却得到了大共和党全部的青睐"。

索洛认为皮凯蒂的"富者越富的动态学"(rich-get-richer dynamic)填补了经济学的一个重要空白。传统理论中,经济学家喜欢用最低工资被侵蚀、全球化导致的低工资工人竞争、技术进步导致的劳动力市场两极分化等来解释收入不平等,但索洛认为,这些理论都无法解释1%和99%的收入差距为何如此之大,而且过于依赖一些偶然的外部因素,马克思最早尝试着从制度层面找寻收入不平等的内部基因,而皮凯蒂则进一步把这种探寻转化为"严肃认真"的经济学研究成果。皮凯蒂将资本在国民收入中的份额作为一个量化指标来衡量"富者越富"。索洛认为,这个指标能够较好地进行国际比较,而且更强调了收入在资本和劳动之间的分配,相比经济学家常用的基尼系数而言,这个指标更容易发现"富者越富"的"动态"是如何形成的。①

实际上,皮凯蒂在《21世纪资本论》中对欧美国家收入不平等发展趋势的观察,与奥尔森以分利集团来解释"英国病"的发展趋势以及两次世界大战有利于重创分利集团的观察是相对应的。皮凯蒂观察到历史上只有两个时期收入不平等有所下降。一是19世纪70年代之后,收入不平等的扩大化趋势有所收敛,但是不久即产生一次大战。二是从一战结束,到二战之后,直到20世纪70年代,收入分配有了很大的改善。从20世纪70年代开始,不平等的程度再度恶化。总的历史趋势是资本收益率为经济增长率的几倍。收入分配改善的原因不是经济的内生机制,而是政治的外来干预,包括战争、革命、和发展中国家的独立运动,导致发达国家资产的大幅缩水;政府经济干预包括房租管制、国有化、证券交易和资本流动的监管等等,都会影

① 以上评论转引自何帆《<21世纪资本论>导读本》第三部分"国外著名学者点评皮凯蒂",中信出版社,2014。

响市场的资产价格。

库茨涅茨曾经依据美国历史数据发现了钟形曲线(也称为倒 U 形曲线),声称在美国技术进步的过程中,贫富差距会先增加后减少,所以政府可以容忍一时的不平等扩大,而无需政治干预。然而,皮凯蒂基于多国大数据的实证研究却雄辩地证明这并不是世界各国的普遍规律。新古典经济学资产定价理论描写的自由经济和有效市场,完全是数理经济学的乌托邦,和真实资本主义没有关系。显然,这对在国内经济学界和媒体上泛滥的新自由主义思潮,是一个严重的打击。

真实的资本主义和市场经济的发展不可避免地会演化出种种分利集团,这并不是一个纯粹的经济问题,而必须回归到政治经济学的视角加以透视。皮凯蒂虽然以 r > g 来解释收入不平等根源未免停留在表象,但他在《21世纪资本论》中试图印证马克思"无限积累"的原则及其政治经济学的思考框架。皮凯蒂认为,马克思的主要结论可以被称为"无限积累"原则,即资本将不可逆转地无限积累,并最终掌握在一小部分人手中,是一个没有天然界限的过程。这就是马克思预言资本主义终将灭亡的分析依据;资本收益率稳步降低(这将遏制资本积累,并导致资本家之间的激烈冲突),或是资本收入在国民收入中的比重无限制地增长(这迟早将变成工人运动的导火索),——不论发生何种情况,社会经济均衡或是政治稳定都将变成奢望。虽然马克思忽视了技术进步的可能性以及稳定增长的生产率在一定程度上可以作为平衡私人资本积聚进程的重要因素,但他提出的无限积累原则仍然表现出其深邃的洞察力,对于 21 世纪的意义毫不逊色于其在 19 世纪的影响。

事实上,西方也出现越来越多的学者开始基于不平等来反思西方的制度性衰落,例如尼尔·弗格森指出,不平等已经成为西方国家近年来的显见事实。1978 年,收入最顶层的美国人仅仅较其他人富裕 10 倍,但在过去的30 多年间,美国经济增长成果的相当比例都进入了超级精英阶层的腰包。但仅从经济角度解释这一原因是不够的,还必须深入研究制度的历史发展、寻根溯源。因此,弗格森从民主制度的不足、监管措施的脆弱性、法治沦为律师之治、不文明的社会等四大方面探讨了西方社会的经济增长为何不如以前而不平等程度却越发严重,他认为现今西方社会已处于亚当·斯密所称的发展停滞的静止状态。而收入的不平等也已经严重影响到自由民主制度赖以建基于的"机会平等"原则,例如,美国曾经一度有着"机遇之地"的美誉,通过一代人的努力,可以实现从"贫困到富裕"的飞跃。但是现在如果父辈处于收入底层的25%,若再没有大学学历,个人能进入顶层25%的机会只有5%。而被美国社会学家查尔斯·莫雷称为"智能精英"的人群,他们接受贵族私立大学的教育,彼此间通婚,聚集在几个"贵族居住区",日益形成一个新的社会阶层,他们有财富和权力,可以无视人类繁衍的均值回归效应,子孙即使不济也可继承他们的生活方式,衣食无忧。①

可见,收入不平等的背后深刻地隐藏着分利集团、政治制度等问题,并不仅仅是个经济问题。可以确切无疑地说,这将导致政治权力及其再次分配变得比以往更为关键,国家的再分配作用将受到更为全面的重新审视和探讨。

四、关于现代制度建设的启示

由于斯密所发现的市场自发秩序有赖于正义的法律、免于强制、干预和垄断的自由竞争等一系列制度的支持,所以古典经济学形成了以制度为考察核心的政治经济学范式,这一范式的研究范围涉及经济、政治和其他上层建筑,而不仅仅限于经济领域,斯密以"规律和制度"作为研究对象,其分析框架包含了规则、制度及其变迁。而新古典经济学则以理性经济人假设为基础,以最大化作为关注焦点建立了一系列追求最优资源配置的模型和假说,从而使其研究范式从政治经济学范式缩小为只考察经济领域的纯"经济学"范式,在追求"科学化"的同时去除了对制度的关心和考察。可以说,这是新古典经济学在继承古典经济学时所产生的最大的嬗变。新古典经济学的这种研究模式是不太适用于分析发展中国家或者转型国家的。冈那·缪尔达尔在对亚洲11个国家长达10年的研究中,就发现主流经济学惯用的数量分析方法和结构分析方法在亚洲贫困国家和发展问题研究上少有用武之

---

① 尼尔·弗格森《西方的衰落》,中信出版社,2013。

地,因而他使用了制度分析的方法。阿玛蒂亚·森也强调过,自由市场机制,或者说资本主义制度并不只是一种建立在纯粹个人私利上的安排,事实上,市场经济的有效运作取决于一个强有力的价值规范体系。要有坚实的法治基础来支持交易涉及的各种权利,要有普遍遵守的行为准则来保证协议的履行。苏联以及东欧国家的转轨过程之所以困难重重,一个特别重要的原因就是缺乏这样的法治基础和行为准则。①

　　就本书的研究主题而言,要探索效率、平等及其中的国家作用这一重大问题,只在纯经济学领域内思考是无法得出深刻全面的认知的,因为这一问题在本质上牵涉到包括经济、政治、法律等在内整体制度建设,而政治经济学分析传统恰恰能为此提供更立体的视野。实际上,从前文可以看出,奥地利学派经济学和马克思经济学都充分继承发扬了古典政治经济学的研究范式。奥地利学派从知识分工的角度进一步论证了市场自发秩序,补充完善了关于自由市场和国家干预的内在原理,而哈耶克、罗斯巴德等人从经济学领域进一步深入到政治法律领域对国家权力甚至宪政进行思考,也充分体现出他们已突破经济学的藩篱、在整体制度考察的视野中探索社会秩序和社会问题。马克思政治经济学分析则更为典型,正如诺斯指出的,如果我们想要成功地探讨经济兴衰的原因,还须将视野再开阔一些,而"在详细描述长期变迁的各种现存理论中,马克思的分析框架是最有说服力的,这恰恰是因为它包括了新古典分析框架所遗漏的所有因素:制度、产权、国家和意识形态。"②凯恩斯虽然未涉入政治经济学分析,但经由他的理论变革,市场秩序与国家干预再次成为经济学理论争辩的核心问题,为了厘清这一问题,不论是其后继者(如新剑桥学派)还是批判者(如公共选择学派),都必然地涉入到了政治经济学分析当中。

　　因此,本书分析的三大经济学派都共同凸显出我们必须在整体制度建设的视野下考察市场与国家权力的问题,惟其如此,我们才能对效率、平等及其中的国家作用得出更为深刻的洞察和体认。也正是在这一层面上,三大学派

---

① 森《以自由看待发展》,中国人大出版社,2002,第11章。
② 道格拉斯·诺斯《经济史中的结构与变迁》,上海三联书店、上海人民出版社,1994,第68页。

的有关思想为我们思考和探索现代制度建设给予了丰富而深刻的启示。

（一）对"人性"的重新体认——现代制度设计的出发点

不论是自然演化的社会制度，还是人为建构的社会制度，自由与平等始终是人类孜孜以求的价值目标，但要达到这些美好崇高的目标，我们在思考和设计相应的制度时，却必须从全面认知现实的人性出发。柏拉图在《理想国》中从人性的角度来思索制度想象，以为人性与制度之间存在着博弈和互动，人性是政治制度设计的前提，人性的变化招致制度的失灵，而制度也可以塑造人性。在古典经济学和奥地利学派所秉承的古典自由主义传统中，不论是休谟的《人性论》、曼德维尔的《蜜蜂的寓言》，还是斯密的《道德情操论》，也都体现出以对人性的思考和讨论作为构建哲学和政治经济学理论体系的出发点。马克思对现实制度的批判和对未来社会的构想更是以掌握"现实的个人"为基础，并充满着人本主义的激情。由此，三大学派关于效率、平等及其中的国家作用的思想所具有的共同点、分歧甚至争论，至少在两个方面启示了我们如何去思考人性并在此基础上构建社会制度。

一方面，应适度地看待人的理性及其在制度建构中的作用。柏拉图从理智、激情和欲望三大部分来解读人性的构成。而古典自由主义的诸多思想家也多次论证了人并不是理性的存在，人的理性往往受到激情和欲望的干扰。因此，正如前文所述，不论是为了增进效率，还是为了促进平等，过度夸大人的理性，赋予政府或某种组织以完美的理性，使其扮演着计划、控制甚至取代市场的类似于上帝的角色，就会带来灾难性的结果。1970年代滞胀危机后，人们开始反思凯恩斯主义在国家干预理论中对政府暗含的"道德人"和"理性人"的假设。而苏联几十年计划经济实验的失败，以及1990年代以来的前苏联解体，东欧和中国纷纷放弃计划经济转向市场经济的事实，也证明了马克思思想中的理性主义应该重新得到检讨。对此，本书不再赘述，本书在这里需要另外指出的是，奥地利学派的有限理性认识虽然值得认可，但其过于推崇秩序的自发性和制度的演化，而否定人为设计建构秩序与制度的可能，这种观点也是值得检讨的。秉持"自发社会秩序"理念的哈耶克认为，人类社会中存在着种种有序的结构，但它们是许多人行动的产物，而不是人之设计的结果。"自发社会秩序"所遵循的规则系统即制度是演进的而非人为设计和主观建构的产物,这种演进过程乃是一种竞争和试错的过程,这是制度演进的唯一方式,而任何人为的整体设计都最终会破坏这一秩序的"创造性"。① 然而,哈耶克的这种"审慎理性"却也过于否定了人们的主观能动性,实际上,哈耶克的理论体系本身就存在着进化理性和建构理性的矛盾,他在探索立法与宪政的问题上也显现出不少建构的成分。因此,三大学派在人类理性建构制度方面的思想都存在着明显的不足。如果我们把眼光放到更开阔的视野当中,就会发现布坎南的"有限建构理性"、欧肯的"秩序自由主义"等思想都提供了丰富的启示。布坎南在把自利的"经济人"假设移入政治领域并将政治视为交换的过程的基础上,提出将市场交易中的"一致同意"原则扩展到国家制度设计中,从而使政治过程"成了为获得相互利益而合作的一种途径,而不是一种在个人当中重新分配资源的方法"。布坎南强调立宪上的改革,对人为建构意义上的变革充满信心,他对"一致同意"原则的理解和应用,成为他相信人类能够促使有效率的制度规则产生的基础。欧肯则提出了人类建构自由竞争秩序的可能性。欧肯所指的"秩序"指的是一定制度规则的安排,这种安排呈现出两种不同的状态:一种是现实存在的事实秩序,包括了人们生活于其中的各种可能不令人满意的不断变化的、具体的秩序;另一种是"本质"的秩序,欧肯从拉丁语中借用"奥尔多"来指"合乎人和事物的本质的秩序",是"有运行能力的、合乎人的尊严的、持久的秩序'。② 欧肯区分了两种意义的经济秩序,其目的是为了阐明经济秩序是可以改造的,国家有能力按照"理想的"经济秩序来改造"现实的"经济秩序。但是,欧肯所谓的改造是一种"有限的建构理性"观,在他那里,国家的制度设计必须受到自由竞争秩序的制约,自由竞争秩序是一种赋予市场经济有运行能力的、合乎人的尊严的、持久的秩序,它能同时保证人的自由并承担责任,以实现资源配置的优化。秩序自由主义是靠竞争来实现的,把自由竞争作为经济上符合人性的自然秩序,是秩序自由主义的核心,而正是这种自然秩序形成了我们进行制度建构的衡量因素和制约因素。

可见,布坎南、欧肯等人的"有限的建构理性"观在继承了古典经济学关

---

① John Gray, *Hayek on Liberty*. Oxford,1984;134 – 135.
② 参见瓦尔特·欧肯《经济政策的原则》,上海人民出版社,2001。

于市场自发秩序和对人的有限理性的同时，也调和了理性主义的狂妄，提出了一种对人的理性及其在制度建构中的作用的折衷看法，代表了后继的现代经济学在这方面的新发展，值得我们在当今时代进行制度思考与建设时借鉴。

另一方面，应充分认可人追求"自利"的本性，合理的制度建构并不在于改变甚至取消这一本性，而在于有效地引导这一本性，并将其纳入互利的范围之内。在传统的社会价值观和道德观念中，追求私利总是被当作一种危害社会利益的"恶"，然而，自从市场经济勃兴、近代商业社会崛起以后，追求私利这种"恶"却具有了伟大的社会经济意义。曼德维尔继承和发展了洛克关于个人利益是社会利益之基础的论点，他在《蜜蜂的寓言》中，指出"人生来就是一种自私、难以驾驭的动物"，人类行为，不论是出自生命自保的冲动，还是为个人荣誉感而产生的善举，其动机都发端于利己心，所有的一切行动、一切美德，都起源于这种利己心，没有任何力量能够消灭人类这种自利本性。他批评以人性善为基础来阐释社会形成的理性主义理论，而把社会比喻成一个巨大蜂巢，把人比喻成这个蜂巢中的蜜蜂，最初，蜜蜂们——商人、律师、医生、牧师、法官等，都极力不择手段地满足自己卑贱的私欲和虚荣，整个蜜蜂社会充满自私自利的败行和恶习，然而，正是当他们这样各施本领时，却使整个社会达到了繁荣昌盛，因为在以分工为基础的商业社会中，每个人都通过自己的劳动和活动来满足自己私利的需要。后来蜜蜂们异想天开，想改变自己的本性做诚实的人，结果，私欲以及由此而产生的各种行为的消失，却使得整个社会一片萧条。曼德维尔借助蜜蜂的寓言想证明的是：社会的繁荣和人民的普遍幸福，只有顺应人的利己本性才能实现。虽然这个过程混杂有邪恶，但这些邪恶在人与人必须相互交换才能满足自身需要的商业社会中可以得到克制和纠正。禁欲主义要消灭人的情欲，专制主义要强制人们克己牺牲，理性主义教导人们沉思冥想，其结果只能造成对人性的摧残和对美好事物的毁灭。① 亚当·斯密则进一步系统论证了自由竞争的市场机制，用"看不见的手"的原理清晰地阐明了曼德维尔"私人恶

---

① 参加曼德维尔《蜜蜂的寓言》，中国社会科学出版社，2002。

德即公众利益"的观点。正如前文所述,18世纪完成的最伟大的贡献就是建造了一座桥梁,一端搭在追求"自利"的经济人上,另一端搭在"社会福利"或"集体利益"上。这一伟大发现被后来的奥地利学派、新政治经济学乃至新古典主流经济学(虽然其"经济人"嬗变成为"理性经济人")以各种不同的方式继承。因此,随着市场经济的兴起和日益发展,现代社会可以形成的一个共识就是,在一定的制度条件支持下,个人方面为追求自身利益的动机可以推进整个众人社会的福利。而为此所需的基本制度条件从古典经济学开始就明晰地提了出来,那就是确立和保障私产权,自由竞争的市场制度,以及确保个人在追求私利的同时不侵犯他人利益的正义的法律。这一制度框架既顺应了人性,又能有效地引导私欲最终达成公益。这一认识也成为现代经济学、政治学研究的重要基点之一。

就此而言,马克思的经济分析并没有体现出市场经济能够使私利达成公益的奇妙原理。对于人追求私利这一本性,马克思是持批判态度的。马克思认为,资本主义的建立带来了生产力的高度发展,是人类历史上的一大进步,然而市民社会存在的"个人主义""利己主义"等弊端造成了资本对人的统治,人的劳动变成了受资本剥削的活动,劳动者不能占用生产资料,不能过上有人格尊严的生活。由于早期资本主义存在着资产阶级和无产阶级的强烈分化和对立,所以马克思把对追逐私利的批判主要集中在对资产阶级的资本贪婪性上。在《资本论》中,马克思引用了邓宁的话来揭露资本的贪婪:"资本逃避动乱和纷争,它的本性是胆怯的。这是真的,但还不是全部真理。资本害怕没有利润或利润太少,就像自然界害怕真空一样。一旦有适当的利润,资本就胆大起来。如果有10%的利润,它就保证到处被使用;有20%的利润,它就活跃起来;有50%的利润,它就铤而走险;为了100%的利润,它就敢践踏一切人间法律;有300%的利润,它就敢犯任何罪行,甚至冒绞首的危险。如果动乱和纷争能带来利润,它就会鼓动动乱和纷争。走私和贩卖奴隶就是证明。"①马克思认为资本贪婪的本性不仅给全世界人带来殖民灾难,而且会因为资本家的疯狂投资和生产而导致周期性商品过剩,

---

① 马克思《资本论》(第1卷),人民出版社,1975,第829页。

从而引发周期性的经济危机。马克思把资本主义私有制视为资本主义一切罪恶和危机的根源,因而将治愈经济危机的希望寄托于消灭资本及私有制。其实恰恰相反,早期资本主义的罪恶和经济危机,不是因为资本的贪婪,而是人性的贪婪。人性的贪婪恰恰植根于人类的欲望,因为有欲望才会有罪恶和危机。所以,马克思想消除人类罪恶和经济危机,最根本的办法就是消除人类欲望,而不是废除私有制。然而,消除人类欲望需要走的是宗教途径,而这又恰恰为唯物主义者的马克思所否定。

因此,马克思谴责人追逐私利,却未看到个人对私利的追逐也能带来社会利益。之所以如此,可能与马克思误读了古典经济学对市场机制的阐述有关。马克思一直批判古典经济学将社会解读成原子式的个人的集合,他强调应将人放在社会关系中去解读,提出"人的本质并不是单个人所固有的抽象物。在其现实性上,它是一切社会关系的总和。"①实际上,在古典经济学中,个人并非孤岛上原子式的鲁滨逊,而是具有社会性的存在。曼德维尔就明确指出市场中的人的社会性建立在两个因素的基础上,即大量的需要和满足这些需要所面临的障碍,正因如此,人与人之间才需要相互协作、相互交换。斯密更是完整地阐述了市场作为一个交换的体系,如何促成人们的相互分工、相互合作的,每个人只有通过满足他人的需要才能满足自己的需要,这正是促成私利达成公益的奥秘所在。(只是后来新古典经济学将个人视为完全理性的存在,在追求最大化的过程中将市场沦为了资源配置的手段而非人与人相互交换的过程,才产生了鲁滨逊那样的原子式人物。)市场经济的产生和发展必然是以人的社会性为基础的,市场经济及其所需的一系列制度条件将每个自利的个人纳入了互利协作的范围之内。也许正是由于马克思未能充分注意到这一点,所以他没有从现实制度的变革和建构去解决问题,而是直接通过废除资本主义私有制去建立一个人人自由并且不为追逐私利所困扰的新社会。马克思的制度思考和建构是超越性的,在哲学意义上,他的这些思考对人类消除异化、实现绝对的自由有着重大的意义,但在经济学分析中,至少在实现共产主义社会的条件具备之前,我们仍

---

① 《马克思恩格斯选集》(第1卷),人民出版社,1972,第18页。

需基于现实的人性去展开经济和政治制度的思考与建构,在这方面,古典经济学遗留给我们的伟大发现仍是一个重要的基点。

第三,对人的非理性(包括情感、本能、激情、意志等等)给予充分的认可和认知,并将之融入到现代制度的体系建构中。如前文所述,近代启蒙哲学是以张扬人的理性而压制人的非理性来开启现代社会建构的大门的,西方非理性主义思潮的兴起则表明了人类的理性是人这种生灵在漫长历史中的产物,而人的心理现象的根柢仍在向下延伸到原始的土壤即非理性之中,启蒙运动中的理性主义只从人的理性来解释人性是片面的。后现代主义哲学继承了对理性非难的传统,力图更为彻底地否定认识的确定性和客观性,否定价值的普遍性与客观性,否定历史的规律性和进步性。用否定、消解、摧毁、颠覆等功能性的因素来代替非理性的本能、意志、存在等实体性的因素,以此来瓦解启蒙哲学关于理性的理论基础。不可否认,非理性主义和后现代主义对理性被异化的批判和对人类生存的非理性状态的关注,有很大的理论意义和历史进步意义。然而,如何将对人性中非理性层面的充分认识融合到现代制度的建构当中,两者却是批判、破坏有余,建设不足。

在这里,中国传统文化和哲学却具有更为丰富的智慧和建设性的资源。正如李泽厚所指出的,中国的哲学传统既重视人的理性,同时也重视人是具有本能欲求和自然需要的生物体,不能用某种道德的理性理念将它们抹杀。今天的市场经济打开了这个本能欲望的魔盒,有效地、充分地满足并制造出人的各种欲望,以至物欲横流,光用理性原则和道德律令,不讲情理结构,不能解决问题。李泽厚认为,人性不是自然性,而是人化的自然,是“情理结构”的问题。所谓“情理结构”是回归原典儒学,承继“道始于情”、“礼生于情”,对理性如何与情感、欲望发生关系从而产生人性进行建设性探讨的“情本体”,它来自中国传统,却有世界普遍性。“情理”并不否定理性,只是否定“理性至上”,并包容人的各种非理性因素,积极探讨理性与非理性之间的互动互建。“情理”与“理性”相分殊源于“关系主义”和“个人主义”的不同。梁漱溟、冯友兰和现代中国学者都指出西方传统中人与人之间缺乏“内的关系”,西方从霍布斯以生命安全而定契约、出让权利建立专制国家以来,各家各派从洛克到卢梭到康德等皆以个人为单位、以契约为准则、以理性为基础,形成自由主义的根本原理。然而,这种平行的原子化个人凸显了人的分离性,而缺失了人与人的"内的关系"。与此相对,"情理结构"则着重生存于特定历史群体和处于各种社会关系当中的个人,从而形成了观照人与人"内的关系"的"关系主义"。"情理结构"于外在人文表现为情境、情感对"正义"的范导,于内在人性表现为人性情感与人性能力、善恶观念的谐同。市场经济是在"陌生人世界"中进行大规模分工交换的现代社会,必然要以公平正义的法律体系作为基础,但儒家以亲情为核心通过差序格局不断向外拓展的"有情宇宙观",也依然有利于帮助"陌生人世界"重新建立起各种"关系"中的情感和谐,以"和谐高于正义"的理念来范导和适当构建公共理性所设立的社会性道德和法律规范。这里的"和谐高于正义",是以李泽厚的"两德论"为基础的,即在现代市场经济社会中,一方面要以法治、正义构成的社会性道德(公共理性)为基础,另一方面要以中国传统"情理结构"的宗教性道德来范导和适当构建公共理性的自由主义,而不像自由主义那样固守和夸大形式正义、程序正义,突出原子个人,强调绝对的自由选择和决定。"两德论"容许一定情况下"实质正义"的渗入,这渗入也就是范导和适当构建,它由"历史""情境""关系""情理结构""度""权"等范畴来掌握。当然,对转型社会而言,"法治""正义"尚未实现,因此社会性道德—现代法律—形式正义—"权利优先于善"的公共理性是现代社会生活基础,宗教性道德的情感—信仰只能起范导和适当建构的作用,而不能替代和决定它。前者仍是首要,"适当构建"也必须严格把握,基本原则是不能严重损害前者。

总之,由于以"美德"而不是以"功利""自由选择和决定"和"市场"来引领社会,李泽厚提出了康德 + 孔子的"新儒法互用"的"新内圣外王之道",即以康德强调个体权利的现代性社会道德为基础,加上来源于孔子的"情理结构"的宗教性道德为范导和适当构建,从而达成在正义与和谐相统一的现代社会。人际和谐、身心和谐、天人和谐(人与自然生态的和谐),它们作为"情理结构""关系主义"对现代社会性道德的"范导和适当构建",才是维系人类生存延续的最高层也最根本的"共同善"和"好生活",这才是目的所在。它高于是非明确、公平合理的"正义",但又不能替代正义,而是在正义基础上的和谐,它只能范导和适当构建而不能决定、管辖"正义"。"和谐"属于"以德化民","正义"属于"以法治国"。

李泽厚认为,既强调正义,又以"有情宇宙观"的"和谐高于正义"作范导,是对启蒙和自由主义的继承和超越。而且,这种以人文为基础、以人性为范导所引领的"内圣外王之道",也正是马克思主义在今天的中国化。中国传统通过康德这个最大的理性主义者,包容、吸收、消化从而走出马克思的唯物史观和承续启蒙理性的马克思主义。同时,这也是中国可以为世界做出的一种创新和重建。在当代反理性的大潮中,中国应提出重建理性,但这"理性"不是康德的"先验理性",而是"实用理性";同样要重建文化,不是西方工业革命以来追求物欲的商业文化,也不是基督教禁欲的罪感文化,而是和谐人际、情理中庸的乐感文化。①

不论我们是否同意李泽厚的思想观点,应当认同的是,一旦把人的非理性纳入现代制度建设的思考当中,我们完全可以开放出更广阔切实的视野,得出更加丰富而有建设性的思考,既对三大学派尚未解决的问题找出超越之道,又对自身民族和国家的传统文化产生信心并进行切合现时代的创造性转化,从而为如何在具体的历史情境中探索出自身的现代化转型之路,开辟出更广阔的创新空间。

(二) 市场经济与法治——现代制度建设的基础

古典经济学对促成私利达成公益的市场秩序的伟大发现,引出了一个重大的问题,那就是,在这样的市场秩序中,国家或政府究竟应起什么样的作用或扮演什么样的角色。从某种意义上来说,这一问题是古典经济学形成政治经济学研究范式的重要原因之一,因为在古典经济学家们看来,市场的有效运行必然要依赖于适宜的政治制度和法律制度,而对国家作用的认识即是这种政治法律制度的核心。如前所述,从古典经济学到奥地利学派,一个明晰可见的思想传承就是"最小政府"或者"有限政府",即政府除了保护私产权,为维护市场的自由竞争过程创造良好的条件和框架以外,不应逾矩直接干预经济。这种主张不仅是基于对"看不见的手"的信任,也是基于

① 以上思想参见李泽厚《回应桑德尔及其他》,北京三联书店,2014 年 4 月。

对有限理性的认知。值得指出的是，那种把"最小政府"或"有限政府"与无政府主义划等号的理解是明显错误的，古典自由主义学者们已经在多处明确地表示过，在复杂的社会中，统治者、政府的强制实施作用不可天真地不予重视，必须适当地承认这种作用，政府必须"执行法律""维护和平"，或者说，必须把人民追求私利的行为纳入互利的限度内。

在古典政治经济学的传统中，市场的高效率（这种高效率既以个人自由选择为基础，又体现了个人自由的意义）有赖于一系列制度条件的支撑，而这些制度条件本身就决定了政府的作用。正如布坎南所总结的，市场是一种制度过程，在其间个人彼此相互作用，其目的在追逐他们各自的不论哪一种目的。18世纪哲学家伟大的发现是：在适宜地设计的法律和制度中间，市场中分散的谋私利的个人的行为产生一种自发的秩序，一种分配结果的模式，它不是任何人选择的，但是它可以合适地归类为能反映参加者的价值最大化的秩序。这些价值是什么，完全由过程本身来规定。因此，个人的价值不是存在于规定它们的过程之外，也不是独立于这个过程。从这个意义上来说，只有在这个意义上来说，市场过程中形成的秩序可以被称为或被归类为"高效率"。然而，没有合适的法律和制度，市场就不会产生体现任何价值最大化意义上的"效率"，这些法律和制度包括明确受尊重和强制执行的私有财产权和保证实行契约的程序。① 由此，制度设计面临的一个双重任务就是：既要让政府执行保护私产权和保证实行契约的程序，又要确保政府的作用只限于此，使其权力不会越界甚至反过来造成对私产权的侵犯。对于前一任务，自斯密的古典经济学开始，到后来的奥地利学派、新制度经济学、立宪经济学和新古典经济学都有明确的继承和阐述，而对于后一任务，则是奥地利学派和立宪经济学的研究做出了巨大贡献。

在继承和发扬古典经济学对市场秩序的伟大发现的基础上，奥地利学派学者，尤其是以哈耶克为代表，深刻体认到市场经济本质上是一种法治经济，因而转入到更为广阔的政治、经济、法律互动的领域中进行深入的探究，其代表性的成果体现在《自由秩序原理》《法律、立法与自由》等著作中。哈

---

① 布坎南《自由、市场与国家》，北京经济学院出版社，1988，第89页。

耶克认为,经济学理论诸多成就中的一项成就,便是解释了市场是以什么样的方式促成个人自生自发的活动彼此相适应、相磨合的,但其必须依赖的条件是存在着的人人都知道的对每个个人的控制领域的界定,而这种界定依赖于法治,亦即需要有平等一致适用于每个人的法律,实现"由法律统治而非由人统治"的社会秩序。① 在法治中,尤以对权力进行有效的限制最为重要。就型构自由的社会秩序来说,政府在保护所有人并使他们免受其他人的强制和暴力的方面是不可或缺的,但一旦政府为了达到这个目的成功地垄断了实施强制和暴力的权力,那么它也就变成了威胁个人自由的首要因素。因此,对政府的权力进行限制,便成了 17 世纪和 18 世纪宪政创始者的伟大目标。哈耶克高度赞扬了美国从发表《独立宣言》到制订《联邦宪法》时对宪政诸原则的尝试和贡献,认为它作为一种安排政府制度的方法而言虽然还只是一项试验,而且我们也绝不可能认为它已然穷尽了人类在此领域中的所有智慧,但它所揭示的一些原则却是非常重要的,亦即立法机构须受一般性规则的约束,根据一般性规则而对政府追求即时性目的加以限制的惯例,乃是对背离原则的情况的一种预防措施。宪政和法治是确保自由社会的最终屏障。② 哈耶克这样的思想进路与他的知识分工理论、对有限理性的认知,以及对消极自由的主张都是一脉相承的,前文已有详述,本书在此处要指出的是,从古典经济学到以哈耶克为代表的奥地利学派经济学,他们对我们思考和建设制度的一个最大贡献和启示就是,市场经济的本质是法治经济,而以宪政来约束政府权力尤为法治建设的核心。布坎南在公共选择理论的基础上转而深入立宪经济学的领域进行探讨,也是由于他通过将经济人假设移植到政治领域,并将政治视为交换的过程,充分认识到垄断了强制权力的政府可能给市场秩序和个人自由产生的破坏,从而希望借由立宪约束政府权力来尽可能地减小这种可能性。奥地利学派、公共选择理论和立宪经济学都进一步地完善论证了古典政治经济学传统关于"最小政府"或"有限政府"的立场,对当今的制度建设提供了深刻的启迪。

---

① 哈耶克《自由秩序原理》,北京三联书店,1997,第 10、11 章。
② 参加同上,第 12 章,以及哈耶克《法律、立法与自由》(第 3 卷),中国大百科全书出版社,2000,第 18 章。

由此,我们也可以批判性地看出,不论是出于增进市场效率还是促进社会平等的初衷,凯恩斯经济学在赋予政府极大的干预权力的同时,确实缺乏在制度性建构中应有的对国家权力扩张的警惕。如前文所述,这和凯恩斯的理性主义并且将政府视为"道德人"有关,奥地利学派和公共选择学派对此都进行了批判,证实了凯恩斯主义在这方面的浪漫主义错误,正如瓦尔特·欧肯所言,"经济上发生的事情充满了权力博弈,谁不理解这一点,丧失了对权力博弈以及对它的冲击力和破坏性的知觉,谁就理解不了经济。"[1]现代经济学的发展已经足以使我们充分体认到,"当个人由市场中买者或卖者转为政治过程中的投票者、纳税人、受益者、政治家或官员时,他们的品性不会发生变化。"[2]由此,宪政秩序就极为关键,"对处在代表国家行事地位上的人,如果要适当地设计出能制约赋予他们的权力和他们在那些权力范围中的行为的法律—宪法条款,我们就一定要把他们看作是以他们自己的权力最大限度地追逐纯财富的人。'公仆'和在市场中的人们一样,他们的行为可以约束在互利的限度之内。"[3]

在这里,一个有趣而很值得研究的问题冒出来了,为什么浸淫在西方文化传统中的凯恩斯及其后继者新古典综合派、新剑桥学派,甚至当今新古典主流经济学,在将政府视为市场效率和市场分配结果的补救者的同时,都丢失了西方文化传统中固有的幽暗意识? 著名史学家、台湾"中央研究院"院士张灏专门研究过幽暗意识这一问题。所谓幽暗意识是发自对人性与宇宙中与始俱来的种种黑暗势力的正视和省悟:因为这些黑暗势力根深蒂固,这个世界才有缺陷,才不能圆满,而人的生命才有种种的丑恶,种种的遗憾。幽暗意识起源于基督教中关于人的"原罪"说,基督教认为,人为上帝所创造,都有灵魂,都有其不可侵犯的尊严,但人又有与生俱来的一种堕落趋势和罪恶潜能。基督教对人的这种"双面性"的了解,尤其是对人性堕落和恶的一面的正面彰显和直接透视,就形成了其幽暗意识。幽暗意识造成基督教传统重视客观法律制度的倾向,寻求从制度上防范和疏堵人性中的恶。

---

① 瓦尔特·欧肯《国民经济学基础》,商务印书馆,1995,第189页。
② 布坎南《宪法经济学》,生活·读书·新知三联书店,1996,第341页。
③ 布坎南《自由、市场与国家》,北京经济学院出版社,1988,第140页。

基督教与西方自由主义的形成和演进有着牢不可分的联系,17、18世纪英美自由宪政运动的发展从一开始就和基督教的新教,尤其是新教中的加尔文教派有着密切关系。加尔文教派16、17世纪在英国发展成为清教徒教会,清教徒的幽暗意识随时提醒他们:道德沉沦的趋势,普遍存在于每个人心中,不因地位的高低、权力的大小而有例外,就人的罪恶性而言,人人平等。英国史学家阿克顿爵士更是直接指出,要了解人世的黑暗和人类的堕落性,最值得我们重视的因素就是权力。所以,对权力的警觉深深地浸透在西方人对政治制度安排的意识当中。诚如英国史学家布莱士所说,当美国"开国诸父"于1787年聚集在费城草拟宪法时,他们的思想是带有浓厚的幽暗意识的。他们的基本精神是理性主义,但这份理性主义却含藏着戒慎恐惧的现实感。①　可见,对国家何以能有效干预或者说在什么样的前提条件下来保障国家有效干预这一重大问题,凯恩斯及其后继者新古典综合派、新剑桥学派,甚至当今新古典主流经济学都简单地以政府是"道德人"和"理性人"的假设来进行了回避,从而在理论体系中集体丢失了对权力机构及其组织应有的这种幽暗意识。就此而言,布坎南的公共选择理论其实就是用经济学的分析术语和分析工具重新表达和恢复了西方思想文化传统中的幽暗意识,纠正了凯恩斯及其后继者的错误。实际上,事实也证明凯恩斯在提出国家干预理论时附带的两个重要条件早已遭到了破坏。如前文所述,凯恩斯提出国家干预只能限于私人园地不能做到的地方,以及各种财政和货币政策的干预只能作为短期内应对经济景气的调节措施,长远的经济调节还是应让位于市场本身。然而,从20世纪以来的各国实践经验来看,政府干预不仅扩展到了私人企业自由竞争的范围内,而且还变成了像吸毒一样的欲罢不能并且愈演愈烈的长期行为。这就不幸地印证了哈耶克早就提出过的警告:"如果那些较为保守的干预主义者相信自己有能力把政府的控制活动严格限制在他们所赞同的特定范围内,那么我们便可以说,这纯属幻想。在民主社会中,一旦人们接受政府应当对某些特定群体的地位或生活承担责任这项原则,那么这种控制活动就不可避免地会被政府扩展到其他领域,用以

---

①　张灏《幽暗意识与民主传统》,新星出版社,2006,第23-33页。

满足大众的欲求和偏见。"①

　　与古典经济学和现代经济学相比,马克思则在一个超越的层面上构想了未来的社会制度。如前文所述,马克思对国家的阶级本质及其在资本原始积累中的恶行有着透彻的认识,通过对资本主义社会这一典型形态的"人体解剖",马克思指出必须消灭支配与被支配、剥削与被剥削的关系,人们才能实现经济上的平等,才能从外界条件的束缚之中解放出来,最终获得自由。为此,不仅资本主义私有制要消灭,国家也要消亡,在未来的"自由人联合体"中,取代国家的将是一般的行政管理。可见,在马克思对未来的社会制度构想中,国家这一具备支配性和强制性的政治权力是不存在的,因而支配与被支配关系的也就得以消除。马克思之所以提出消除支配与被支配的关系,是从祛除人的异化、使人得到绝对自由的超越意义上来说的。汉娜·阿伦特指出,马克思提出"支配他者的人,不能获得自由",这一命题意味着马克思要实现无支配者、普遍的平等的自由,这是对西方政治传统的彻底颠覆。然而,马克思虽然力图使人摆脱受奴役、剥削和压迫的状态,从而使人真正获得自由而全面的发展,但"无支配者"的社会却仍然摆脱不了现实社会的一个重大缺陷,那就是官僚体制式的专政。马克思以及其后来的继承者列宁都错误地把行政管理作为无支配状态下对彻底普遍平等的人们进行管理的一种形式。行政管理看起来是"无人支配的",但实际上,它却对谁都可能实行支配,这种集体社会的行政管理就是一种官僚制,"无人支配"对于被支配者来说,只能使他们感受到更强烈地被支配。因此,在阿伦特看来,马克思的自由观最终陷入了困境:无支配者社会最终陷入官僚制的泥潭,人的自由无法实现,而必然性规定下的人的自由又无从谈起。因此,消除了支配与被支配关系的共产主义社会只是一种乌托邦,它只是马克思对理想人性的一种最真实的表达。透过这一困境,阿伦特指出,马克思对传统自由观的挑战并未超出西方传统自由观,支配仍然是未来社会政治生活的实质。对政治传统存在的基础——支配与被支配关系——的颠覆是马克思"自由王国"不能实现的根本原因。②

① 哈耶克《个人主义与经济秩序》,北京三联书店,2003,第158页。
② 汉娜·阿伦特《马克思与西方政治思想传统》,江苏人民出版社,2007。

阿伦特对马克思的这一批判确实道出了一个事实，即人类至少在很漫长的历史时期内都无法消除支配与被支配的关系，因而也无法消除官僚主义。实际上，与阿伦特的这种洞察相呼应，中国学者孙越生在《官僚主义的起源和元模式》中更加详细而透彻地分析了这一问题。孙越生认为，马克思关于人的本质是社会关系的总和这一深刻的论断在解释官僚主义上具有关键的意义，从猿到人，最根本的因素是社会性的，因为要在严酷的原始环境中达到种的生存与绵延，人类必须组织起来团结一致共同生存，也就是说，用内部的有组织状态来反对内外的无政府状态，用内部的人道主义来抵抗外部的兽道主义，这是种的生存的不二法门。因此，人类在起源之初就伴随着组织的诞生，而正是这种为反对无政府状态而产生的有组织状态，或广义的有政府状态，这种迈向人的起步、政治性的起步，即依靠管理者来组织协调众社会猿（社会人）之事，以克服内外无政府状态的社会组织（原始政府，原始国家的雏形或萌芽）的出现与发展，成为人类的政治原罪——官僚主义的滥觞。官僚主义最原始最本质的表现就是，一个群体的成员，利用他在群体组织中的权力地位，发泄人性中恶的一面的卑微感情，以强凌弱，作威作福，称霸谋私，由群体的公仆变成群体的主人，这种表现千古一理、中外同型。简言之，人类为了防止人性中的无政府状态对自身的毁灭而组织起来过有政府状态的生活，从而招致人性中压迫剥削这种恶对有组织有政府状态这种善的寄生，这就是官僚主义弊病的由来，就是人类难以根绝官僚主义的根本原因。官僚主义必然寄生于组织而存在，借善而滋长，而逞凶。只要有组织，而且不管是什么组织，大的小的，公的私的，官的民的，地上的地下的，世俗的天国的，文的武的，老人的小孩的，经常的临时的，政治的非政治的，洋的土的，共产党的非共产党的……就有可能寄生官僚主义。当然，其运动形态与危害程度会视条件的不同而不同。没有组织，没有管理，也就没有任何官僚主义。人类想在官僚主义问题上除恶务尽，只能消灭一切组织，消灭任何政府，消灭社会。但是这样一来，人类反而会受到无政府主义的加倍惩罚而毁灭自己。巴枯宁和克鲁泡特金提倡无政府主义，说明他们在人类起源问题上一窍不通。人类永远不可能釜底抽薪地消灭官僚主义，而只能不断克服、抑制和减少官僚主义，使之逐渐改变运动形态，达到一个当时当地大多数人可以忍受的程度。官僚主义和克服官僚主义,同苦与乐、爱与憎、生与死一样,是人类与生俱来、与死俱灭的永恒主题。因此,忽视官僚主义问题,是马克思国家消亡论陷于片面性缺点的直接原因。国家的政治职能永远不会消失。国家不是消亡,而是日益调整层次、结构和逐渐转变职能,由战胜和改造敌对阶级的职能,逐渐转变到以克服自身官僚主义为主要特征的现代化建设职能。①

此外,本书认为,马克思之所以批判现存制度而将希望寄托于未来的制度,还与当时的历史条件有关。诚然,马克思对自由主义民主的批判集中在其宪法安排方面,但在了解这些批判之前,必须要指出的一个事实是:在马克思的时代,资产阶级所实现的民主是非常有限的,资产阶级没有实现在革命年代许下的自由、民主、平等的诺言,伴随着资产阶级取得政治统治,这些诺言纷纷破产,正是这样一种几近讽刺的历史画面才产生了近代意义上的社会主义运动。在英国,自由主义的统治导致了社会的两极分化,英国成了首相迪斯雷里所说的"两个民族"——富人和穷人对立的国家。即使进行了1832 年第一次议会改革,选举权仍然要以 10 镑作为财产限定条件。到 1867年第二次议会改革,选举权才开始扩大到城市工人阶级。美国实行联邦制以后,广大的妇女、黑人、印第安人都没有投票权。各种各样的居住、财产的限定条件也仍然是有效的。托克维尔在《论美国的民主》中说每一个美国公民都有选举权和被选举权,但实际上,并不是每个美国居民都是公民,公民被定义为有投票权和被投票权的居民。在法国,普选权是对于有教养的选民而言的,直到 1884 年,法国的男性公民才较为广泛地享有了普选权。而对于妇女来说,英国妇女在第一次世界大战之前没有选举权,法国妇女则要到第二次世界大战以后才获得选举权。当时正如马克思观察到的:"这种所谓的人民主权,无非是君主国的有产阶级为了夺取君主的权利而让各非有产阶级相信的骗局……穷人到处都在受苦,而不是在进行统治;劳动者在服从,而不是在指挥;小商人和小业主在劳动,而不是在发号施令;富人到处都

---

① 参见孙越生《官僚主义的起源和元模式》,福建教育出版社,2012。

由于金钱的影响而在进行统治,并且参加政权,担任官职。"①马克思还专门评述了1848年法国通过的新宪法,认为新宪法的特点是它一方面宣布实行普遍的自由,另一方面却又在实施细则中将这一自由取消。比如七月王朝过高的选举资格限制被取消,直接的普遍的选举权得到确认。但是,1850年的选举法不仅把政治犯,不仅把所有被认为藐视早已确定的社会舆论和出版法的罪犯一律划入不能享受政治权利的范围,而且实际上规定了居住资格,从而使三分之二的法国人不能参加投票。结果,只有资产阶级可以不受其他阶级的同等权利的任何妨碍而享受这些自由。因而,"宪法的每一条本身都包含有自己的对立面……在一般词句中标榜自由,在附带条件中废除自由"。② 因此,新宪法是虚伪的宪法,资产阶级的民主是虚伪的民主。

由上可见,马克思对自由主义民主的批判,正是以自由主义民主在那个时代的狭隘与限度为背景的:民主作为国家制度,淋漓尽致地体现着它的阶级性质。不过,马克思并没有因此在一般意义上否定民主,恰恰相反,作为资产阶级和无产阶级反对封建制度和绝对主义国家的武器,马克思给予民主高度的认可,在指出政治解放还不是人类解放的同时就说:"政治解放当然是一大进步;……在迄今为止的世界范围内,它是人类解放的最后形式。"③而且,马克思还指出资产阶级民主提供着民主的进一步发展,直至国家最终消亡的必要性和可能性。

然而,马克思所没有想到的是,市场经济以分散决策为基础,这一特点在本质上就是一种与传统集权相对的分权,因此,随着市场经济的日益发展,市民阶层也会越来越壮大,从而形成制衡国家权力的力量,这就使得法治和宪政成为改善早期自由主义民主制度弊端的可能。以分权为基础的市场经济是一个非人格化的机制,它的发展构成了人类社会从"人治"转向"法治"的关键因素。哈灵顿就曾指出亚里士多德的"由法律统治而非

---

① 马克思《克罗茨纳赫笔记》第4本,载《马列著作编译资料》第11辑,人民出版社,1980,第58-59页。

② 《马克思恩格斯选集》第1卷,第598页。

③ 《马克思恩格斯全集》中文1版,第429页。

由人统治"这一概念正是市民社会赖以建构和维护的基础。① 实际上,正是在市场经济发展的基础上,英国光荣革命才得以确立了"有限政府"这一法治原则,而这一原则一经确立,就随之出现了许多新的政治经济制度,例如王室的财政与国家财政分离,政党不能从事营利事业,企业成立不需政府批准而自动注册,从事国际贸易不需要经过国家特许,等等。这些制度不仅保障了原来在大西洋贸易中得以成长壮大的新富阶层的利益,也使得一般民众可以自由从事大西洋贸易而获取利益,这就打破了英国原来封建社会中不可逾越的特权等级,使社会阶级有了很大的流动性,从而建构维护了一个生机勃勃的市民阶层,并且有力推动了经济发展和引发了工业革命。②

因此,三大学派以上互有长短的制度思考留给我们当代制度建设的深刻启示就是,在市场经济发展的基础上,应对国家权力有可能产生的机会主义行为、官僚主义弊端等潜在威胁保持高度的警惕,我们固然可以希望国家权力在促进市场效率和社会平等方面发挥某些作用,但断不能因此而盲目地、毫无防范地任由国家权力的扩张,由此,通过宪政来塑造一个既有效又有限的政府应是现实中制度建设的核心。正如当代的宪政经济学研究所揭示的,制度不仅仅是一种简单的安排,而是一个立体的结构,在这个结构的上端,就是宪法。宪政是制度中的重中之重,它是生成制度的制度,是规则的规则,是元制度、元规则。当宪政出现问题时,它对社会的损害比一般的制度问题更严重。波普曾指出,一切政治问题都是制度问题,"我们需求的与其说是好的人,还不如说是好的制度。……设计使坏的统治者也不会形成太大损伤的制度是十分重要的。"③为此,我们只有逐步建立一种布坎南所说的"作为危机防范机制"的宪政体制,才能真正彰显未雨绸缪的政治智慧,才能顺应市场这一非人格化机制的发展对人类社会

---

① 参见哈耶克《自由秩序原理》(上),北京三联书店,1997,第208页。

② 麻省理工学院的强森、阿西莫格鲁和加州大学伯克莱分校的罗宾森等人在《欧洲的兴起:大西洋贸易、制度转变与经济增长》一文中对上述问题做了深入研究,杨小凯对此做了介绍。参见杨小凯:"为什么工业革命在英国而不在西班牙发生",《杨小凯谈经济》,中国社会科学出版社,2004.

③ 波普《猜想与反驳》,上海译文出版社,1986,第491页。

从"人治"转向"法治"的要求，才能体现出"市场经济是法治经济"的真实内涵。

（三）弱势群体、分配正义与国家权力——现代制度建设必须直面的问题

市场经济诚然有着有史以来最高的生产效率，但不可否认的是，它也像一个巨大的陀螺，在飞速运转的过程中也制造出了贫富的日益悬殊，一些在市场分配过程中处于劣势的人形成了弱势群体，而他们对分配正义的诉求、对国家权力加以干预的要求则是无论如何不可回避的。就此而言，凯恩斯及其后继者之一新剑桥学派提出的以国家干预来促进社会平等的思想有其理所当然的社会基础，只不过如前文所述，由于他们对国家权力扩张存在的潜在危险未加考察，并且浪漫地将国家视为追求社会福利最大化的"道德人"，导致他们的理论体系在付诸现实应用时产生了极大的弊端。而马克思则将分配正义、实质平等的最终实现寄托于国家已经消亡的共产主义社会，如前所述，其理论体系在通过国家消亡来颠覆支配与被支配传统的同时，却未能有效地说明和解决未来的行政管理组织如何与国家相区别，如何从根本上消除由人性的恶寄生在组织管理上而形成的官僚主义弊病，以及如何在无法真正取消政治的情况下彻底根除压迫与被压迫这种不平等的关系。因此，至少在实现共产主义社会的条件具备之前，这一理论构想在现实的制度建构中缺乏操作性。奥地利学派有效地关注和分析了借助国家权力来解决市场效率和社会平等问题时可能导致的对个人自由的威胁，并由此切入到制度建设的核心——法治和宪政，其理论体系对现实的制度建构具有深刻的指导意义。然而，奥地利学派对分配正义的否定和排斥，却也是典型的自由主义传统的硬伤，这一硬伤也是自由主义传统在被社会接受的过程中产生离心力的重要因素。因此，本书在此处着重反思批判奥地利学派在解决弱势群体和分配正义问题上的重大不足。

自由主义的经济学传统对分配正义的消解源远流长。古典经济学强调市场的自由选择和自发秩序是符合自然法的，因此，市场经济符合人的自然本性，在市场与国家关系问题上就应推崇最小限度的国家，反对国家对市场的干预。如果说在斯密和李嘉图那里，财富的分配还是与阶级关系相联系

的,利润、地租和工资是地主、资本家和工人的基本收入,那么从萨伊开始,分配正义问题就完全消解到市场的自然分配理论之中。萨伊把工资、地租和工资作为生产三要素的自然报酬,由此,分配过程不是独立于生产之外的,而是生产过程的自然延续。后来的边际生产力分配理论进一步把分配变为不同要素的边际生产力的贡献问题,分配正义于是完全被消解掉了,分配正义问题成了不同要素在总产品中所占份额的分配。在古典经济学看来,只要不存在垄断和妨碍自由竞争的政治障碍,市场均衡价格是公平价格,不同社会集团按照其对社会总产品的边际贡献得到的收入就是公平的报酬,自由竞争经济是满足交换正义和分配正义的唯一途径,这就是斯密眼中市场这一“看不见的手”的作用。这一思想路径深刻地影响了后来的经济学和自由主义的发展。在瓦尔拉斯的均衡分析中,交换正义的要求被转变为完全竞争的预设条件,经济学的主流朝数理化、抽象化和形式化方向发展。新古典主流经济学预设了自由竞争市场作为讨论的出发点,交换正义和分配正义按其定义已经在理论预设中作为前提。市场作为资源配置和分配的基本机制,只有在失灵时才需要政府干预,而市场失灵是完全从技术上定义的,与道德无关。因此,新古典经济学以及现代自由主义反对政府出于道德和政治原因进行再分配。从古典经济学到现代经济学的发展过程是一个不断纯化其政治和道德内容的过程,从政治经济学体系发展到纯粹经济学体系,从而消解了分配正义,是自由主义坚持交换正义反对分配正义、强调自由而轻平等的一大原因。

奥地利学派虽然没有像新古典经济学那样变成纯粹的经济学分析体系,而是继承了古典政治经济学分析的传统,但也同样深受自由竞争市场秩序自然能产生公平分配这一理念的影响。米塞斯和当今美国奥地利学派经济学者科兹纳等人从资本理论和企业家理论对市场效率的解读,以及哈耶克从知识分工理论对市场运作机制的解读,都使他们深信市场本身就是解决贫困问题、实现公平分配的好方法,米塞斯就有一句经典的话,“在前资本主义时期,对付贫困的方法就是施舍,富人或是因求告或是因强迫而对穷人施舍。而资本主义的方法就是生产量大而价廉的产品,这一方法还要求通过节俭积累大量的资本。施舍不可能提高平均生活标准,但节俭和资本积累却可以做到。"①当然,如前文所述,奥地利学派之所以反对通过国家干预来实现再分配的平等,还有一个主要原因就是担忧国家权力的扩张对个人自由造成无可挽回的侵害。正是基于对个人自由的保护,奥地利学派只主张"法律面前人人平等"的权利平等,而反对借由国家干预实现的分配平等,认为后者只会带来更大的不平等甚至奴役。因此,出于对国家权力侵害个人自由和个人权利的防范,奥地利学派排除和否定了分配意义上的实质平等,这对于有着强烈呼吁的社会庞大弱势群体来说多少显得冷漠无情,因而直接招致人们对奥地利学派乃至自由主义传统的批判和讨伐。

然而,认为奥地利学派以及整个自由主义传统是为强者、富者说话也是显失公平的。实际上,奥地利学派对市场秩序的解读以及最终对宪政法治的诉求,正充分体现了其旨在保障相对于国家强权而处于弱势地位的每个个人的自由和权利,其对自斯密以来所传承的"伟大社会"的解释是以个人自由选择为基础的。正如阿克顿所言:"自由的试金石就是身处弱势的少数人所享有的地位和安全状态。"②因此,我们并不能简单指责奥地利学派不关心弱势群体,其整个思想体系也充满着对如何实现弱小的个体免于强制的自由的关怀。但是,因为解决不了实现分配平等可能导致的权力扩张和个人自由之间的冲突,而简单地否定实质平等,只主张权利平等,这也构成了奥地利学派乃至自由主义传统武断和片面的地方。

实际上,权利平等与实质的分配平等并不是水火不容的关系,权利平等仅仅是平等的一部分,出于对个人免于强制的自由的保障,追求实质平等必定应该以先满足和实现权利平等为前提和基础,但是如果只有权利平等而放弃实质平等,那么权利平等最终也会反过来受到侵害。阿瑟·奥肯在《平等与效率——重大的抉择》一书中,就深入思考了这个问题。他指出,不可否认的是,市场在创造高效率经济的同时不可避免地产生了各种不平等,因而在平等与效率之间,社会面临着一种抉择。资本主义具有双重标准,它一方面宣扬和追求一种平等主义的社会政治制度,另一方面又刺激经济发展过程中的两极分化。当然,这种平等与不平等的混合的社会制度反映的是

---

① 参见米塞斯:"马克思主义百年",米塞斯《货币、方法和市场过程》,新星出版社,2007。
② 阿克顿《自由与权力》,商务印书馆,2001,第312页。

各种艰难的妥协,而不是根本的矛盾。但在效率与平等之间权衡抉择时,一个重要而不应忽视的原则就是平等分配的权利不应该被金钱所买卖。贫富分化产生以来造成的一个现实就是,有钱人已经可以用金钱买到很多民主社会里原本不出售的东西,比如,金钱购买了法律服务,以此可以在法律面前得到偏袒,金钱购买了讲坛,以此使讲坛占有者的言论自由有了格外的分量,金钱收买了有权势的组织选举的官员,从而损害了一人一票的原则。尽管金钱一般不能直接购买到权利的额外帮助,但在事实上,它能够买到的种种服务可以产生更多、更好的权利,即使是法律面前人人平等这一神圣的权利也经常被金钱所亵渎。金钱对权利的某些侵犯是对美国、对公众自由和民主的社会义务的嘲弄。某些我们最珍视的权利,被拍卖给了最高报价人。当富人与穷人间的物质生活水平如此悬殊时,这些侵犯会成为犬儒主义、激进主义和异化思想的重要来源。也正如柯密特·高登在为此书写的序言所说的,平等权利和不平等收入的混合结果,造成了民主的政治原则和资本主义经济原则之间的紧张关系。有些大获市场奖励的人,用金钱来谋取额外的权利帮助,而这些权利本应是平等分配的。对这些人来说,他们提前起跑使得机会不均等了。对那些在市场上受到惩罚的人来说,其后果是一定程度的被剥夺,这与人类尊严和相互尊重的民主价值观相冲突。①

　　因此,奥地利学派完全否定分配正义、简单地割舍掉实质平等是武断片面的,这不仅导致其所主张的"法律面前人人平等"的权利平等最终会因实质的不平等而受到侵害,而且在本身"自由、平等、民主"的价值观体系中也是难以自圆其说的。与此相比,我们必须承认的是,马克思虽然最终在处理国家权力的问题上存在着矛盾和空白,但他的理论体系却始终贯彻了自由与平等这两条不可分割的主线。马克思衡量时代和制度的基准其实包含了两个问题。一是,谁受到了不公平的对待? 他们就是马克思时代的无产阶级(在今天就是社会分配中的最不利者或弱势群体)。二是,他们在哪些方面受到了不公平的对待? 对此,马克思是从异化和剥削这两大方面来展开分析的,而从政治哲学和经济学的观点来看,**异化就是自由问题,剥削就是**

---

　　① 　参见阿瑟·奥肯《平等与效率——重大的抉择》,华夏出版社,1987。

平等问题。人的解放最终要同时实现在自由和平等这两个不可分割的层面,这也是马克思将共产主义社会描述为以"平等"为基础的"自由人联合体"的意义所在。就此而言,我们不得不说,相比之下,只偏重于自由的奥地利学派乃至自由主义传统是单薄的。

在这个意义上,罗尔斯的《正义论》可以说是自由主义传统试图重新将实质平等纳入理论体系的一种努力。罗尔斯为分配正义问题提供了一种内在的理论。在罗尔斯看来,一个理想社会的分配方式应该是完全平等的,但这是不可能的。如果任何现实社会都无法做到完全平等,那么分配正义的问题就变成了:在什么情况下一种不平等的分配能够被称为正义的? 为了回答这个问题,罗尔斯提出了他的两个正义原则,第一个正义原则规定和保障公民享有平等的自由权利,罗尔斯将其概括为平等自由原则。他认为,公民平等的自由权利包括政治自由、言论和集会自由、良心的自由与思想自由、组织政治团体的自由、选择职业的自由、保障个人财产的权利、依法不受任意逮捕和剥夺财产的自由等。基于正义,罗尔斯宣称每个公民所拥有的这些自由应该一律平等。第二个正义原则被用来确保平等的分配,具体分为两个部分,"社会和经济的不平等,应该这样加以安排,以使它们:1. 适合于最不利者的最大利益,并与正义的储蓄原则相一致;2. 在公平的机会平等的条件下,使所有的职务和地位向所有的人开放。"第一个部分被称为差别原则,它适合于收入和财富的分配,第二个部分被称为公平的机会平等原则,它适用于机会和权力的分配。罗尔斯正义原则的关键是差别原则,它集中体现了罗尔斯的一般正义观念,即"所有的社会价值,自由和机会,收入和财富以及自尊的社会基础"都应该加以平等地分配,除非对所有这些价值或任何一种价值的不平等分配有利于每一个人。罗尔斯提出差别原则来保证分配领域的平等,而分配领域的平等取决于社会经济制度的安排是否有利于最不利者。也就是说,如果一个社会声称自己是平等的,那么,它就必须尽最大努力来帮助那些社会处境更差的人们。①

罗尔斯通过《正义论》,重新将自由与平等作为政治哲学的两大核心命

---

① 罗尔斯《正义论》,中国社会科学出版社,1988。

题,可以说是对马克思当初以"平等"为基础构建"自由人联合体"的制度思考的遥远呼应。只不过,马克思的自由平等观是超越的,其实现留待于共产主义社会,罗尔斯的自由平等观是内在的,与现存政治秩序正相对应。虽然罗尔斯的正义原则自诞生以来就受到诸多挑战,例如,诺奇克以"最低限度的国家"作为批驳的逻辑起点,从市场经济的角度来阐述正义,坚决主张把自由优先、个人权利至上的原则贯彻到社会和经济利益的分配领域。他指出了罗尔斯的差别原则有可能导致国家权力的扩张以致反而损害其第一正义原则,并提出了以权利为核心的持有正义原则来与差别原则相对抗。① 但无论如何,即便罗尔斯的正义模式不是独立可行,它也是对哈耶克与诺齐克问题的合理救济。而且,在实践中,罗尔斯的理论更具真实性,因为一个最基本的事实就是:平等作为一种最基本的观念与要求,它决不是理性主义建构出来的,也不是某个具体头脑预设出来的,而是众多个体在现实生活中产生的共同需求,甚至是一种共同的奋斗目标,自文艺复兴以来,平等就作为一个最广泛的要求和一个最基本的口号活跃在政治文化领域,反映着人性的一个基本需要和诉求。事实上,正如姚中秋所言,中国自由主义放弃了社会保障和社会福利,形成了奇怪的政策结论。在中国这种大多数底层民众不能享有基本生活条件的语境中,这就使得自由主义很容易被大众抛弃。光靠自由主义传统的常识是解决不了全部问题的,我们还必须应对挑战,在特有具体的国情和语境中解决这一难题,以使自由主义创造性地在中国扎根。②

因此,如何有效地借用国家权力满足人类对实质平等的本性需求,克服市场经济在高效率运转的同时产生的两极分化,同时又防范国家权力的扩张可能对个人自由和个人权利的侵害,这是制度建设必须直面的难题。权利平等与实质平等是相伴相生的,仅仅要求权利平等,而简单地否定实质平等,最终也可能导致权利平等的落空。因此,在以市场经济为基础的现实制度建构中,人类始终面对的是在效率与平等中权衡抉择,而不是放弃在实质平等方面的努力,除非能消除人类与生俱来、历史上一直客观存在的对实质平等的需求与欲望(但这已属于宗教的范围)。既然人类社会到目前为止,

---

① 参见罗伯特·诺奇克《无政府、国家与乌托邦》,中国社会科学出版社,2008。
② 姚中秋:"中国自由主义二十年的颓势",载于香港《二十一世纪》,2011 年 8 月。

已经经由市场经济的发展发现了通过法治宪政来约束政府权力、确保个人自由和市场效率的有效制度规则,那么我们就有理由相信,人类在制度创建方面的智慧还远远没有穷尽,只要正面(而不是逃避或否定)制度建设中的难题,我们终究能探索出国家权力在个人自由、市场效率和社会平等之间发挥最优作用的制度结构。这应该是三大学派的相关制度思考提供给当今制度建设的最大启示和时代命题。

五、有限政府与有效政府——国家与市场关系的重塑

无疑,奥地利学派和马克思学派都继承了斯密的古典政治经济学传统,前者主张一个有限政府,后者甚至主张国家的消亡,而以有组织的生产取而代之。凯恩斯主义虽然提出了国家干预理论,但终究还是未能跳出斯密设定的以市场调节为根本机制、国家作为守夜人的框架,只是在政府作为道德人、理性人的潜在假设下,提出国家干预只能在短期内熨平经济波动、弥补市场失灵的主张。然而,有没有另一种可能来正视国家的积极作用,并在具体的历史情境下重塑国家与市场的关系呢? 对此,本书最后有必要结合历史现实与其他学科的思想理论进行重新思考。

（一）国家 VS 市场——传统框架的零和博弈?

自从亚当·斯密在《国富论》中系统阐述了一个以分工和交换为基础的"自然的自由体系"之后,经由李嘉图、马歇尔等人的努力,关于自发调节市场体系的理论认知变得日益成熟和精确。斯密在学说中还阐述了国家的三项职能,即保卫国防安全、提供公共产品以及公平正义的司法制度。但到了新古典经济学理论中,国家或政府及其相应的制度结构作为不言而喻的前提假设,甚至消失在讨论对象当中,人们主要关心的是市场如何自我调节并高效率地配置资源。直到 1930 年代大萧条时期凯恩斯主义应运而生,对政府干预及其手段和作用的讨论才又卷土重来,并奠定了宏观经济学的理论体系。从 1930 年代中期到 1960 年代,凯恩斯主义为政府积极管理经济提供了合法性,并支配着西方的国民政策。但反对国家干预的声浪从未停息,国家干预 vs. 自由市场从此成为经济学争论的重大主题。1970 年代的滞胀危机第一次宣告了凯恩斯主义的破产,甚至使得"反凯恩斯主义是世界上增长

最快的产业"①。二战以来一直宣扬自由市场的米塞斯、哈耶克、弗里德曼等经济学家的思想产生了日益广泛的影响,1980年代英国撒切尔夫人和美国里根总统的各种自由化改革就是这种影响下的典型产物。随着1986年公共选择理论的创建人布坎南获得诺贝尔经济学奖,其关于担任政府公职的人也是经济人以及政治是一种类似于市场的交换过程的观点日益深入人心,并进一步强化了经济自由主义中排斥政府干预的观念,由于"政府失灵"的存在,市场失灵不再是政府干预的充分理由。

于是,国家(或政府)VS市场这一传统框架逐渐形成并强化,在这个框架中,反对政府干预者认为政府和市场是一种相对立甚至相对抗的关系,由于市场的自发调节具有最高的资源配置效率,所以政府干预必然促成市场的低效率,并产生寻租腐败等各种问题。而主张政府干预者,不论是提倡政府驾驭市场还是政府配合市场,基本也是把政府和市场看作两个相对的主体,并且政府干预的合法性是建立在市场失灵的基础上,亦即政府干预是为了弥补市场的不足。由此,不论是反对还是赞成政府干预,国家VS市场的传统框架都将政府与市场的关系设定为一种零和博弈,亦即在政府越多干预的地方,市场的运作就越少,政府的进就意味着市场的退。

政府与市场这种零和博弈的思维已经深深地浸透到各国的经济政策制定与实践当中。最典型的表现就是华盛顿共识在拉美自由化改革中的实践。华盛顿共识主张稳定市场、放松政府管制,认为经济发展的关键是实现自由市场经济和货币稳定,这成为拉美改革的核心内容,其所提出的十项经济政策清单成为具有纲领性的、对拉美改革过程产生深刻影响的政策文献。1990年代,阿根廷、墨西哥、巴西、乌拉圭等国家先后在国际货币基金组织要求它们进一步开放经济、面向市场的压力下,取消了政府调节,采取了自由化模式。然而,经过十几年的实践,拉美国家持续不断的经济衰退和债务危机却远未带来华盛顿共识所承诺的结果。在检讨和反思过程中应运而生的"后华盛顿共识""北京共识"等,虽然重新强调了政府干预的积极作用,但在处理政府与市场关系的问题上,仍未能够提出跳脱传统的零和博弈框架、具

---

① 参见 Balogh,*Challenge Magazine* 22(1979):67.

有足够说服力的新观点。

政府与市场的关系始终是一个永恒的、历久弥新的重大议题,但这个议题在理论上和实践上都不应只是局限于经济学领域的,也许我们需要借助政治学、经济学、社会学等多学科的视野,才能重新思考并探索有没有超越政府 VS 市场这一传统框架的另一种可能。

(二)国家和市场——历史与现实的真实悖论

国家 vs. 市场这一认知框架的形成肇始于近代市场经济勃兴引起的个人权利的唤醒及其摆脱传统封建权力束缚的愿望。斯密在 18 世纪经由《道德情操论》和《国富论》阐述的商业社会,可以说就是对人类近代史上这次大转型进行的一个思考和总结。如果我们深入探讨斯密所构思的社会经济理论背后的道德理论和社会基础,就会发现,在斯密的学说中,商业社会其实有两点最具决定性的特质:把人从政治和宗教的囚笼中释放出来。在斯密的时代以前,人人以为,对君主的畏惧就像对无形权力的敬畏一样,是群众生活不可或缺的,那是政治生活和哲学的既定原则。由此,近代社会转型必须解决的一个基本问题就是:没有强大俗世(政治)力量或暴虐的宗教力量来管束人,怎能有良好的社会秩序? 斯密的答案是:建立一个合人性的、文明的商业社会。而且要建立这样一个自由开放又合人性的社会,就得解除政治事务统治者的威权性管制并摆脱权威宗教支配力量。斯密理论的实际效用表现在他的社会设计蓝图上,而蓝图的基础,就在于每个人都无止境地追求财富利益的满足,换言之,那是个商业社会的蓝图。斯密的此一意图反映了近代为解除政治和宗教权力的桎梏而追求商业社会的主流思想传统,①也是对休谟、洛克等人思想的继承和发扬。然而,市场经济的兴起真的可以看成是经济领域脱离了政治领域,而其自发调节的特性甚至可以使其脱离社会的控制吗?

实际上,如果我们追溯比较相关的历史和现实,会看到事情远非如此简单。从市场经济的起源来看,它恰恰是在现代国家的形成过程中产生的。为理解现代国家的形成,有必要重申的是,韦伯关于国家的定义,即国家是一个"拥有合法使用暴力的垄断地位"的实体,已成为西方社会科学的重要基础。

---

① 参见约瑟夫·克罗普西《国体与经体》,第 3 章,上海世纪出版集团,2005 年版。

而作为一种巨大的政治－经济力量,国家的自主性至关重要,自主性即指国家权力机构的政治精英们不受社会各利益集团的影响、按照自身意愿行事的能力。这一点和马克思关于国家是统治阶级的工具、按照统治阶级的意志行动的观点相区别。在西方近代史上现代国家形成的过程中,国家就常常与贵族统治阶级发生政治冲突,极端的情况下甚至还会与贵族开战,但大多数时候,国家吸纳贵族,以促进集权统治,在冲突与合作之间取得微妙的平衡。

西方传统的封建社会是领主分封制,领主和村庄(封建领地)构成了经济和政体的基础,贵族在领地内征税、维持军队并进行各种日常管理,构成了实际的"政府",封建制度下的国家则只有名义上的权力,国家和统治者都弱得可怜。同时,领土因过度分割而分化,领土与领土之间关系疏离,因而封建社会的空间、政治、经济权力都是分散的。相反,现代国家是将经济与政治进行制度化的区分,而且国家领土是统一和同质的。因此,从传统到现代的转变,是从重叠的(封建式)经济和政体向具有制度化分割功能的(现代式)经济和政体的转变,以及由一个分化的领土(封建制)向一个统一的领土(中央制)的转变所组成的双重过渡。① 这也正是西方近代史上民族国家形成的过程。

16世纪由"火药革命"引发的军事革命使得1550—1600年间战争的成本急速上涨,导致了西方各国严重的财政危机,为了获取足够的财政收入,扫除以往大量税收被贵族汲取的局面,国家与贵族展开了斗争。虽然各国采取了不同的斗争方式,如俄国伊凡三世和四世以血腥屠杀和恐吓手段剥夺了特权贵族的庞大自治权,法国则由国家兴建了不受贵族控制和剥削的新的农民社区,使国家直接从中获取大量的财政收益,普鲁士则通过将贵族吸收进皇家宫廷的办法使原来的地方自治逐渐变成了中央依赖,等等,但最终,大部分国家都经由确立官僚制度,使官僚取代贵族成了治理和征收赋税的主要组织。因此,现代国家的形成是以"垄断税收的来源"以及相应的中央集权为特征要素的。而在此过程中,通过发展全国通讯运输等基础设施以及建立合理的官僚制度等措施,国家瓦解了割据的封建势力,创造了经济市场赖以发展的统一国土基础,而一个统一的国土基础将解除所有生产要

① 参见琳达·维斯,约翰·M·霍布森著《国家与经济发展》,吉林出版集团,2009年版,第2章。

素的束缚——这是资本主义的必要条件。即使是被亚当·斯密批判的重商主义,在此过程中也实际起着打破封建藩篱、形成全国性市场的积极作用。中世纪城市制度的核心是地方性贸易和远程贸易之间的隔绝,城镇是市民的组织,只有市民才有市民权,而且整个体制正是建立在市民与非市民的区别之上的,不论是乡村里的农民还是外来的商人,都不是市民。为了维护市民的利益,典型的中世纪城镇通过严格的排斥和保护政策来控制地方市场和由外来商人主导的远程贸易。就实践而言,这意味着城镇会尽可能树立障碍来阻遏资本主义批发商渴望的那种全国性市场或国内市场的形成。通过努力维持非竞争性的地方市场和存在于特定城镇之间的、同样非竞争性的远程贸易,市民们竭尽全力阻止乡村融入贸易范围以及城乡之间的贸易开放。正是迫于这种发展情势,15、16世纪欧洲各国政府有计划地将商业制度强加于具有强烈保护主义倾向的城镇和公国头上。通过打破横在地方性贸易和城市间贸易这两种非竞争性的商业之间的隔阂,重商主义摧毁了这两种贸易所体现的特殊化,并由此为全国性市场的出现扫清了道路,这种全国性市场日益消除了城镇与乡村之间以及众多城镇之间和省份之间的差别。同时,通过发展全国性市场和鼓励贸易,重商主义也加强了国家的财政自主权,使土地为主(封建主义)的税收转化为间接(即资本主义)的税收,这个转变对瓦解封建制度的空间、形成现代国家尤其重要。

正如卡尔·波兰尼指出的,尽管新产生的全国性市场不可避免地在某种程度上是竞争性的,然而起主导作用的仍是"管制"这样一种传统特征,而不是"竞争"这样一种新元素。重商主义对贸易的"解放"仅仅是将贸易从排他主义中解放出来,但同时也扩大了管制的规模。也许如斯密所期望的,人类历史的下一步发展阶段就是试图建立一个巨大的自发调节的市场。但纵观直到工业革命时期的市场发展历史,市场从未独自产生、自行扩张,实际上,市场与管制是一起成长的。在市场得到最充分发展的地方——即在重商主义的情况下,它们也是兴盛于集权的中央管理者的控制之下,自发调节的市场从未发生过,而自发调节这个观念的出现本身就是对当时的发展潮流的完全背离。①

---

① 卡尔·波兰尼《大转型》,浙江人民出版社,2007年版,第70-72页。

事实上，直到现在，世界市场的形成也是政府参与和推动的结果。在各国政府(尤其是最富裕国家的政府)以及国际货币基金组织、世界银行、世界贸易组织和其他国际组织的推动下，各国经济展开了相互渗透、多边合作的全球化进程。这场全球化一面以市场的解除管制为特点，另一面又无处不在地体现出国家更为复杂的积极参与。基本上，全球经济是在政治层面建构起来的，企业公司的再结构，以及新信息技术，虽然都是全球化趋势的根源，但若无解除管制、私有化，以及贸易和投资的自由化等政策，本身并不会演变为网络化的全球经济，而这些政策均由政府及其附属的国际经济机构所制定和执行。无疑，全球化所带来的高度流动性和相互依赖性会削弱一个国家的经济主权，但为什么政府还会涉入大力推动全球化的做法呢？卡斯特从四个动机加以了解析：特定民族国家可以察觉到的策略性利益；意识形态的脉络；领导权的政治利益；以及掌权者的个人利益。例如，对主要的全球化推动者美国而言，一个开放、整合的全球经济，可以为美国和以美国为基地的公司以及美国经济的利益而运作；而对欧洲而言，成立欧盟加入全球化，则是在逐渐被美国技术、亚洲制造业以及破坏欧洲货币稳定的全球金融流动所支配的世界里，使每个政府能够保有竞争力的唯一方式。① 全球化的经济进程远远不是一个市场自行扩张联合的过程，公共机构在其中不断采取着促进、限制与塑造自由贸易方面的行动，它们设定代表其利益的经济玩家，政府策略与贸易竞争之间呈现出复杂的互动状态。可以说，全球经济并非由市场所创造，而是源自市场、政府和计量市场之利而运作的国际金融机构之间的互动。

可见，我们可以列举出大量的国家干扰破坏市场的例子，但也同样可以发现国家在市场的起源、扩张和发展过程中起着促进和推动的作用，并且双方都获得了彼此增强的结果。就政府与市场的关系而言，这才是历史和现实提出的真实悖论，正如诺斯指出的："国家的存在是经济增长的关键，然而国家又是人为经济衰退的根源。"②但无论如何，**传统的国家 VS 市场框架所基于的假设——市场是自发形成和调节的——并不符合迄今为止的史实**。从近代资本主义的兴起到当今全球化的形成，我们看到市场经济不仅不是

---

① 曼纽尔·卡斯特著《网络社会的崛起》，社会科学文献出版社，2003年版，第157-170页。
② 道格拉斯·诺斯《经济史中的结构与变迁》，上海三联书店，1999年版，第20页。

独立自主或自我形成的，反而是植根于非经济过程和制度中的，尤其是政治方面。如卡尔·波兰尼在《大转型》中的论点一样。**虽然国家建立在经济基础之上，但政治同样是经济的根源。**资本主义的存在需要依赖若干最基本的非经济条件。非经济机构——特别是政治机构——对现代市场经济的构造、维护和转变非常重要。因此，要思考和解决当代转型中政府与市场之间关系的问题，远非要求政府退出然后交由市场来做那么简单，我们必须超越传统的国家 VS 市场的思维框架，探索另一种更具建设性的可能。

（三）国家和市场——新国家主义的启示与未解决的问题

事实上，对新古典主义的市场万能观点及传统的国家 vs. 市场框架不满，而另觅解决之道的学者不乏其人，通过比较政治经济学研究而提出国家与市场相互依赖并合作的框架的新国家主义就是一个典型的代表。新国家主义的研究为我们理解国家与市场之间真实而复杂的互动关系提供了许多极富启发意义的观点，就本书探讨的主题而言，最重要的莫过于两个方面：

首先，从近代西方资本主义的兴起和现代国家的形成来看，国家的内涵在从传统封建社会转型到现代社会的过程中已经发生了根本的改变，这使我们理解相对市场而言的国家力量也应有相应转变。传统的框架一般从强制性观点来定义强国，即国家拥有专制性权力。同样地，"国家自主性"也常被理解为极权政府，并牢固地控制着社会。然而，根据比较政治经济学的研究，专制性权力反而是国家弱点的来源，而国家力量取决于建制性权力的发展程度。迈克尔·曼和霍尔把建制性国家称为"有机"国家，其建制性权力有三种维度。首先，"渗透"能力，这需要国家有一种进入社群并能与人民直接互动的能力。第二是汲取能力，指一个国家从社会汲取资源（原料和人才，无论是为了税款、战争、福利、发展或其他）的能力。第三，也是最重要的一点，即建制性权力的"协商"能力，它体现于政治和市场主体之间高度战略性和制度化的一种合作形式，这不仅是建制性权力的高峰（因为它包含了强大的渗透、汲取和协商能力），而且最终变为国家强度的最高形式。[1] 这就是一种取代国家主义的新国家主义。由此，我们发现，在近代史上，未能把封

---

① 琳达·维斯，约翰·M·霍布森著《国家与经济发展》，吉林出版集团，2009 年版，第 8-9 页。

建时代的专制性权力转换成能与社会达成共识、协商的建制性权力的国家，反而是无法有效推动形成市场经济的弱国家。这在很大程度上能解释为什么英国比法国能更快地发展成资本主义强国，以及为什么俄罗斯、晚清中国始终落后于人的事实。一旦用建制性权力而不是专制性权力来定义国家的强大，我们就会蓦然认识到，如果缺乏强大的国家，资本主义根本就不会出现。而全球经济通过新信息与通信技术的使用而扩张，这一切之所以成为可能，也是因为有强大的政府力量通过刻意的政府政策引发而成。

　　第二，强国家行使建制性权力，建制性权力越大，对促进工业的战略性改革就越有效，由此，国家与市场的互动不会必然导致零和博弈，甚至可以是正和博弈。事实上，近代重商主义是既是国家追求"权力和强盛"的一种方式，也为统一市场的形成拆除了封建藩篱，从历史的相对性来看，这在当时就是一种双赢的结果。对东亚奇迹的解释也很能说明这一点。新古典主义倾向于把东亚奇迹归因于各种自由化改革，政府拒绝成为经济舞台的导演，而只是按照剧本要求提供道具——创造并维持社会、经济和金融环境，让市场自由运作。然而，新国家主义过去数年的研究却揭示出了东亚经济增长过程中政府广泛的积极干预，尤其是，日本、韩国和台湾的经济发展与政府的战略性产业政策密不可分，政府通过有选择的财政政策和金融政策，支持部分产业的发展，并扮演着引导私人生产者的角色。[①] 东亚国家的行为实际适用于绝大部分新兴工业国家，在赶超过程中，国家有目的地将经济组织——银行、一般的贸易公司和工业联会——集中到国家的发展计划当中。新国家主义把东亚国家与各经济团体之间的关系称为治理式互赖。这里的重点不是官僚主导而是协调，而协调的存在是因为共识式的政策制定方式，这就是相互依赖。但最重要的是，相互依赖需要官僚的全面领导力，这就是"治理式互赖"，相互依赖或互惠是被"治理"的，并不是受任何个别企业的影响或屈服于私人部门的斗争压力。无可否认，国家推动经济战略的能力产生了新的国际竞争力。但这种国家能力不只是"以国家为中心"，也不是专制、独裁

① Wade, Robert: *State Intervention in 'Out-looking' Development: Neoclassical Theory and Taiwanese Practice*, in White, Gordon(ed.) *Developmental States in East Asia*. New York: St Martin's Press, 1988.

或以压迫主要经济群体为基础。相反,这种能力取决于国家机构与生产团体之间的不断合作,尽管双方都有自己不同的目标,它们之间的合作并不完全,也不是没有冲突,但"竞争性合作"甚至东亚式的"治理式互赖"克服了这种紧张关系。因此,成功的秘诀既不是专制统治(如沙皇时期的俄国),也不是消极回避(如晚清帝国),也不是国家能力薄弱,而是透过国家积极推动经济发展,从而在国家与各主要经济团体之间形成一个复杂的"协同效应"。国家力量在这里恰恰是指一个国家和各主要经济团体能够共同成长的正和游戏。

新国家主义为我们理解国家与市场的互动提供了深刻的洞见,但仍然有一些重要的问题尚未解决。

第一个重要的问题就是,正如历史和现实给我们展示的真实悖论那样,国家既可能成为经济增长的关键,也可能成为经济衰退的根源,既可能是市场的推动者,也可能是市场的破坏者。那么,究竟在怎样的条件下,国家与市场才会产生互利合作的关系? 目前,新国家主义是通过地缘政治、战争、财政危机等因素来加以解释的。例如,17 世纪的欧洲国家是由于持续的相互争战,在军费长期上升与财政收入长期下跌的两难困境中,为了增加收益、应付军费开支而展开了政治和经济结构的重组,并由此开启了现代国家的形成和资本主义的兴起。韩国、台湾等令人称道的经济发展也是由于二战后地缘政治和冷战的影响下,因为强烈的安全需求而不得不把国家与人民的福祉寄希望于发展规划上。可以说,东亚是凭借军事—工业的"赶超"精神才形成了治理式互赖的政商关系的。而国家对私产权的保护也是军事—财政考虑下的产物,正如道格拉斯·诺斯等学者的研究,17、18 世纪财政危机过后,欧洲各国纷纷在本土极力寻求财政均衡的良方,而其中最有效的方式就是将产权给予商人和工农业的资本家,以换取财政收益,进而维持军事实力的基础。①

然而,除了从地理和历史的偶然性或突发事件来解释国家与市场的互动模式以外,是否还存在某些必然因素可以促使国家与市场互利合作呢? 市场经济的发展需要专制权力做出让步,但如果某个国家在地缘政治和军

---

① 道格拉斯·诺斯、罗伯斯·托马斯著《西方世界的兴起》,第 3 编,华夏出版社,1999 年版。

事战争、国防安全等方面都没有足够的动机来促成这种让步,又该如何解决呢?例如,19世纪末期,因受到与英法争夺克里米亚半岛失败的战争刺激,俄国为了增强军事力量,开展了一系列推动工业化的措施,包括铁路建设、关税保护、重工业补贴、合同法与金本位等。但到了20世纪初,和日本明治维新后全面发展的战略相比,俄国就不愿再往前走了,因为它相信局部工业化已经足够支持军事基础,而全面工业化过程中兴起的农民、工人和资产阶级可能会挑战国家,并要求改革和建立议会制度,这些要求会与专制政权产生根本冲突。于是,出于对家长式专制的偏爱,有效的产权、公司法和合同法等这些理性和合法的国家体制都被摒弃了。① 直到今天,俄罗斯也依然存在专制权力对市场经济的困扰,对类似于这样的情况,是否还有别的解决路径呢?显然,我们还需要进一步探索发现某些必然的条件和因素,否则就只能被动地等待历史的演变与摆弄。

第二个重要的问题就是,新国家主义尤其适用于市场初兴时期和发展工业化的阶段,不论是欧洲民族国家形成和资本主义兴起的过程,还是东亚奇迹的快速发展,国家及主管部门扮演着积极干预、引导甚至发号施令的角色。然而,随着民主进程的展开、工业化的成熟并进入后工业化时代乃至于信息化时代,国家及主管部门的角色再次面临着重大的转型。实际上,为新国家主义所称道的发展型国家和地区,如中国台湾,近年来在以创新为驱动的发展阶段中为了鼓励企业创新,政府的角色不仅从台前转到了幕后,而且政策工具也有相当大的转变。② 虽然新国家主义已经认识到在后工业化乃至信息化时代,政府需要从"发号施令者"变成"高级合伙人",③但如何维持国家与市场的正和博弈关系,国家的建制性权力、协商能力应该重新得到怎样的体现,这是其尚未深入展开但又非常值得探讨的重要问题。

---

① McDaniel,Tim 1988: Autocracy, Capitalism and Revolution in Russia. Berkeley: University of California Press.

② 参见周呈奇、冯杨:"中小企业创新与政府角色的转换——兼谈台湾创新育成中心的成功经验",《东岳论丛》2013年第7期。

③ 琳达·维斯,约翰·M·霍布森著《国家与经济发展》,吉林出版集团,2009年版,第218页。

（四）正和博弈的国家与市场——超越传统与新国家主义的框架

当代中国朝向市场经济的转型过程，从更广阔的视野来看，是发生在以信息化、全球化和网络化为主要特征的新经济进程当中的。因此，在探讨国家与市场之间关系的议题时，我们除了因为自身历史因素而尤其关注如何解除专断权力对市场的束缚之外，还需要结合全世界正在发生的政治、经济和社会的结构性变迁，来思考国家力量应有的趋势与角色转换。

首先，自1990年代以来蓬勃发展的新经济，产生出一个由信息科技催动的以全球范围作为流动空间的网络社会，而市场运作机制也在此过程中发生了巨大的变化。新信息技术、互联网的产生和普及，使全球化过程中的经济组织日趋网络化，各种供应商网络、生产者网络、顾客网络、技术合作网络等在不断地产生并扩展。又由于市场与投入的全球化，剧烈的技术变革造成生产设备经常过时，迫使厂商必须不断掌握最新工艺及产品信息，因而网络成为了新经济竞争的核心。竞争的全球化在多方向的网络里造成大公司的解体，而网络成为实际的运作单位。在网络里，合作不止是分担成本及资源，也是防范错误技术决策的保险政策。以去中心化、开放性和非对称为核心特征的网络社会，使得传统大型公司垂直式指挥的层级组织越来越难以适应经济及技术快速变迁引发的各种不确定性，于是，从垂直的官僚系统转变成依靠平行化层级和团队管理的水平式公司，成为了近年来公司组织最主要的转变趋势。由此，新经济改变了市场主体处理信息并相互竞争合作的方式，而过去那种由政府发号施令、对市场进行垂直式管理的模式也同样不再适宜，政府角色再次面临着重大的转型。

其次，信息科技使人类步入了知识经济时代，创造性的知识比土地、劳力、资本、技术等传统生产要素变得更为关键，传统生产要素的价值则迅速消退。人们熟知的微笑曲线就清晰地体现了这一趋势，原先附加价值最高的中游加工制造如今已降至曲线的凹端，而以创新为核心的上游研发设计和下游品牌营销获得更高的附加价值，占据了价值链的高端。对凭借较低生产成本比较优势的"中国制造"及其相应的经济转型来说，这无疑是一个巨大的挑战。正如波特指出的，更低成本的生产环境会不断出现，今天以廉价劳力看好的国家，明天可能就会被新的廉价劳力国家取代。而由于新科技的快速发展,以往被认为不可能的、不经济的资源异军突起,同样也让以传统资源见长的国家在一夕之间失去了竞争力。① 因此,在知识经济时代,以创新为核心的竞争优势已取代了传统的以成本考量为核心的比较优势,创新不仅是企业也是国家竞争优势的根本。这对立志于产业结构升级转型、以创新为导向的中国经济转型来说,也是一个全新的课题。自由市场是创新的源头,但国家的作用也将变得前所未有的重要。正如卡斯特从美国等发达国家的创新经验总结的,要了解技术与社会之间的关系,必须谨记国家的角色,不论是拖延停顿、解除束缚,或是引领技术创新,它都是整个过程中的决定因素,因为国家表现与组织了特定时空里支配性的社会和文化力量。在相当大的程度上,技术创新表现了一个社会通过社会制度——包括国家——驱使自身掌握技术优势的能力。②

当代中国转型面临的是一个与工业经济迥然相异的社会—经济系统,全球化不仅在文化上导致了父权制的危机,迅速的技术变革和社会变迁也在销蚀着追求权力最大化的国家主义,而东亚国家近年来的转型实践也表明执行赶超战略的工业化时期那种"威权主义"正在终结,而从投资驱动转变到创新驱动的经济发展模式,也基本可以宣告凯恩斯主义用政府投资来刺激总需求这一干预模式不再适用。**在这样一个后威权时代,市场的统治力量将越来越强大,并由于受到更多变量的影响而以更复杂的方式显现。但同时,国家权力依然存在,它不仅不会也不可能退出,而且还必须在因应层出不穷的创新所导致的"创造性破坏"过程中发挥更为重要的作用。**

因此,当代中国转型实际为我们探索思考一个超越传统与新国家主义框架提供了最现实也最宏伟的平台。一方面,我们要继续完成从清末民初以来就开始的长达一百多年的大转身,和西方世界的兴起一样,我国从传统国家到现代国家的蜕变过程也是一个市场经济不断形成和扩展的过程,两者密不可分、紧密互动。但市场的发展绝不意味着国家的退出,而是意味着国家内涵的改变、国家力量重新寻找新的作用方式。政治与经济之间的关系并非像我们一般以为的那样是单向的因果关系(即经济简化论或经济决

---

① 迈克尔·波特著《国家竞争优势》,华夏出版社,2002年版。

② 曼纽尔·卡斯特著《网络社会的崛起》,社会科学文献出版社,2003年版,第8页。

定论),当经济因素带来政治转变时,政治也能独立地影响经济,这种影响可以是刻意的推动经济发展的战略,也可以是无计划的市场影响。传统的新古典主义预先设定了一个给定的政治秩序,但如果脱离了政治就不能进行有效的研究。事实上,市场经济不仅依赖于政治秩序并与之互动,并且这个政治秩序依据时空的变换也是在不断变动的,不可能预先给定。传统的自由至上理论则认为只要缩小甚至取消了国家的活动,市场就能自然达到最佳的效果。但正如我们对历史和现实的考察,也正如卡尔·波兰尼指出的,历史学和人类学研究的突出发现是,原则上,人类的经济是浸没在他的社会关系之中的,任何一种经济体系都是依靠非经济动机得以运转的。人们没有意识到的是,诸市场之链合为一个具有无穷力量的自发调节的体系,并不是它们内在倾向所产生的自然结果,而是被植入社会机体的高度人为的刺激物所产生的效应。正是基于此,波兰尼认为,政治和经济是相互嵌入的,要实现经济从政治的脱嵌是注定不会成功的,一个自发调节的市场体系只是一个在历史上从未出现过的乌托邦。**在制度的层面上,规制既扩展了自由,也限制了自由,人类真正面临的问题不是要不要取消政府规制以获得自由,而是在增加一些自由和减少一些自由之间获得平衡。**①

另一方面,在当今全球化、信息化和网络化的新经济和后威权时代,中国的经济转型不仅要探索如何增强国家的建制性权力(而非专制性权力),也要探索如何建设性地促成国家与市场的正和博弈。这个问题无法照搬任何现成的答案,而只有我们自己才能摸索发现。但一个应有的基本思路是从制度建构的层面去探索,而不是仅仅要求制定某些政策。艾塞默鲁和罗宾森在《国家为什么失败》中揭示了虽然经济制度对决定国家的贫穷或富裕极其重要,但决定国家经济制度的政治和政治制度,不同国家之所以繁荣或贫困,其根本原因在于国家是形成了广纳性(inclusive)政治经济制度还是榨取性(extractive)政治经济制度。前者具备类似于新国家主义所提倡的建制性权力,后者则依然束缚于传统的专制性权力,它把权力和财富集中在少数控制政府的人手中,使人民一穷二白,阻碍了经济发展,这种情形在非

---

① 卡尔·波兰尼《大转型》,浙江人民出版社,2007年版,第40—50、215页。

洲、亚洲及南美洲司空见惯。广纳性制度可以使政治权力与经济发展形成良性循环,榨取型制度则会导致恶性循环,在非洲,榨取型制度崩溃导致内战和政府失灵的情况尤其严重。榨取式制度并非不能被广纳性制度取代,英国光荣革命、法国大革命、日本的明治维新、波札那与中国的改革都生动地说明历史并非命定,但事情绝不会自动发生,也绝非轻而易举各种因素的汇合,特别是关键时期加上推动改革的力量与有利的现行制度所形成的广泛联盟,在一个国家迈向更广纳性制度的过程中不可或缺。政策只是一定制度下的产物,若不寻求改变制度而只寄希望于政策,就如国际货币基金组织等机构试图把一些自由化政策加诸在深受榨取式制度困扰的非洲国家一样,其结果只能归于失败。① 可以说,华盛顿共识在拉美试验失败的一个重要原因就是缺乏制度的考量,重要的不是政策,而是产生政策的制度。

奥尔森通过研究分利集团及其对政府和政治行动的影响,解释了不同国家的经济繁荣与衰败,并提出了如何建立强化市场型政府的议题。② 这样的思路值得中国经济转型借鉴。**正如古典经济学家们发现了市场秩序可以将经济人的自利行为转化为公共利益这一奥秘,不论是发现政府的自利性还是分利集团对其的影响,这些都不足以否定甚至取消政府,重要的是去发现怎样的秩序或制度也能将政府的自利行为转化为公共利益,使国家与市场在正和博弈中运行。**也许,既不把政府视为与市场零和博弈的破坏者,也不把政府视为补救市场失灵的救世主,而是把政府视为可与市场实现双赢的合作者,这才是我们探索当代中国转型更为务实的态度。

---

① 参见艾塞默鲁、罗宾斯《国家为什么失败》,台北卫城出版公司,2013 年版,第 1、11 – 15 章。

② 参加奥尔森《国家的兴衰》与《权力与繁荣》,上海世纪出版集团,2005 年版。

结束语

和原先物质匮乏、经济落后的年代着重效率优先相比,如今,平等问题已经上升为更为迫切的问题。不论《二十一世纪资本论》所揭示的欧美等发达国家已出现严重贫富分化的现象,如美国最富有的 1% 人群所掌握的财富已超过全美总财富的三分之一,比底层 90% 的家庭财富总和还要多;还是发展中国家日益攀高的基尼系数,如 2000 年中国的基尼系数 0.412 就已超过国际警戒线 0.4,都显示世界各国的贫富差距加大及其所带来的社会矛盾和冲突已经是十分普遍和严重的现象。

新时代的社会格局和社会矛盾再次将效率与平等这一重大抉择置于严峻的拷问之下,这正是本书研究的重要时代背景。而通过对比研究和解读三大经济学流派关于效率、平等及其中的国家作用的思想体系,本书希望明确指出,对效率与平等的思考不能再局限于孰先孰后的简单思维了,我们必须把这一表象背后的实质问题——市场与国家的关系的重构——凸显出来,必须在市场经济发展的现实基础上,对国家权力和政府作用做出全面而清醒的认知,并将其作为追求效率和平等的制度建构的核心。对中国的历史和现状来说,这一点尤其重要。

中国是一个命运坎坷的国度,直到近三十多年来,才初次品尝到市场经济高效率运转带来的甜头。除了改革开放以来为追求经济增长而着重强调效率优先以外,中国历史上一直是平等的思想占主流,而且这种平等主要是财富和收入分配意义上的平等。

古代中国是一个等级社会,孔子一段"君君,臣臣,父父,子子"的论述,影响了中国两千多年的发展历程,由于长期困守在小农经济的结构内,没有出现以自由选择和自由竞争为基础的市场经济的勃兴,所以中国自古以来比较缺乏现代意义上的平等观念,没有现代社会的人人生而平等的观念。荀子提出的"贵贱有等,长幼有差,贫富轻重皆有称",不但不认同人人平等的观念,而且连财富分配也打上了等级制的烙印。虽然中国古代的思想家在强调等级观念的同时,也在特定的历史背景下十分关注社会财富分配的公平问题,提出了"不患寡而患不均"的著名思想,但他们的公平观,完全可以归结为社会财富的平均分配观,平等完理解为平均。对统治者来说,平均分配社会财富是保持社会秩序和社会稳定的重要条件。肇始于古代的平均观后来逐渐演化成了绝对的平均主义思想,成了中国传统文化的重要组成部分,而由于这种平均思想最易为下层民众所接受,所以中国历史上的多次农民起义打的都是"平均主义"的旗帜。唐末农民起义军领袖王仙芝自称是天补平均大将军,北宋末年钟相杨么起义军更直接打出"均贫富"的口号。到了太平天国时期,"均贫富"的思想发展到了极致,变成了"有田同耕,有饭同食,有衣同穿,有钱同使,无处不均匀,无人不饱暖"的绝对平均思想。这一思想对后来中国社会的发展产生过相当大的消极和负面的影响,使人们对平等的认识一直局限在财富分配的结果,而看不到权利平等的重要意义,从而制约了中国社会从传统农业社会向现代工商业社会转型。当然,反过来说,迟迟未能实现市场经济的勃兴和发展,也是中国产生不了近代工商社会的思想意识的重要原因。

对财富均等的诉求,加上未能经由市场经济的勃兴从而普遍促成权利意识的觉醒,使中国不假思索地将实现平等的希望完全寄托于统治机构(国家或政府)。在中国的传统意识和文化当中,统治机构理所当然地扮演着主持正义、公平分配的"慈父"角色,人们少有对国家权力及其本质的反思,更不用说进入到法治宪政的制度思考。即使在1990年代正式宣布建立中国特色的市场经济后,面对日益加剧的贫富分化,要求直接通过国家干预和再分配来解决问题的主张仍然甚嚣尘上,这表明很多人依然跳不出传统思维的惯性,意识不到国家权力的无限扩张也可能对市场效率、个人自由产生潜在的威胁,而在权力与资本结合的情况下,扩张国家干预不仅不能促进平等,反而会带来更大的不平等。

中国从改革开放至今累积起来的贫富分化实际上是处于双重的困境。

一方面,固然是由于市场本身产生了不同的分配结果,尤其是知识经济的到来和金融产业在虚拟经济中日趋重要的影响,使得富人在数字世界中大赚其钱,而其他人则在资源和财富分配中日趋边缘化,甚至出现了中产阶级大规模沦落到中下阶层的局面,形成了主要由富人和穷人构成的 M 型社会。[①]这也是当代在世界范围出现的普遍趋势。另一方面,则是由于国家权力过大、权力分配不平衡所导致的不平等。奥地利学派、马克思都曾指出国家权力不受制衡、政府过度干预会导致更严重的不平等和剥削,公共选择学派也论证过权力寻租所导致的腐败问题,不幸的是,这些论断在当今中国的实践中都得到应验。在今天的中国,政府官员与普通民众收入的人差距伴随着久治不绝的腐败问题愈演愈烈,一些垄断行业与非垄断行业之间的职工工资相差 15 倍以上,一些上市国企高管与一线职工收入差距达到 18 倍以上,这些普遍存在的现象还只是冰山一角。实际上,在中国,因权力分配导致的不平等,比因市场分配导致的不平等更加严重。正如当代学者已经对此做出的深刻洞察,目前中国社会中存在的严重分配不公的现象,主要不是指人们的收入存在差距,而是指存在着大量的、用不公正的手段获或者说是凭借对行政权力的控制换取财富的现象。中国公众深恶痛绝的并不是收入差距过大,而是那些贪污受贿的新权贵以权谋私。无疑,行政权力一旦与垄断、既得利益相结合,便会极大地阻碍着市场的发展和自由公平竞争格局的形成,分配不公、贫富分化问题的根源出在制度上,而不在于新生的市场经济,更不在于普通民众刚开始享有的有限的财产权和经济自由。

因此,贫富差距扩大不仅是一个收入分配问题,而是政治问题、经济问题和社会问题的综合。中国市场经济的初步发展已经为我们认识和解决这些问题提供了新的现实基础,本书所研究的三大经济学流派的相关思想也在这一基础上有了生长点。通过以市场和国家的关系为线索使三大经济学流派展开理智平和的对话,打破学术界以往对相关思想理论的标签式解读甚至误解,我们得以清晰地看到,在市场经济发展的现实基础上,只要我们追求的平等不是共同贫穷而是共同富裕,那么我们首先就得充分尊重市场

---

① 参见大前研一《M 型社会》,中信出版社,2010。

机制自身的高效率运转,在这一意义上,以私有产权为基础的个人自由选择以及与自由相对应的权利平等就显得至关重要,国家职能必须首先保护和满足这两个前提条件。当我们对市场第一次分配结果进行矫正,借助国家权力来实现财富和收入平等意义上的第二次分配时,不论采取什么样的政策和方式,都必须在法治和宪政的制度条件下展开,否则极可能因国家权力的过度扩张威胁到个人自由和个人权利,从而不仅损害了效率,而且还会产生更为严重的不平等。对效率和平等的抉择应在这样的基础上依次展开,这其实正是当代中国所面临的效率与平等问题的真实指向。中国传统政治经济体制的死结就在于不受制衡的国家权力,因此,借由市场经济的推动和发展,建立起以法治宪政为基础的现代制度,这是把握三千年未有之变局、打破以往历史循环的关键所在,也是当代中国在效率和平等之间进行重大抉择时必然应有的前提和语境。

然而,另一方面,我们同时也必须看到,建立法治基础上的现代市场经济,规范和约束国家权力,只是提供了现代制度的基础,只是保障效率与平等的必要条件而非充分条件,即便是西方已具备法治传统的发达市场经济国家,也往往因历史条件的变化而失衡和险象环生。如前所述,市场经济尽管具有极高的生产效率,但它确实也像一个巨大的陀螺,在飞速运转的过程中制造出了贫富的日益悬殊,一些在市场分配过程中处于劣势的人形成了弱势群体,而他们对分配正义以及一系列社会改革的诉求,并非仅仅是有限政府就能回应的。实际上,《21世纪资本论》所揭示的欧美发达国家的严重贫富分化,已经使西方的市场经济和民主政治制度产生了巨大的失衡和崩坏。以美国为例,自2008年金融危机之后,以"占领华尔街"为代表的民众抗议活动既揭示了美国存在的许多人失去住房和工作、银行家却坐享大笔奖金的严重不公平现实,也开始触及美国社会更为广泛的不平等现象。年轻的美国抗议者们把口号变成了"那99%的群体",以针对最富有的1%群体。林肯总统曾经提出的使政府"民有、民治、民享"的理想,现如今已成为斯蒂格利茨所揭示的"1%的群体所有、所治、所享",这些都映证出美国社会中日益加剧的不平等以及一种向上层群体倾斜的政治体制。斯蒂格利茨对美国和其他一些发达工业化国家中过度不平等的关注和分析,揭示了不平等是政治体制失败的原因和后果,不平等也造成了经济体制的不稳定,而经济体制的不稳定又加剧了不平等,这种恶性下降式螺旋使社会制度每况愈下,从而使三大主题响彻全球:第一,市场没有发挥应有的作用,变得既无效率也不稳定;第二,政治体制并没有纠正市场失灵;第三,经济体制和政治体制在根本上都是不公平的。[①]

除了国家内部的两极化以外,世界体系中的不同国家和地区之间也出现日益悬殊的两极化。正如伊曼努尔·华勒斯坦指出的,资本具有自我扩张、无限积累的本性,资本持有者为了实现积累更多资本的目标而与他人建立起来的关系,就是一个把万物商品化的资本主义过程,这一过程不仅涉及交换过程,而且涉及生产过程、分配过程以及投资过程。随着全球化的开展,连接着大量生产活动的商品链都超越了国家边界,但商品链的地理方位不是随意分布的,它们的产生点是多层次的,但目的地却汇合于少数几个地区,也就是说它们从资本主义世界经济的边缘向中心或核心移动。而商品在各个区域之间的流动方式是:某一地区把拥有的较不"短缺"的货物"卖给"另一地区,其售价比同等标价但朝相反方向流动的商品体现出更多的实际投入(成本),这样,总利润(或剩余)的一部分就从一个地区转移到另一个地区。这是核心—边缘关系。我们可以把受损的地区称作"边缘",把获益的地区称作"核心",这些名称实际上反映了经济运动的地理结构。沃勒斯坦对现代世界体系形成的经济史考察发现,只要商品链上任两个环节实现了"垂直——一体化",都能使更多的总剩余转移到核心,同时,随着剩余向核心的转移,资本在那里积聚起来,提供了实现进一步机械化的基金,从而既增加了核心地区生产者在现有产品上的竞争优势,又使他们能生产出甚至更稀缺的产品,以此来重新开始这个过程。资本在核心地区的积聚提供了建立相对强大的国家机器的财政基础和政治动机,其能力之一就是确保边缘地区的国家机器相对弱化或维持相对软弱的状态。这样,它们就能向这些国家机构施加压力,迫使它们接受甚至推动其权力范围内的进一步专业化,通过使用廉价劳动力和创造(或强化)使这些劳动力得以生存的相应的家庭结构,来降低它们在商品链等级中的地位,由此创造的所谓历史工资水

---

① 斯蒂格利茨《不平等的代价》,机械工业出版社,2013。

平在世界体系不同区域之间愈益显示出巨大的差异。这是一个隐蔽的过程,实际价格似乎总是在世界市场上通过非人格化经济力量基础上的谈判来决定的。在每项单独交易中,没有必要借助隐而不见(只在战争和殖民征服中才公开动用)的庞大的暴力机器来保证交换的不平等,相反,只有当现存的不平等交换水平遭到严重挑战时,暴力机器才开始起作用。一旦尖锐的政治冲突过后,经济运行似乎是一副完全由供求决定的样子,而只字不提世界经济是怎样历史地达到了这个特定供求点,是什么样的暴力结构在那一刻维持了世界劳动力工资水平和实际生活质量的"习惯"差异。**华勒斯坦对现代世界体系的分析揭示了一个巨大的冲突,即市场经济本身是以等价交换为原则的,而资本主义却是以"不等价交换"和"资本积累"为目标和动力的**。各国和各地区的差别在资本主义体系中都会进一步扩大、强化和固定下来,这个过程中至关重要的一点就是暴力介入了价格的决定。不平等的交换自古就有,而资本主义历史体系恰恰以政治领域和经济领域表面上的分离掩盖了这一点。在"市场"对个人行为产生制约的意义上来说,亚当·斯密的"看不见的手"无疑在起作用,但是如果认为其结果是和谐的,就完全误解了历史资本主义,真相是两极化在历史发展中不断扩大了。

伴随着这一两极化发展趋势而来的就是霸权主义,从资本主义世界体系产生以来经历了三个霸权周期,17 世纪中期的荷兰、19 世纪中期的英国和 20 世纪中期以来的美国。国际体系的霸权主要是指这样一种机制,即在所谓的大国之间的竞争中,一个大国能够在很大程度上将它在政治、经济、军事、外交,甚至文化上的原则和意愿强加于国家体系中。霸权虽然以经济和军事为基础,但政治也极其重要。实际上,资本主义的特征并不是生产要素自由流动而国家机器不干预市场,而是生产要素部分流动,政治机器有选择地干预市场,霸权就是国家机器有选择地干预市场的一个例证。资本主义最根本之点就是追求无休止的资本积累,而有选择的干预市场的目的就是要加速资本积累的过程。霸权国家通过国家这个政治机器来为其在世界市场上获得最大利润提供垄断政治条件,这就是霸权在世界经济中的政治职能。①

---

① 以上参见伊曼努尔·华勒斯坦《历史资本主义》,社会科学文献出版社,1993。

那么,面对当代国内和国际的两极化趋势,国家能发挥怎样的作用? 显然,包括奥派在内的自由主义体系提供的自由市场 + 有限政府的思路是无法完全应对的,其本身也因过度尊奉市场万能并忽视资本可能借由政治、暴力等手段而产生的扭曲力量,而呈现出重大的理论缺陷和盲点。马克思主义关于资本无止境追求积累的本性及其引发的剥削和不平等的分析在当代仍然有着深刻的穿透力和洞察力,但其对国家职能的完全否定和取消却无法提供现实的、循序渐进的改革出路。凯恩斯主义及其后继者有着通过政府干预来促进平等的思想,认为资本主义的症结就在于分配制度的不合理和收入分配的失调,并提出了一系列财政政策和税收政策来促进收入平等化,凯恩斯蔑视那些依靠股息和利息过活的"食利人"寄生虫,期盼"食利人的安乐死"不仅是实现一定程度经济公正的必要条件,也是避免资本主义周期性危机的必要条件。然而,由于其理论体系将政府默认为"道德人"和"理性人",因而未能正视政府本身可能存在的经济人自利性、非理性,无法回答在现实的政治经济结构中如何确保政府公正廉明有效地实施干预来对抗金融资本的强大力量,以及如何防范两者相互结合与腐败从而产生更大的不平等。

在 21 世纪的今天,中国正经历着一场史无前例的伟大变迁。和西方近代单一从传统向现代的转型不同,中国的这场变迁同时遭遇着各种前现代、现代和后现代的迫切问题。如何既确保市场经济基础上的高效产出、自由繁荣,又确保社会制度的正义平等、人人有尊严,西方和中国的历史都提供了成功的经验与失败的教训。而当前即使以自由民主为标榜的发达欧美国家也普遍存在的严重不平等危机,证明了人类的探索还远远没有到达彼岸,历史并没有终结于当代的西方制度。如何动态地把握效率、平等与国家的作用,塑造一个既在法治下可供监督问责、有明确权力边界的有限政府,又能以强大力量推进市场发展和促进公平正义、并应对当前霸权主义和日趋两极化的世界体系中各种挑战的有效政府,将是决定中国现代化转型是否成功的一条主线。毋庸置疑,现代化不等于西化,中国不必一定完全重复西方现代化的过程,而应坚持自身文明的精华,开放包容地结合世界上所有相关历史经验和思想文化资源,走出一条自己的路! 这也是 21 世纪中国能为全世界做出的最大贡献!

参考文献

一、主要参考书目

1. [奥]米塞斯《货币、方法和市场过程》,新星出版社,2007。

2. [奥]米塞斯《人的行为》两卷本,台北远流出版公司,1991。

3. [奥]米塞斯《经济学的认识论问题》,经济科学出版社,2001。

4. [奥]米塞斯《反资本主义的心境》,台北远流出版公司,1991。

5. [奥]米塞斯《官僚体制——反资本主义的心态》,新星出版社,2007。

6. [德]《马克思恩格斯全集》(中文1版),第1-50卷,人民出版社,1956-1985;以及中文2版第1、3、4卷,人民出版社,1995。

7. [德]马克思《资本论》四卷本,人民出版社,1975。

8. [德]马克思《剩余价值理论》,人民出版社,1975年。

9. [德]马克思《政治经济学批判》,人民出版社,1976。

10. [德]马克思《1844年经济学哲学手稿》,人民出版社,2000。

11. [德]费彻尔《马克思与马克思主义:从经济学批判到世界观》,北京师大出版社,2009。

12. [德]库诺《马克思的历史、社会和国家学说》,商务印书馆,1988。

13. [德]洪堡《论国家的作用》,中国社会科学出版社,1998.

14. [德][法]路德与加尔文《论政府》,贵州人民出版社,2004。

15. [德]马克斯·韦伯《经济与社会》,上海世纪出版集团,2010。

16. [德]瓦尔特·欧肯《经济政策的原则》,上海人民出版社,2001。

17. [德]瓦尔特·欧肯《国民经济学基础》,商务印书馆,1995。

18. [法]孟德斯鸠《论法的精神》两卷本,商务印书馆,2005。

19. [法]列非弗尔《论国家——从黑格尔到斯大林和毛泽东》,重庆:重庆出版社,1990。

20.〔法〕巴斯夏《财产、法律与政府》,贵州人民出版社,2003。

21.〔法〕卢梭《论人类不平等的起源和基础》,商务印书馆,1997。

22.〔法〕利奥塔《重写现代性》,载《后现代性与公正游戏》,上海人民出版社,1997。

23.〔法〕福柯《福柯集》,上海远东出版社,1998。

24.〔法〕托马斯·皮凯蒂《21世纪资本论》,中信出版社,2014。

25.〔荷〕曼德维尔《蜜蜂的寓言》,中国社会科学出版社,2002。

26.〔美〕阿克洛夫,席勒《动物精神》,中信出版社,2012。

27.〔美〕奥尔森《集体行动的逻辑》,上海人民出版社,1995。

28.〔美〕奥尔森《国家的兴衰》,上海世纪出版集团,1995。

29.〔美〕奥尔森《权力与繁荣》,上海世纪出版集团,2005。

30.〔美〕奥肯《平等与效率——重大的抉择》,华夏出版社,1987。

31.〔美〕博登海默著《法理学、法哲学及其方法》,华夏出版社,1987。

32.〔美〕罗尔斯《正义论》,中国社会科学出版社,1988。

33.〔美〕诺奇克《无政府、国家与乌托邦》,中国社会科学出版社,2008。

34.〔美〕奥肯《平等与效率——重大的抉择》,华夏出版社,1987。

35.〔美〕布坎南《宪法经济学》,生活·读书·新知三联书店,1996。

36.〔美〕布坎南《宪政经济学》,中国社会科学出版社,2004。

37.〔美〕布坎南《自由、市场与国家》,北京经济学院出版社,1988。

38.〔美〕布坎南、塔洛克《同意的计算》,中国社会科学出版社,2000。

39.〔美〕布坎南、瓦格纳《赤字中的民主》,北京经济学院出版社,1988。

40.〔美〕多兰《现代奥地利学派经济学的基础》,浙江大学出版社,2008。

41.〔美〕汉娜·阿伦特《马克思与西方政治思想传统》,江苏人民出版社,2007。

42.〔美〕欧肯《经济政策的原则》,上海人民出版社,2001。

43.〔美〕欧肯《国民经济学基础》,商务印书馆,1995。

44.〔美〕诺斯《经济史中的结构与变迁》,上海三联书店、1994。

45.〔美〕诺斯,托马斯著《西方世界的兴起》,第3编,华夏出版社,1999。

46.〔美〕罗斯巴德《权力与市场》,新星出版社,2007。

47.〔美〕罗斯巴德《美国大萧条》,上海人民出版社,2003。

48.〔美〕罗斯巴德等《现代奥地利学派的基础》,浙江大学出版社,2008。

49.〔美〕罗斯巴德《自由的伦理》,复旦大学出版社,2011。

51.〔美〕罗斯巴德《人,经济与国家》(下册),浙江大学出版社,2015。

52. [美]罗默《在自由中丧失》,经济科学出版社,2003。

53. [美]罗尔斯《正义论》,中国社会科学出版社,1988。

54. [美]罗伯特·席勒《非理性繁荣》,人民大学出版社,2008。

55. [美]兰塞姆《经济学家的学术思想》,中国人民大学出版社、北京大学出版社,2004。

56. [美]弗里德曼《资本主义与自由》,商务印书馆,1986。

57. [美]格林《再造市民社会——重新发现没有政治介入的福利》,陕西出版集团,2011。

58. [美]沃恩《奥地利学派经济学在美国》,浙江大学出版社,2008。

59. [美]斯蒂格勒《人民与国家:管制经济学论文集》,台北远流出版公司,1991.

60. [美]斯科特《国家的视角:那些试图改善人类状况的项目是如何失败的》,社会科学文献出版社,2004。

61. [美]桑德尔《正义:一场思辨之旅》,台北雅言出版社,2011。

62. [美]桑德尔《自由主义与正义的局限》,译林出版社,2001。

63. [美]麦考米克《施米特对自由主义的批判》,华夏出版社,2005。

64. [美]怀特《拯救亚当·斯密》,机械工业出版社,2004。

65. [美]林德布洛姆《政治与市场:世界的政治——经济制度》,上海三联书店,1996。

66. [美]威廉·巴雷特《非理性的人——存在主义哲学研究》,商务印书馆,1995。

67. [美]曼纽尔·卡斯特著《网络社会的崛起》,社会科学文献出版社,2003。

68. [美]迈克尔·波特著《国家竞争优势》,华夏出版社,2002年版。

69. [美]艾塞默鲁、罗宾斯《国家为什么失败》,台北卫城出版公司,2013年版。

70. [美]诺奇克《无政府、国家与乌托邦》,中国社会科学出版社,2008。

71. [美]约瑟夫·克罗普西《国体与经体》,上海世纪出版集团,2005。

72. [美]琳达·维斯,约翰·霍布森《国家与经济发展》,吉林出版集团,2009。

73. [美]尼尔·弗格森《西方的衰落》,中信出版社,2013。

74. [美]斯蒂格利茨《不平等的代价》,机械工业出版社,2013。

75. [美]伊曼努尔·华勒斯坦《历史资本主义》,社会科学文献出版社,1993。

76. [美]伊曼努尔·华勒斯坦《现代世界体系》(三卷本),北京高等教育出版社,2000年

77. [日]青木昌彦《市场的作用国家的作用》,中国发展出版社,2002。

78. [日]平田清明,《市民社会和社会主义》,岩波书店,1969。

79. [日]望月清司,《马克思历史理论的研究》,北京师范大学出版社,2009。

80. [日]大前研一《M型社会》,中信出版社,2010。

81. [瑞典]缪尔达尔《亚洲的戏剧》,首都经贸大学出版社,2001。

82. [意]拉吉罗《欧洲自由主义史》,吉林人民出版社,2001。

83. [意]马斯泰罗内《当代欧洲政治思想》,社会科学文献出版社,2001。

84. [意]芬奇等编《重读马克思——历史考证版之后的新视野》,东方出版社,2010。

85. [印]森《以自由看待发展》,中国人民大学出版社,2002。

86. [英]哈耶克《自由宪章》,中国社会科学出版社,1998。

87. [英]哈耶克《海耶克论海耶克——对话式自传》,台北远流出版公司,1997。

88. [英]哈耶克《致命的自负》,中国社会科学出版社,2000。

89. [英]哈耶克《自由秩序原理》两卷本,三联书店,1997。

90. [英]哈耶克《个人主义与经济秩序》,三联书店,2003。

91. [英]哈耶克《哈耶克论文集》,首都经济贸易大学出版社,2001。

92. [英]哈耶克《通往奴役之路》,中国社会科学出版社,1997。

93. [英]哈耶克《法律、立法与自由》三卷本,中国大百科全书出版社,2000。

94. [英]伯尔基《马克思主义的起源》,华东师范大学出版社,2007。

95. [英]斯密《国民财富的性质和原因的研究》两卷本,商务印书馆,1997。

96. [英]斯密《道德情操论》,商务印书馆,2003。

97. [英]洛克《政府论》两卷本,商务印书馆,1964。

98. [英]塔利《语境中的洛克》,华东师范大学出版社,2005。

99. [英]波普《猜想与反驳》,上海译文出版社,1986。

100. [英]伊格尔顿《马克思为什么是对的》,新星出版社,2011。

101. [英]斯诺登等主编《现代宏观经济学发展的反思》,商务印书馆,2000。

102. [英]阿克顿《自由与权力》,商务印书馆,2001。

103. [英]凯恩斯《就业利息货币通论》,商务印书馆,1983。

104. [英]密尔《论自由》,商务印书馆,1959。

105. [英]伯林《自由论》,译林出版社,2003。

106. [英]霍布斯《利维坦》,湖南文艺出版社,2011。

107. [英]罗宾逊《不完全竞争经济学》,商务印书馆,1961。

108. [英]斯基德尔斯基《凯恩斯传》,三联书店,2006。

109. [英]洛克《人性论》两卷本,商务印书馆,1997。

110. [英]甘布尔《自由的铁笼:哈耶克传》,江苏人民出版社,2002。

111. ［英］柯兹纳《米塞斯评传其人及其经济学》，上海译文出版社，2010。

112. ［英］波普《猜想与反驳》，上海译文出版社，1986。

113. ［英］阿克顿《自由与权力》，商务印书馆，2001。

114. ［匈］卡尔·波兰尼《大转型》，浙江人民出版社，2007 年。

115. 曹玉涛《分析马克思主义的正义论研究》，人民出版社，2010。

116. 邓正来《国家与社会：中国市民社会研究》，北京大学出版社，2008。

117. 方兴起《傅殷才论文集》，中国经济出版社，1999。

118. 胡代光等《凯恩斯主义的发展和演变》，清华大学出版社，2004。

119. 马长山《国家、市民社会与法治》，商务印书馆，2002。

120. 钱满素《美国自由主义的变迁》，三联书店，2006。

121. 秦国荣《市民社会与法的内在逻辑——马克思的思想及其时代意义》，社会科学文献出版社，2006。

122. 孙越生《官僚主义的起源和元模式》，福建教育出版社，2012。

123. 徐利治等编著《数学方法论教程》，江苏教育出版社，1992。

124. 杨小凯《杨小凯谈经济》，中国社会科学出版社，2004。

125. 郁建兴《马克思国家理论与现时代》，东方出版中心，2007。

126. 王亚南《中国官僚政治研究》，社会科学出版社，2009。

127. 王军《现代奥地利经济学派研究》，中国经济出版社，2004。

128. 王志伟《现代西方经济学主要思潮及流派》，高等教育出版社，2004。

129. 韦森《社会秩序的经济分析导论》，上海三联书店，2001。

130. 张灏《幽暗意识与民主传统》，新星出版社，2006。

131. 李泽厚《回应桑德尔及其他》，北京三联书店，2014。

二、中文学术期刊与学位论文

1. 陈传胜："马克思恩格斯文本语境中的公平正义概念研究"，《苏州科技学院学报（社会科学版）》2011(3)。

2. 高红与范秀同："近二十年来马克思、恩格斯平等思想研究综述"，《三峡大学学报（人文社会科学版）》，2011(2)。

3. 宫敬才："凯恩斯革命的真与假"，《读书》2004(6)。

4. 贾合川："人的根本就是人本身——马克思早期的正义观探析"，《福建论坛（社科教育版）》，2011(12)。

5. 李佃来："马克思与'正义'：一个再思考"，《学术研究》2011(12)。

6. 李佃来、黎庶乐："美国马克思主义政治哲学的两种理论向度"，《马克思主义哲学研究》2011 学术专辑。

7. 李银兵："浅析马克思自由观的形成历程"，《中共成都市委党校学报》2007(2)。

8. 李松龄："收入均等、效率优先——凯恩斯主义的公平、效率和分配观"，《湖南大学学报(社会科学版)》2003(6)。

9. 李松龄："收入均等规则的产权与效率——凯恩斯主义公平效率观的产权分析"，《财经理论与实践》2004(1)。

10. 刘涤源与傅殷才："后凯恩斯学派中的"两个剑桥之争"，《武汉大学学报(社会科学版)》，1982(6)。

12. 柳平生："当代西方马克思主义对马克思经济正义思想的重读"，《河南大学学报(社会科学版)》，2009(5)。

13. 柳平生："当代西方马克思主义对马克思经济正义原则的重构"，《经济学家》2007(2)。

14. 栾亚丽："当代两种不同的正义模式论析——罗尔斯与诺奇克的正义思想评述"，《学术探索》2009(1)。

15. 马晓燕："罗尔斯与马克思平等观的比较研究"，《南京社会科学》2008(4)。

16. 孟祥仲，平等与效率关系思想研究，2008，复旦大学，博士学位论文。

17. 荣剑："马克思的国家和社会理论"，《中国社会科学》，2001(3)。

18. 谭扬芳："马克思哲学的新诠释——读俞吾金《重新理解马克思》"，《淮阴师范学院学报(哲学社会科学版)》2007(3)

19. 田上孝一与黄贺："马克思的分配正义论"，《国外理论动态》2008(1)。

20. 王诚："凯恩斯的宏观经济分析及其对经济改革的借鉴作用"，《改革与战略》1985(2)。

21. 王初根与丁鹏："论凯恩斯的国家干预主义经济伦理思想"，《江西师范大学学报》2005 4 月。

22. 王晓林："论市场经济的复杂性"，《经济学家》，2007(3)。

23. 王祖奇："公平、效率与凯恩斯主义"，《前沿》2004(3)。

24. 王祖奇："凯恩斯国家干预资本主义思想的产生与时代"，《学术界》2009(6)。

25. 汪行福："经济正义概念及其演变"，《江苏社会科学》2000(6)。

26. 吴易风："经济自由主义和国家干预主义论争的历史考察"，《当代思潮》2002(2)。

27. 肖世洪，哈耶克平等思想研究，2003，西南师范大学，硕士学位论文。

28. 杨晓猛："哈耶克、布坎南和欧肯的建构理性与市场经济秩序思想述评"，《哈尔滨市委党校学报》，2007(6)。

29. 姚大志："平等：自由主义与社群主义"，《文史哲》2006(4)。

30. 姚大志："正义的张力：马克思和罗尔斯之比较"，《文史哲》2009(4)。

31. 姚大志《后现代主义与启蒙》，载《社会科学战线》2005年第1期。

32. 杨爱民："奥地利经济学派与制度经济学的发展"，《新经济杂志》2008(5)。

33. 杨春学："米塞斯与奥地利学派经济学"，《云南财经大学学报》2008(4)。

34. 曾行伟："政治哲学的核心价值与马克思主义政治哲学的价值本质"，《东南学术》2011(1)。

35. 张传辉："基于新凯恩斯主义的政府角色重新定位"，《行政论坛》2011(2)。

36. 张凤莲，马克思对西方政治思想传统的挑战，南开大学，2010，博士学位论文。

37. 张雷：《资本论》的经济正义观"，《理论月刊》2010(1)。

38. 张伟与牟世晶："马克思正义理论的立论基础：立足于'平等'的自由"，《社会主义研究》2012(1)。

39. 赵茂林："马克思与琼·罗宾逊分配理论范式的比较研究"，《经济问题探索》2009(3)。

40. 赵茂林："马克思和罗宾逊的剥削理论范式比较研究"，《经济问题》2008(12)。

41. 佐和隆光与张令澳："凯恩斯革命、凯恩斯主义及其他"，《外国经济参考资料》1981(11)。

42. 冯杨："亦论经济人与社会秩序"，《现代财经》2009年第11期。

43. 冯杨、李炜光："赤字财政、公债货币化与税收国家的危机"，《南方经济》2014年第4期。

44. 周呈奇、冯杨："中小企业创新与政府角色的转换——兼谈台湾创新育成中心的成功经验"，《东岳论丛》2013年第7期。

45. 冯杨："市场秩序与政府干预——哈耶克的解读及其对新古典的批判"，《南开经济研究》2005年第5期。

三、英文参考文献

1. Aarons, E. , *Hayek versus Marx*, New York：Routledge, 2009.

2. Buchanan, J. , *The Theory of Public Choice*, The University of Michigan Press, 1972.

3. Caldwell, B. , *Hayek's transformation*, in *History of Political Economy*, 1998, Vol. 20, issue 4, pp. 513 – 542.

4. Farrant, A. , *Knowledge and Incentives: Socialism after Hayek?* in *Review of Social Economy*, 2009, vol. 67, issue 3, pp. 383 – 388.

5. Fleetwood, S. , *Hayek's Political Economy: The socio – economics* of order, London and New York: Routledge, 1995.

6. Graasl W. and Smith B. , *Austrian Economics: Historical and Philosophical Background*, New York: New York University Press, 1986.

7. Hayek, F. A. , Critical *Assessment of Leading Economists*, London: Routledge, 2004.

8. Hoon Hong, Marx's value forms and Hayek's rules: a reinterpretation in the light of the dichotomy between physis and nomos, Cambridge Journal of Economics, 2002, vol. 26, issue 5, pp. 613 – 635.

9. Jessop, B. *The Capitalist State: Marxist theories and methods*. Oxford: Martion Robertson & Company Ltd. 1982.

10. Lachmann Ludwig M. , *The Significance of the Austian School of Economics, in the History of Ideas, in Capital, Expectations, and the Market Process*, eds. by Walter E. Grinder, Kansas City: Sheed, Andrews and McMeel, 1977.

11. Lachmann, Ludweig M. , *The Market As An Economic Process*, Oxford: Basil Blackwell, 1986.

12. Lachmann Ludwig M. , Austrian Economics: *A Hermeneutic Approach*, in Don Lavoie eds. , *Economics and Hermeneutics*, London: Routledge, 1991.

13. Machlup, F. , *Austrian Economics*, in Douglas, Greenwald eds. , *Encyclopedia of Economics*, New York: McGraw – Hill, 1982.

14. McDaniel, Tim, *Autocracy, Capitalism and Revolution in Russia*. Berkeley: University of California Press, 1988.

15. Megill, A. , *The burden of reason (why Marx rejected Politics and market)*, Rowman & Littlefield Publisers Inc, 2002.

16. Michel Foucault, The Order of Things, An Archaeology of the Human Sciences, Tavistock Publications, London, 1970, pp. xxiii, P. 387.

17. Perez – Diaz, Victor M. , State, *Bureaucracy and Civil Society – A Critical Discussion of the Political Theory of Karl Marx*, Macmillan, 1978.

18. Picciotto, S. , *State and Capital: a Marxist Debate*. London: E. Arnold, 1978.

19. Rothbard, Murray N. , *Man, Economy, and State: A Treatise on Economic Principles*. Los Angeles: Nash Publishing, 1962.

20. Sciabarra, Chris M. , *Marx, Hayek and Utopia*, New York State University of New York Press, 1995.

21. Smith, B. , *Austrian Economics and Austrian Philosophy*, in *Austrian Economics: Historical and Philosophical Background*, eds. By W. Grassl and Smith, B. 1986, pp. 1 – 36.

22. Tully, J. , *A Discourse on Property: John Lock and His Adversaries*, Cambridge University Press, 1980.

23. Vanberg, V. , *Spontaneous Market Order and Social Rules: A Critical Examination of F. A. Hayek's theory of Cultural Evolution*, Economics and Philosophy, 1986, vol. 2, issue 1, pp. 75 – 100.

24. Wade, Robert: State Intervention in 'Out – looking' Development: Neoclassical Theory and Taiwanese Practice, in White, Gordon(ed.) Developmental States in East Asia. New York: St Martin's Press, 1988.